FACULTÉ DE DROIT DE BORDEAUX

DE LA MANUS

EN DROIT ROMAIN

ÉTUDE

SUR LA VALIDITÉ ET LES EFFETS DES OBLIGATIONS D'UNE FEMME MARIÉE

EN DROIT FRANÇAIS

THÈSE POUR LE DOCTORAT

Soutenue le 26 avril 1884

PAR

PIERRE CANTELOUBE

Avocat à la Cour d'appel de Bordeaux

BORDEAUX

IMPRIMERIE CENTRALE A. DE LANEFRANQUE

23-25 — rue Permentade — 23-25

—

1884

FACULTÉ DE DROIT DE BORDEAUX

DE LA MANUS

EN DROIT ROMAIN

ÉTUDE

SUR LA VALIDITÉ ET LES EFFETS DES OBLIGATIONS

D'UNE FEMME MARIÉE

EN DROIT FRANÇAIS

THÈSE POUR LE DOCTORAT

Soutenue le 26 *avril* 1884

PAR

Pierre CANTELOUBE

Avocat à la Cour d'appel de Bordeaux

BORDEAUX
IMPRIMERIE CENTRALE A. DE LANEFRANQUE
23-25 — *rue Permentade* — 23-25

1884

FACULTÉ DE DROIT DE BORDEAUX

MM. COURAUD, ✻, ✪ I., doyen, professeur de *Droit romain.*
BAUDRY-LACANTINERIE, ✪ I., professeur de *Droit civil.*
RIBÉREAU, ✪ I., professeur de *Droit commercial.*
SAIGNAT, ✪ I., professeur de *Droit civil.*
BARCKHAUSEN, ✻, ✪ I., professeur de *Droit administratif.*
DELOYNES, ✪ A., professeur de *Droit civil.*
VIGNEAUX, ✪ A., professeur d'*Histoire du Droit.*
LE COQ, ✪ A., professeur de *Procédure civile.*
LEVILLAIN, ✪ A., professeur de *Droit maritime.*
MARANDOUT, professeur de *Droit criminel.*
CUQ, ✪ I., professeur de *Droit romain.*
FAURE, professeur d'*Économie politique.*
DESPAGNET, agrégé chargé du cours de *Droit international privé.*

MM. LE COZ, licencié en droit, *secrétaire.*
MORTET, *archiviste paléographe*, licencié en droit, *sous-bibliothécaire.*
DIDIER, étudiant en Doctorat, *secrétaire-adjoint.*

COMMISSION DE LA THÈSE

M. COURAUD, *président*

Suffragants : MM. SAIGNAT. BARCKHAUSEN. DELOYNES. LEVILLAIN

BIBLIOGRAPHIE

DROIT ROMAIN

ACCARIAS. — Précis de Droit romain. 2 vol.

DE BEAUFORT. — Incertitude sur les cinq premiers siècles de l'histoire romaine. 1 vol. — La République Romaine. 2 vol.

BECHMANN. — Das rœmische Dotalrecht. 1 vol.

BOCKING. — De mancipii causis. 1 vol.

DE CAQUERAY. — Explication des passages de Droit privé contenus dans les œuvres de Cicéron. 1 vol.

CZYHLARZ. — Das rœmische Dotalrecht. 1 vol.

DEMANGEAT. — Cours élémentaire de Droit romain. 2 vol.

DENYS D'HALICARNASSE. — Les antiquités romaines. 2 vol.

DUBOIS. — Institutes de Gaius d'après l'*Apographum* de Studemund. 1 vol.

DUVERGER. — De la condition politique et civile des femmes (Revue pratique, T. XXVI, XXVII, XXVIII, XXIX).

FORCELLINI. — Totius latinitatis lexicon. 1 vol.

FUSTEL DE COULANGES. — La Cité antique. 1 vol.

DE FRESQUET. — De la Manus en Droit romain. (Revue historique, T. II, année 1856.) — Du tribunal de famille chez les Romains. (Revue historique, T. I, année 1855.)

GIDE. — Étude sur la condition privée de la femme dans le Droit ancien et moderne. 1 vol. — Caractère de la dot en Droit romain. (Revue de législation française et étrangère, T. II, année 1872.)

GINOULHIAC. — Histoire du régime dotal. 1 vol.

GIRAUD. — Histoire du Droit romain. 1 vol.

GRUPEN. — De uxore romana. 1 vol.

GUÉRARD. — Essai sur l'histoire du Droit privé des Romains. 1 vol.

HASE. — De manu juris romani antiquioris commentatio. 1 vol.

D'HAUTHUILE. — Origine et progrès du régime dotal à Rome. (Revue de législation et de jurisprudence, T. VII, année 1838.)

HEINECCIUS. — Antiquitatum romanarum syntagma. (Ouvrage revu par Haubold et Mühlembruch.) 1 vol.

HUGO. — Histoire du Droit romain. 2 vol.

HUSCHKE. — Commentaires de Gaius. 1 vol.

KŒNISWARTER. — L'achat des femmes. (Revue de législation et de jurisprudence, T. XXXIV, année 1849.)

LABOULAYE. — Recherches sur la condition civile et politique des femmes, depuis les Romains jusqu'à nos jours. 1 vol. — Les Tables de bronze de Malaga. (Revue historique, T. I, année 1855.)

LAFERRIÈRE. — Histoire du Droit civil de Rome. 2 vol.
MAYNZ. — Cours de Droit romain. 3 vol.
MARQUARDT. — Rœmische Privat-Alterthümer. 1 vol.
MOMMSEN. — Histoire romaine. 8 vol.
NEUVILLE. — Textes de M. Pellat sur la dot. (Revue de législation et de jurisprudence, T. XXXIV, année 1849.)
NIEBUHR. — Histoire romaine. 7 vol.
ORTOLAN. — Législation romaine. 3 vol.
PELLAT. — Textes sur la dot traduits et commentés. 1 vol.
PLUTARQUE. — Vies des hommes illustres.
PUCHTA. — Cursus der Institutionen. 2 vol.
DE SAVIGNY. — Traité de Droit romain. 8 vol.
STUDEMUND. — Apographum.
TROPLONG. — Du mariage chez les Romains et de la puissance maritale. (Revue de législation et de jurisprudence, T. XXI.) — Influence du Christianisme sur le Droit civil des Romains. 1 vol.
VICO. — Scienza nuova.
WOLOSWKI. — De la société conjugale. (Revue de législation et de jurisprudence, T. XLIV, année 1852.)

DROIT FRANÇAIS

AUBRY et RAU. — Cours de Droit civil français d'après la méthode de Zachariæ. 8 vol.
BELLOT DES MINIÈRES. — Du contrat de mariage. 4 vol. — Régime dotal et communauté d'acquêts. 4 vol.
BENECH. — De l'élément gallique et de l'élément germanique dans le Code Napoléon. (Acad. de législ. de Toulouse, T. II, p. 5.)
BENOIT. — Traité de la dot. 2 vol. — Traité des biens paraphernaux. 1 vol.
BERTAULD. — Questions pratiques et doctrinales de Code Napoléon, T. I, p. 496.
CHALLAMEL. — Article dans la Revue critique, T. IX, année 1880, p. 1.
DALLOZ. — Répertoire : V[is] Autorisation. — Contrat de mariage.
DELVINCOURT. — Cours de Code civil. 3 vol.
DELOYNES. — Article dans la Revue critique, T. XI, 1882, p. 541.
DEMANTE et COLMET DE SANTERRE. — Cours analytique de Code Napoléon. 8 vol.
DEMOLOMBE. — Cours de Code civil. 31 vol. — Article dans la Revue Wolowski, T. II, 1835, p. 282.
DENISART. — Collection de décisions nouvelles et de notions relatives à la jurisprudence actuelle.
DURANTON. — Cours de Droit français. 22 vol.
J. FABRE. — Article dans la Revue générale de Droit. 1881, p. 313.

GIDE. — Étude sur la condition privée de la femme dans le Droit ancien et moderne. 1 vol.
GIRAUD. — Histoire du Droit français au moyen-âge. 2 vol.
JOUITOU. — Étude sur le système du régime dotal sous le Code civil. 1 vol.
KŒNIGSWARTER. — Article dans la Revue de législ. et de jurisp. T. XVII, 1843, p. 393.
LABBÉ. — Article dans la Rev. crit., T. IX, 1856, p. 1.
LAFERRIÈRE. — Histoire du Droit français. 6 vol.
LAROMBIÈRE. — Théorie et pratique des obligations. 5 vol.
LAURAIN. — Article dans la Revue pratique, T. XLIX, 1881, p. 216.
LAURENT. — Principes de Droit civil français. 33 vol.
LEBRUN. — Traité de la communauté. 1 vol.
LOCRÉ. — Législation civile, commerciale et criminelle de la France. 31 vol.
MARCADÉ et PONT. — Explication théorique et pratique du Code Napoléon. 13 vol.
MASSÉ. — Le Droit commercial dans ses rapports avec le Droit des gens et le Droit civil. 4 vol.
MASSOL. — De la séparation de corps. 1 vol.
MERLIN. — Répertoire universel et raisonné de jurisprudence. 18 vol. — Recueil alphabétique des questions de Droit. 8 vol.
MONNIER. — Article dans la Rev. crit., T. IX, 1880 p. 465.
ODIER. — Traité du contrat de mariage. 3 vol.
EM. OLLIVIER. — Article dans la Rev. prat., T. III, 1857, p. 529.
POTHIER. — Œuvres annotées par M. Bugnet. 11 vol.
PROUDHON. — Traité de l'état des personnes, revu par M. Valette. 3 vol.
RENUSSON. — Traité de la communauté. 1 vol.
RODIÈRE et PONT. — Traité du contrat de mariage et des droits respectifs des époux. 3 vol.
SERIZIAT. — Traité du régime dotal. 1 vol.
TESSIER. — Traité sur la dot. 2 vol. — Questions sur la dot. 1 vol.
TESSIER et DELOYNES. — Traité de la Société d'acquêts. 1 vol.
TOULLIER et DUVERGIER. — Droit civil français suivant l'ordre du Code. 14 vol
TROPLONG. — Commentaire du titre du contrat de mariage. 4 vol.
VALETTE. — Mélanges de Droit, de Jurisprudence et de Législation, T. I, p. 513, 518, 523.
VAVASSEUR. — Article dans la Revue critique, T. VII, 1878, p. 289.
VAZEILLE. — Traité du mariage. 2 vol.

DROIT ROMAIN

DE LA MANUS

INTRODUCTION

Rien n'est plus varié, dans les annales des peuples, que la manière dont, aux différentes époques et chez les diverses races de l'humanité, ont été compris le rôle de la femme, la part d'autorité qui revient légitimement à l'homme sur elle, en vertu des dissemblances que la nature même a mises dans leur tempérament et leurs aptitudes, les droits et les devoirs du sexe fort vis-à-vis de cet autre sexe créé, suivant les expressions de Michelet, pour « la paix et l'amour, la maternité, l'art, les doux soins de l'intérieur. »

Dans les temps primitifs, il y a eu, au moins pour un grand nombre d'individus, une période de désordre, de chaos moral que l'on retrouve encore aujourd'hui dans quelques contrées demeurées étrangères à tout progrès : l'homme demande alors sa subsistance non à la terre fécondée de ses mains, mais aux produits spontanés du sol ; aujourd'hui ici, demain là, vivant au jour le jour, traînant partout avec lui le fardeau de la misère et de l'oisiveté. La perpétuation de la race s'effectue sans qu'aucune règle y préside ; elle est abandonnée au hasard d'un appétit brutal et passager. L'on devine ce que peut être, au sein d'une pareille barbarie, la condition de la femme : tyrannie sans limites de la part de l'homme, misérable et complète abjection.

Lorsque les peuples, renonçant à la vie nomade, se fixent sur un coin du sol, la famille se constitue tout naturellement, et la condition de la femme en est profondément modifiée : à la plus entière indépendance succède pour elle un état voisin de l'esclavage ; mais cette servitude même lui rend sa dignité morale, car elle la partage avec les enfants qu'elle a donnés à son mari. La femme est alors vendue par le père à son époux ; celui-ci acquiert sur elle un pouvoir absolu, le pouvoir d'un propriétaire sur sa chose. Seulement, en dehors de sa maison, elle est honorée, respectée, et cette vénération exerce évidemment sur le mari lui-même une influence considérable. Cette période est celle du régime patriarcal : on en retrouve des traces dans de nombreuses législations et notamment dans la *coemptio* romaine, dans le *pretium nuptiale* des tribus germaines, de nos jours encore chez les Chinois.

Le régime patriarcal, par une troisième évolution de l'humanité, fait place à une nouvelle phase, au groupement des familles en tribus, puis en cités, puis en États ; le pouvoir du chef de famille, en se heurtant alors à une autorité supérieure, diminue, et la condition de la femme change encore une fois, pour s'empreindre du caractère particulier de chaque législation.

En Orient, dans cette patrie du despotisme, la femme appartient à l'homme aussi entièrement qu'une chose quelconque ; elle est adulée dans ses beaux jours, méprisée dès que sa fraîcheur s'est ternie. Les lois religieuses la relèvent pourtant un peu de sa dégradation ; dans l'Inde, la loi de Manou, tout en proclamant l'infériorité de ce sexe « avide de plaisirs, capricieux d'humeur, indigne des cérémonies religieuses », renferme quelques accents pleins d'une touchante délicatesse : « Ne frappez pas, dit-elle, même avec une fleur, une femme souillée de fautes. » La seule destinée de la femme en Orient est de donner une postérité à son époux, et de la conception étroite de ce rôle suivent naturellement le divorce et la polygamie.

Ceux-ci du reste se rencontrent même dans la loi de Moïse et n'en disparurent que peu à peu ; c'est qu'une loi se ressent toujours de la barbarie des temps qui la voient éclore, et que toute prescription morale doit, sous peine de demeurer pure théorie, lettre morte, être adaptée aux mœurs du peuple auquel elle s'adresse. Loin d'avilir, comme Manou, la femme au rang d'un meuble coquet et gracieux, Moïse répète : « Vous aimerez la femme de votre jeunesse », et il accorde à la mère sur ses enfants une autorité presque égale à celle du père.

De l'Orient passons en Grèce, et, pour fixer nos regards sur un point de ce pays, considérons Athènes qui l'incarne le mieux ; nous y saluons une amélioration notable dans la condition de la femme. Le caractère des Grecs ressemble en effet bien peu à celui des races orientales : au lieu d'être dur et ombrageux, il est généreux et doux ; les esclaves mêmes sont traités en Grèce avec indulgence. La femme y est cependant encore loin d'avoir conquis une situation brillante et heureuse ! elle est considérée comme un être incomplet, trop faible pour se protéger lui-même. Aussi demeure-t-elle toute sa vie en tutelle, fille ou veuve sous la puissance de son père, épouse sous celle de son époux. Elle est mariée, sans être même consultée à ce sujet, et le citoyen qui l'a reçue des mains du père peut la céder à son tour. Elle est reléguée dans le gynécée et y passe sa vie, pendant que le soin des affaires de l'État attire sur la place publique le mari et l'accapare entièrement. Si enfin le mariage est obligatoire et si chaque citoyen ne peut avoir qu'une femme légitime, il peut du moins prendre une concubine et légitimer, pendant la durée même de l'union conjugale, les enfants qu'il a eus d'elle (v. Isée, de Philoctem. her., 22).

D'autre part, la loi ne laisse pas la femme sans protection ; elle porte les peines les plus graves contre le mari qui abandonne ou maltraite son épouse ; elle autorise celle-ci à demander le divorce devant l'archonte. Elle lui assure en outre la conservation du patrimoine qu'elle a apporté à son mari, en organisant un régime dotal dont les principales dispositions se retrouvent dans les législations modernes. Elle exige que toute femme soit dotée. A la dissolution du mariage, de quelque manière qu'elle survienne, la femme reprend ses biens ; elle est ainsi mieux garantie contre un abus de pouvoir de la part du mari, contre les velléités de divorce que l'inconstance pourrait suggérer à ce dernier.

En résumé, dans la législation athénienne, la condition de la femme mariée nous apparaît en sérieux progrès sur le despotisme oriental, mais il y a loin encore de ce progrès à celui que réalisaient, à la même époque, les lois et surtout les mœurs du peuple romain.

L'identité d'origine entre les Grecs et les Romains éclate dans les analogies qu'offrent les deux langues, dans une foule d'institutions communes aux deux nations, et notamment dans l'organisation de la famille, la toute puissance du père, la religion du foyer, le culte des ancêtres, les formes du mariage, la monogamie, la dévolution des successions. Cette identité d'origine, qu'on ne saurait révoquer en doute, suffit à rendre compte des ressemblances notables qu'offre le droit des deux pays, et il n'est point du tout besoin, pour les expliquer, d'admettre la vieille idée d'un emprunt que les Romains auraient fait aux lois de Solon, lors de la confection des XII Tables. Pomponius (loi 2, § 4. Dig. liv. I, tit. 2) et Tite Live (liv. III, §§ 31 et 32) présentent, il est vrai, cet emprunt comme un fait historique incontestable, mais ils vivaient à une époque bien éloignée de celle-là, et puis l'on sait que les Romains ne se faisaient point faute d'affirmer, comme offrant la plus entière certitude, les légendes les plus douteuses. Vico, le premier, a dénié, au siècle dernier, l'authenticité de cette prétendue députation partie de Rome en quête des lois de l'Attique, et la controverse suscitée par lui n'est pas encore épuisée. Le droit romain des XII Tables, mis en parallèle avec le droit de l'Attique, présente une manifeste originalité ; son matérialisme grossier dans la procédure, son formalisme inflexible, parfaitement d'accord avec le caractère des Romains, sont en complète opposition avec les pratiques judiciaires, idéalistes et larges des Grecs. Or, si à l'époque des XII Tables, Rome s'était inspirée d'Athènes, n'est-il pas très probable que les angles de sa procédure et de son droit se seraient un peu arrondis, leurs arêtes vives un peu émoussées, à ce contact d'une législation qui en était si fort ennemie ? Les ressemblances que l'on observe dans les deux droits, paraissent donc être bien plutôt les derniers vestiges d'une commune origine que le résultat d'une influence directement exercée, à une époque donnée, par l'une des deux législations sur l'autre.

Quoi qu'il en soit, à Rome comme en Grèce, longtemps les femmes ont été soumises, leur vie durant, à une puissance qui enchaînait leur liberté : cette puissance était soit l'autorité du père, soit celle du mari, soit enfin celle d'un tuteur, car les femmes exemptes des deux premières subissaient une tutelle perpétuelle. Quel était le vrai motif de cette tutelle ? Les jurisconsultes romains, qui sans doute le savaient tous à merveille, ne l'ont jamais nettement avoué, par un sentiment peut-être exagéré de délicatesse : la faiblesse de la femme, son ignorance des affaires, dit Ulpien (Règles. tit. XI, § 1) expliquent sa tutelle perpétuelle. Gaius, avec plus de franchise, critique cette raison (Comm. I, § 190), et la déclare *magis speciosa quam vera*. En réalité, les Romains sur ce point ont été beaucoup moins guidés par le désir de protéger la femme que par celui de se protéger eux-mêmes : ménager l'intérêt des tuteurs, en empêchant que la femme dont ils seraient les héritiers présomptifs ne leur ravît son patrimoine par un testament, par des aliénations ou par des dettes ; mettre l'État à l'abri de l'influence féminine, toujours si accrue par la possession et le libre emploi des richesses ; voilà quelles furent les deux raisons maîtresses de cette tutelle perpétuelle qui, née du rude génie des premiers Romains, ne devait guère survivre à la disparition progressive des vieilles mœurs, sous les dernières années de la République.

Mais revenons à la femme mariée qui seule doit être l'objet de ce travail : Dès les temps les plus éloignés, les Romains se firent une idée extraordinairement élevée du mariage. La définition qu'en donnait à l'époque classique Modestin (l. 1 D. XXIII. 2) aurait été bien plus exacte aux temps héroïques et primitifs de leur cité : *Consortium omnis vitæ, divini atque humani juris communicatio,* « la fusion de deux vies, la mise en commun de tous les intérêts temporels et religieux. » Une pareille définition contenait virtuellement la monogamie et l'indissolubilité du mariage. Pourtant le divorce fut législativement admis à Rome, et cela de tout temps, semble-t-il ; mais en fait il est presque aussi certain que le premier divorce fut celui de Spurius Carvilius Ruga, vers l'an 520 de Rome, et qu'ainsi pendant plus de cinq siècles il n'y en eut pas un seul exemple. Quant à la monogamie, elle fut toujours beaucoup plus stricte qu'à Athènes où nous avons trouvé quelque chose de la polygamie orientale ; jamais un citoyen ne put avoir à la fois une femme légitime et une concubine (l. 1 C. V. 26). Bien mieux, longtemps les mœurs rigides et austères des Romains ne tolérèrent point le concubinage entre célibataires, et quand il devint, sous Auguste, d'un usage fréquent, les lois le réglementèrent, en firent un mariage d'un ordre inférieur, soumis lui-même au principe de la monogamie. Par une conséquence évidente, l'ancien droit romain ne connut ni légitimation, ni reconnaissance d'enfants naturels, tandis qu'à Athènes le père pouvait, on l'a vu, même pendant le mariage, décerner la qualité de légitimes aux enfants nés d'une concubine. D'autre part, l'adoption n'a très probablement jamais servi, à Rome, de moyen détourné pour arriver à une légitimation, étant données la nécessité d'une enquête des Pontifes et de la ratification du peuple entier dans les comices assemblés (1).

La femme romaine, élevée, ennoblie par une conception si haute

(1) V. Gaius, Comm. I, § 99. — Cic. Pro domo §§ 13 et 14. — Aulu-Gelle : Nuits att. liv. V, ch. 19.

du mariage, n'était point reléguée, comme la femme grecque, dans le silence du gynécée ; elle se tenait dans l'*atrium*, centre de l'habitation où se réunissaient la famille, les amis, les étrangers ; elle partageait l'estime, la considération que son mari avait su gagner auprès de ses concitoyens. Celui-ci n'en possédait pas moins sur elle un pouvoir très étendu, quand, par l'accomplissement de diverses formalités, elle était sortie entièrement de la famille paternelle pour entrer dans celle de son époux ; et ce fut là, pendant longtemps, nous le verrons, la suite nécessaire, inévitable du mariage. Elle se trouvait alors soumise à la *manus* de son mari. C'est la *manus* qui va faire l'objet de notre étude.

Les Romains paraissent avoir attaché d'abord à cette expression un sens très étendu, et s'en être servis pour désigner toute puissance exercée par un citoyen sur une personne libre ou esclave. On en trouve la preuve dans quelques mots formés avec celui-là, tels que : *emancipatio*, *manumissio ;* et aussi dans un petit nombre de textes, notamment un passage de Tite-Live (XXXIV, 2), et une définition d'Ulpien (l. 4, D. I. 1), reproduite par Justinien (Inst. *Princ.* liv. I, tit. 5). Mais, en sus de cette signification vague et générale, le mot *manus* avait un sens particulier, technique, connu de tous. Dans cette acception étroite et de beaucoup la plus usitée, il désignait une puissance du droit civil que Gaius oppose à la *potestas* et au *mancipium*. Il dit en effet (Comm. I, § 49) : *Earum personarum quæ alieno juri subjectæ sunt, aliæ in potestate, aliæ in manu, aliæ in mancipio sunt*, et plus bas (I. 109) : *Sed in potestate quidem et masculi et feminæ esse solent, in manum autem feminæ tantum conveniunt*. Dans ces textes, comme dans tous ceux de l'époque classique où il est question de la *manus*, le jurisconsulte vise en même temps deux sortes de *manus* qui méritent cependant d'être distinguées avec soin. En effet, la *manus* primitive, incarnation la plus complète de la puissance maritale à Rome, se transforma dans la main des jurisconsultes, après avoir fourni une longue carrière; sans perdre du reste sa première application, seule sérieuse, elle servit alors, sous le nom de *manus fiduciæ causa*, à éluder de vieilles règles, d'antiques prohibitions du droit civil qui avaient fait leur temps, cessé d'être en harmonie avec les idées et les tendances des nouvelles générations. Ce fut, à vrai dire, une autre institution ; l'étiquette demeura la même, la chose était changée. Aussi ne traiterons-nous que sommairement de cette *manus*, spectre déguisé de l'ancienne qui, elle, fera l'objet presque unique de notre travail.

Sans nous préoccuper tout d'abord du côté historique de cette étude, nous examinerons la *manus* en elle-même, nous rechercherons commentelle s'acquiérait, quelle en était la nature exacte, quels en étaient les effets, les modes de dissolution. Alors seulement nous la reprendrons à son origine, nous montrerons aux premiers jours de Rome l'universalité de cette institution, et nous dirons sous l'influence de quelles causes puissantes elle déclina peu à peu, pour disparaître enfin dans le délaissement et l'oubli, tôt ou tard maîtres ici-bas de toutes choses.

CHAPITRE PREMIER

Conditions et Modes d'acquisition de la « Manus »

La première des conditions exigées pour la création de la *manus* était l'emploi de l'un des modes susceptibles de la produire. Comme nous aurons, au cours de ce chapitre, des distinctions à faire, suivant celui d'entre ces modes mis en œuvre, nous allons tout d'abord nous en occuper.

SECTION I

Modes d'acquisition de la « Manus »

La *manus*, au moins à partir des XII Tables et jusqu'à son déclin, s'établissait par l'un des trois modes suivants : *Usus, confarreatio, coemptio* (G. I. 110). En les énumérant dans cet ordre, Gaius s'inspirait sans doute de ce fait que l'*usus* à son époque n'existait déjà plus, que l'emploi de la *confarreatio* était fort restreint, que la *coemptio* seule appartenait encore à la pratique. Nous ne suivrons point cet ordre, et, nous attachant à celui que nous démontrerons plus tard avoir été l'ordre chronologique de l'apparition des trois procédés, nous parlerons d'abord de la *confarreatio*, puis de la *coemptio*, toutes deux contemporaines, et en dernier lieu de l'*usus*.

§ I. — Confarreatio.

La *confarreatio* était une cérémonie religieuse. Cela résulte de tous les textes qui s'en occupent, et notamment d'un passage de Pline ainsi conçu : *In sacris nihil religiosius confarreationis vinculo erat* (1). C'était un sacrifice solennel offert à *Jupiter Farreus* (2); le prêtre officiant devait être, dit Servius (3), le grand Pontife ou le Flamine de Jupiter. Dix citoyens romains servaient de témoins; ils représentaient peut-être les dix curies primitives de Romulus, peut-être les dix curies de la tribu de la femme, peut-être aussi les dix *gentes* de sa curie. Des libations étaient offertes, du sel brûlé en guise d'encens, une victime immolée; sur sa dépouille on plaçait deux escabeaux de bois; les fiancés s'asseyaient, la tête couverte d'un voile, et l'officiant leur présentait un pain de froment, *farreus panis* ou *farreum*, qui donnait son nom à la cérémonie (4). Les fiancés rompaient le gâteau, le mangeaient et prononçaient des paroles solennelles; le partage de ce pain symbolisait l'association de la femme aux *sacra* et à la vie entière du mari.

Il est bon d'ajouter que les auteurs et les jurisconsultes romains paraissent n'avoir jamais exactement connu les détails de la *confarreatio;* Gaius et Ulpien sont très laconiques sur ce point; Tacite (annales, IV. 16) nous révèle que ces détails étaient fort compliqués. S'il est vrai, comme nous le pensons, que la *confarreatio* soit de tout temps demeurée propre aux patriciens, on s'explique à merveille le secret et le mystère dont elle semble avoir toujours été enveloppée.

A l'origine de Rome, il est à peu près incontestable que cette cérémonie n'était point accessible à la plèbe: Où se célébrait en effet la *confarreatio?* Non pas dans un temple, devant un des autels de la cité, mais dans la maison du mari, sous l'œil des lares du foyer. Il fallait donc que le mari possédât des *sacra privata.* Or, il est probable que, dans les commencements, les patriciens seuls avaient un culte privé; car ce culte vint des Etrusques, noyau du patriciat romain, peuple religieux à l'excès et complétement opposé de goûts aux autres races de l'Italie, toutes barbares, grossières, uniquement préoccupées de batailles et de conquêtes. Si la plèbe finit par avoir des *sacra,* ce dut être sous l'influence de son contact journalier avec les patriciens, de ce désir ardent d'égalité parfaite qui la dévorait, et surtout par l'effet des liens que faisait naître l'affranchissement ou la clientèle.

---

(1) Histoire naturelle, liv. XVIII, chap. 3.
(2) V. M. Dubois: Comm. de Gaius, p. 67, note 306.
(3) In Georg. liv. I, vers 31.
(4) V. Servius, ad æneid. liv. IV vers 103.

A supposer même que les plébéiens eussent des *sacra privata* et pussent ainsi remplir les formalités de la *confarreatio*, ces formalités compliquées et obscures, accomplies avec le concours du grand Pontife ou du Flamine de Jupiter, entraînant sans doute une dépense considérable, ne montrent-elles pas une solennité réservée aux puissants et aux riches, fermée aux humbles de la cité? Puis comment cette solennité essentiellement religieuse aurait-elle pu être à la portée de tous, alors que les patriciens étaient en possession de toutes les fonctions religieuses, comme de toutes les fonctions politiques, et que même longtemps après ils ne cachaient point leurs prétentions à la propriété exclusive de la religion? Enfin, de tout temps à Rome, les enfants nés de parents *confarreati* ont joui de privilèges considérables ; à l'époque de Gaius, ils pouvaient encore seuls aspirer à quelques hautes fonctions religieuses (G. I. 112). Festus de son côté (si toutefois l'on doit ainsi traduire *pueri patrimi et matrimi*, malgré l'autorité du même Festus qui certainement s'est laissé induire en erreur par l'apparence du mot (1), et a voulu en deviner le sens), Festus nous apprend (V° *Patrimi*) que ces enfants pouvaient seuls figurer dans certaines solennités, servir le prêtre ou la prêtresse de Jupiter, accompagner une fiancée et soutenir sa marche. Lors de la reconstruction du Capitole, sous Vespasien, ce furent aussi des enfants *patrimi et matrimi*, qui firent avec les vestales les aspersions d'eau lustrale sur le terrain consacré au temple (Tacite : ann. IV. 53). Ainsi la *confarreatio*, même aux dernières années de Rome, entraînait des effets religieux de diverses sortes ; à l'origine elle devait en produire de plus considérables encore, et c'était là probablement l'avantage principal, le but essentiel de la célébration des *nuptiæ confarreatæ*. Mais ce résultat, précieux pour les patriciens, était indifférent à la plèbe longtemps tenue à l'écart des moindres fonctions religieuses. Celle-ci, par conséquent, alors même qu'elle eût pu faire usage des formes très compliquées de la *confarreatio*, leur aurait sans doute préféré les deux modes très simples de la *coemptio* et de l'*usus*.

Allons plus loin : cet avantage des *nuptiæ confarreatæ*, qui l'a imaginé? qui l'a créé? Les patriciens, comme toutes les autres règles de la cité. Dans quel but? Ne doit-on pas y reconnaître une trace de la préoccupation qui guidait tous leurs actes, le désir de

---

(1) Cpr. V° *Patrimi* et V° *Flaminia*. — V Hase : de Manu p. 34 et 35.

donner une base inébranlable à leur supériorité sur la plèbe? N'est-ce pas le calcul qui les a inspirés en cette occasion comme en toutes? N'avaient-ils pas deviné qu'il leur serait utile de grouper ensemble toutes les fonctions religieuses, sous le couvert d'un seul monopole, en apparence inoffensif et désintéressé, la *confarreatio,* et qu'ils pourraient ainsi mieux les défendre contre les convoitises de la plèbe? Ce raisonnement a été sans doute le leur, et il était profondément habile : plus longtemps que tous autres, les emplois religieux ont été réservés aux seuls patriciens. Tandis que la plèbe a conquis en l'année 260 de Rome le Tribunat, en 387 le Consulat, en 416 la Censure, le Sénat, et presqu'aussitôt la Préture, l'Édilité majeure, en un mot une égalité politique parfaite, elle a attendu jusqu'en 453 l'accès à des fonctions religieuses, son entrée aux collèges des Pontifes et des Augures; pour la première fois, en l'année 500, la dignité de grand Pontife fut confiée au plébéien Tiberius Coruncanus. Certains postes sacerdotaux, ceux de Flamines majeurs, c'est-à-dire de grands prêtres de Jupiter, de Mars ou de Quirinus, lui demeurèrent même toujours fermés (1).

Ainsi, pour les premiers siècles de Rome, il ne saurait y avoir de doute : la *confarreatio* n'était point accessible aux plébéiens. Le devint-elle jamais? Nous ne le pensons pas (2). Remarquons d'abord qu'il aurait été fort adroit de la part des patriciens, lorsqu'ils se virent contraints de céder à la plèbe quelques fonctions religieuses, de supprimer, relativement à ces fonctions, la nécessité de la *confarreatio :* en gardant pour eux seuls cette cérémonie, ils avaient une digue à opposer aux empiètements de la plèbe, une réponse toute prête à ses réclamations, et ils devaient réussir plus longtemps dans la défense de leurs privilèges. Cela ne leur échappa point. Nous en trouvons dans Gaius (I. 112) une preuve que l'on n'a pas encore, croyons-nous, songé à relever. Malgré la prééminence du Flamine de Jupiter sur le grand Pontife dans les festins (3), prééminence qui s'explique très bien par ce fait que le Flamine était patricien, la dignité de grand Pontife était incontestablement supérieure à l'autre (4). Cependant Gaius ne dit pas que la

---

(1) V. Tacite : Ann. IV, 16. — De Beaufort : La Rép. rom., t. I, p. 34 et s.

(2) V. MM. de Fresquet : de la *Manus,* Revue hist., t. II, p. 151. — Accarias Précis I, n° 120. — Cpr. Orelli : Inscriptiones latinæ, 2650 et note.

(3) Aulu-Gelle : X, 15.

(4) Tite-Live : XXVII, 8 et XL. 42.

confarreatio des parents fût nécessaire pour devenir grand Pontife, tandis qu'il le déclare formellement en ce qui concerne les trois Flamines majeurs. La raison de cette anomalie n'est-elle point que le grand Pontife pouvait, à la différence de nos Flamines, depuis l'an 500 de Rome, être choisi parmi les plébéiens ? Quant au roi des sacrifices, il devait aussi, nous dit Gaius dans le même texte, être issu de parents *confarreati*, et l'on ne sait pas d'une manière certaine si cette fonction était alors réservée aux patriciens ; mais il est permis de le supposer, car l'histoire ne mentionne pas le moment où les plébéiens y seraient parvenus, et la dignité était de telle importance que leur conquête n'eût sans doute pas manqué de nous être signalée.

La *confarreatio* disparut peu à peu ; et il devait en être ainsi, à mesure que les prérogatives attachées à cette cérémonie diminuaient, par suite des conquêtes des plébéiens dans l'ordre religieux. En 776, sous Tibère, on eut peine à trouver trois candidats patriciens issus de *nuptiæ confarreatæ*, parmi lesquels on pût choisir, suivant l'usage, un Flamine de Jupiter. Tacite, qui rapporte le fait, ajoute que Tibère, devant le Sénat, expliqua cette pénurie de candidats par trois motifs : l'indifférence commune en matière religieuse ; les complications mêmes de la solennité ; enfin la répugnance du patricien né de parents *confarreati* à devenir Flamine, et de sa femme, à célébrer avec lui la *confarreatio* pour lui permettre de le devenir ; par là en effet l'un et l'autre, sortant de leur famille paternelle, y perdaient leurs droits de succession ; de plus, la femme abdiquait son indépendance actuelle, si elle était *sui juris*, et, dans le cas contraire, son indépendance à venir.

Pour remédier à une telle absence de candidats, un sénatus-consulte décida que la femme du Flamine de Jupiter ne tomberait, par la *confarreatio*, sous la puissance de son mari, que pour les cérémonies du culte, et qu'elle conserverait à tous autres égards sa situation antérieure. Le mariage avec *confarreatio* était en effet absolument exigé du Flamine de Jupiter, à tel point que ni lui ni sa femme ne pouvaient divorcer, et que, devenu veuf, il perdait immédiatement ses fonctions (Aulu-Gelle, X. 15.)

Voilà quelle fut, selon nous, toute la portée du sénatus-consulte rendu sous Tibère ; une lecture attentive du texte de Tacite ne permet, ce nous semble, aucune autre interprétation (1).

(1) Cpr. M. de Fresquet : Op. cit. p. 152.

Y eut-il dans la suite un deuxième sénatus-consulte, qui étendit à tous les mariages par *confarreatio* la décision du premier? Quelques auteurs le croient (1) : dans cette opinion, la *confarreatio* aurait alors complétement cessé d'être une cause d'acquisition de la *manus*. Mais la lacune du § 136 de Gaius, que M. Studemund n'est pas arrivé à combler, ne renfermait, pensons-nous, que le rappel du sénatus-consulte porté sous Tibère : cette conjecture est celle de Huschke, de Giraud, de MM. Kruger et Studemund (2). Pourquoi supposer qu'un autre sénatus-consulte vint s'occuper de la *confarreatio*, alors que les mœurs du paganisme s'éloignaient à grands pas, et que cette institution était presque tombée dans l'oubli? Pour avoir des Flamines majeurs et des rois des sacrifices? Mais les fils des prêtres en charge étaient sans doute bien aises de les remplacer, et l'embarras de Tibère, dans les circonstances que nous avons rapportées, dut s'offrir assez rarement, à supposer même que le sénatus-consulte rendu sous ce prince ne l'ait pas été, surtout par complaisance et amitié pour le fils du Flamine défunt, qui, au témoignage de Tacite, fut effectivement appelé à lui succéder.

§ 2. — Coemptio.

La *coemptio*, dit Gaius (I. 113), avait lieu par une mancipation, c'est-à-dire par une vente fictive en présence de cinq témoins citoyens romains et pubères, non compris le porte-balance. Les formes de la mancipation sont connues (G. I. 119). Dans la *coemptio*, le mari ne devant pas acquérir sur sa femme un véritable droit de propriété, les paroles à prononcer étaient un peu différentes (G. I. 123). Nous ne les possédons pas. Huschke a essayé, sur la foi de Boëce, de reconstituer entièrement les formalités de la *coemptio*; mais le texte de Boëce, écrit au ve siècle de notre ère, nous paraît ne mériter aucune créance. La *coemptio* y est en effet représentée comme s'analysant en une double vente; or c'est là, nous le montrerons, une erreur considérable qui enlève à ce texte toute autorité.

A l'époque de Gaius, la *coemptio* était, comme toute mancipation, une vente imaginaire; mais à l'origine n'a-t-elle pas été une vente réelle, effective de la femme? La question, à nos yeux, n'est guère douteuse : d'abord la mancipation dans le principe semble bien

---

(1) V. Pellat : Manuale, p. 78 § 136. — M. Accarias : Précis. I. n° 120.
(2) V. M. Dubois, op. cit., p. 87, note 406.

avoir été, non pas comme elle le devint dans la suite, une forme destinée uniquement à revêtir après coup un accord de volontés et lui donner une sorte de publicité, mais une cérémonie indispensable pour lier les deux parties contractantes, une vente sérieuse, terminée par la pesée réelle du métal livré au vendeur. L'on sait en outre qu'aux premiers siècles de Rome, le père pouvait vendre ses enfants, les donner *in mancipio* à un autre citoyen, c'est-à-dire leur infliger, de son seul gré, une sorte d'esclavage : n'est-il pas très naturel qu'à la même époque il donnât sa fille à un époux, moyennant un prix en retour, alors surtout que cet usage se retrouve chez presque toutes les nations de l'antiquité, et aujourd'hui encore chez quelques peuples où l'autorité paternelle est moins rigoureuse, moins absolue que chez les Romains des premiers jours (1).

En résumé, d'après nous, la *coemptio* a été dans le principe une véritable vente, dégénérée ensuite, et à une date inconnue, en une vente fictive, sans s'éloigner jamais des formes d'une mancipation ordinaire, où le mari jouait le rôle d'acheteur, et le père de la femme celui de vendeur, à moins que la femme ne fût *sui juris :* dans ce cas, en effet, elle se vendait elle-même avec l'*auctoritas* de ses tuteurs.

Mais il existe sur la *coemptio* une opinion tout opposée, qui réduit à de chétives ressemblances son intime parenté avec la *mancipation :* d'après ce système, la *coemptio* consisterait en une vente réciproque, la femme achetant le mari, comme celui-ci achetait sa femme (2). On invoque d'abord en ce sens un texte de Nonius, qui rappelle une coutume bizarre (3) : « *Nubens, veteri lege romana, asses tres ad maritum veniens solebat afferre; atque unum quem in manu tenebat, tanquam emendi causa, marito dare; alterum quem in pede habebat, in foco Larium familiarium ponere; tertium in sacciperio quem condiderat, compito vicinali solere resonare.* » Que signifie cet as donné au mari, *tanquam emendi causa?* Comme pour acheter? Mais quoi? Le mari, dit-on : Il nous paraît difficile de l'admettre, car le texte de Nonius ne vise pas spécialement la *coemptio;* or personne, sur la foi de ce texte unique et ambigu, n'essaierait de soutenir que la femme, en

(1) V. Kœnigswarter : de l'Achat des femmes, Revue de législation, t. XXXIV, p. 145 et s.

(2) V. Rudorf et Puchta : Institutes, t. III, § 285, note f.

(3) V. Nonius, de propriet. sermon. XII, 50.

se mariant, de quelque manière qu'elle le fît, achetât ou fût censée acheter toujours son mari. Ce serait là un usage bien extraordinaire. D'ailleurs, le texte cité s'explique autrement et d'une façon bien simple : la femme offre, en même temps qu'à son mari, un as aux dieux lares de la famille et un autre aux divinités secourables du quartier : dans quel but? Évidemment en signe d'hommage et pour obtenir leur protection. La pièce de monnaie remise au mari a sans doute la même signification, et, par là, on se rend parfaitement compte de l'usage que signale Nonius.

Il existe deux autres textes embarrassants, l'un de Boëce (1) : « *Coemptio certis solemnitatibus peragebatur, et sese in coemendo invicem interrogabant;* » l'autre, non moins formel, d'Isidore de Séville (2) : « *Antiquus nuptiarum ritus erat quod se maritus et uxor invicem emebant, ne videretur ancilla uxor.* » Mais, ainsi que le remarque M. de Fresquet (3), en lisant cette explication donnée aux ve et viie siècles de notre ère, « et en la comparant à celle que nous trouvons dans Gaius, il nous semble lire du droit à la façon des auteurs dramatiques du xviie siècle, qui faisaient toujours venir un notaire pour procéder au mariage final ». Boëce et Isidore, littérateurs et non juristes, se sont très probablement laissé induire en erreur par l'étymologie du mot « *coemptio* », laquelle semble en effet impliquer une vente et un achat réciproques, mais s'explique aussi par le consentement mutuel des époux, base ordinaire de leur union. En tous cas l'autorité de Boëce et d'Isidore ne saurait entrer en comparaison avec celle de Gaius, et l'on peut dire, avec Mulhembrück (notes sur Haubold) : « *Simpliciorem et, ni fallunt omnia, veriorem coemptionis descriptionem memoriæ prodidit Gaius.* »

Il nous reste maintenant à ajouter que la *coemptio,* cérémonie sûrement aussi ancienne que Rome, y a gardé, plus longtemps que l'*usus* et la *confarreatio,* une place dans la pratique et dans les mœurs; à l'époque de Gaius elle restait seule d'un emploi encore usuel (G. I. 112.113). Elle survécut même à la *manus* véritable, à la *manus matrimonii causa* : Lors en effet que les jurisconsultes imaginèrent la *manus* fiduciaire dont nous parlerons, ils firent usage,

---

(1) Boëce : Comm. sur les Top. de Cicéron.

(2) Isidore de Séville : Origines, liv. V, 24.

(3) M. de Fresquet : op. cit., p. 145.

pour la produire, de la *coemptio;* celle-ci en fut même le seul mode d'acquisition, et par suite ne put disparaître qu'avec elle.

§ 3. — Usus.

Quand deux époux n'avaient accompli ni les formalités de la *confarreatio* ni celles de la *coemptio,* la *manus* pouvait encore naître de la simple cohabitation, prolongée pendant un certain laps de temps : il y avait là une sorte d'usucapion de la femme par le mari (G. I. 111), sans que cependant la femme fût l'objet d'une véritable possession.

Nous ne nous préoccuperons pas ici de l'origine de l'*usus* : elle sera examinée dans la partie historique de ce travail. Nous essaierons d'y établir que le mariage libre n'existait pas aux premières années de Rome; d'où il suivra que l'*usus* était pareillement inconnu, car il suppose de toute nécessité l'absence de la *manus* dans le mariage. L'*usus,* une fois né, resta en vigueur tant que dura la présomption sur laquelle il reposait, à savoir l'intention et le désir chez la femme de se soumettre à la *manus.* Mais quand cette présomption, par le progrès des mœurs et de l'indépendance du sexe, eut fait place à une autre tout opposée, l'*usus* perdit alors sa raison d'être; et, devenu d'un emploi fort rare, il disparut entièrement. A quelle époque? Il serait difficile de le dire avec précision : dans l'intervalle des dernières années de la République au second siècle de notre ère, puisque Cicéron en parle comme d'une institution en vigueur de son temps (Pro Flacco, 34), et Gaius comme d'un vieux souvenir (I. 110.111).

L'*usus* exigeait, à l'instar de l'usucapion ordinaire, une *justa causa* qui était le mariage, et une possession continuée, sans interruption légale, pendant un temps déterminé : une année entière, exactement comme pour un meuble quelconque. Quant à la bonne foi, troisième condition de l'usucapion ordinaire, elle ne trouve pas de place ici, car la vraie *manus,* celle dont nous nous occupons, ne peut être acquise que par le mari sur sa femme; si donc le mariage n'existe pas, ne satisfait pas à toutes les prescriptions de la loi romaine, peu importe qu'il y ait eu ou non chez le mari erreur et bonne foi.

La possession dans l'*usus* est une possession particulière, la femme n'étant pas susceptible d'une véritable possession. Aussi, tandis que pour l'usucapion ordinaire, celle-ci doit réunir deux éléments, le *corpus* et l'*animus*, c'est-à-dire la détention matérielle de la chose et la volonté d'exercer ou d'acquérir sur elle le droit de propriété, il nous semble qu'ici le *corpus* suffit et que l'*animus rem sibi habendi* est inutile à considérer; en d'autres termes, que l'*usus* se réaliserait et la *manus* serait acquise au mari, même contre son gré, s'il n'obligeait sa femme à faire usage de l'*usurpatio trinoctii*, mode légal d'interruption de cette sorte de possession. L'existence de ce procédé, d'un emploi facile pour empêcher la *manus*, est une présomption en ce sens, et les termes, à la fois si nets et si absolus, du § 111 de Gaius nous paraissent ne laisser lieu à aucun doute.

La possession du mari pouvait, nous venons de le dire, être chaque année interrompue, *usurpata*, suivant l'expression romaine : il suffisait pour cela que la femme passât trois nuits hors du domicile conjugal. L'année se comptait naturellement à partir du jour du mariage pour la première, et du jour anniversaire du mariage pour les suivantes. Aulu-Gelle (Nuits att. III. 2) et Macrobe (Saturn. I. 3) attestent que les trois nuits devaient être bien entières. Fallait-il qu'elles fussent consécutives? Aucun texte, croyons-nous, ne l'exige, mais l'expression même de « *trinoctium* », désignant la durée nécessaire de l'absence, semble le prouver. Cette absence de la femme devait-elle avoir pour but exprès de produire une interruption dans la possession du mari? Une absence de fait, une absence forcée, avaient-elles le même résultat? L'on ne peut faire sur ce point que des conjectures; mais le matérialisme général du droit romain nous porte à croire qu'ici, comme en bien d'autres matières, il s'attachait uniquement au fait et point du tout à l'intention qui l'avait produit.

SECTION II

Conditions d'acquisition de la « Manus »

La *manus*, supposant deux époux unis par de justes noces, était forcément propre aux citoyens romains (G. I. 108). Mais, entre les individus ayant droit de cité, il n'y a aucune distinction à faire : les affranchis citoyens — et l'on sait que jusqu'à la loi Junia Norbana on ne connut pas à Rome d'autre espèce d'affranchis — pouvaient acquérir la *manus* sur leurs femmes ; Gaius (II. 41) et

Ulpien (XXIX. 1) le disent formellement. Les affranchies citoyennes pouvaient certainement aussi tomber *in manu* (1); Huschke a soutenu le contraire sans raison plausible (2).

De très sérieuses discussions ont été soulevées par la découverte, en octobre 1851, près de Malaga, d'une table de Salpenza : à s'en rapporter au chapitre 22 de cette table, les Espagnols de Salpenza, qui n'étaient point citoyens romains, auraient pu cependant acquérir la *manus* sur leurs femmes. Voici en effet le texte de la table reproduit, avec commentaires, par M. Laboulaye (3): « *R. ut qui civitat. roman. consequantur maneant in eorumdem M. O. M. potestate. — Qui quæve ex H. L. exve edicto imp. Coesaris Aug. Vespasiani, impve Titi. Casaris Aug. Domitiani P. P. civitatem roman. consecutus consecuta erit, is ea, in ejus qui C. R. H. L. factus erit potestate manu mancipio, cujus esse deberet si civitate romana mutatus mutata non esset, esto.....* » La table de Salpenza est-elle authentique? Malgré l'autorité de MM. Laboulaye (loc. cit.) et Asher (Revue hist. XII, p. 113 et s.), nous croyons avec M. Giraud (Revue hist. XIII, p. 79 et s.) que la chose n'est guère contestable. Il faut donc supposer qu'il y avait pour Salpenza un droit latin particulier; peut-être ce droit latin était-il le droit romain lui-même.

Nous avons maintenant à voir : d'une part, si la volonté des deux fiancés ou des deux époux était suffisante pour créer la *manus;* d'autre part, si cette volonté fut toujours nécessaire. Et d'abord était-elle suffisante? Sur cette question, il y a bien des distinctions à faire. Supposons en premier lieu l'homme et la femme soumis, tous deux encore, à la puissance paternelle. Le premier devait certainement obtenir, soit pour la *confarreatio,* soit pour la *coemptio,* le consentement de son père ; car ce consentement était exigé pour le mariage : or, les deux formalités produisaient à la fois la *manus* et le lien matrimonial. Quant à l'*usus*, il ne pouvait non plus très probablement s'accomplir sans l'assentiment du père ; car il semble bien que le mari dût posséder le droit d'obliger sa femme à l'*usurpatio trinoctii*, et ce droit, s'il existait, résidait naturellement en la personne du père, à la puissance duquel le mari était encore soumis.

---

(1) V. G. I. 195 a. — Cic. Pro Flacco, 34.
(2) V. Huschke : de privilegiis Fecenia Hispalæ.
(3) V. Revue hist. t. I, p. 538 et s.

La femme, de son côté, devait aussi, sans aucun doute, pour tomber *in manu,* avoir l'assentiment de son père : en ce qui concerne la *confarreatio* et la *coemptio,* nous en avons dit la raison. Relativement à l'*usus,* il ne saurait y avoir plus de doute : le père conservait, en effet, malgré le mariage, tous ses droits sur la personne de sa fille, au point qu'il pouvait même l'enlever à son époux. (l. 1. *in fine* D. XLIII. 30.)

Supposons maintenant que l'homme et la femme soient *sui juris:* l'homme pour se marier doit être pubère, et alors il figure seul dans tous les actes de la vie civile; pour acquérir la *manus,* il n'a donc besoin d'être autorisé de personne. La femme *sui juris,* au contraire, fut longtemps soumise, comme on sait, à une tutelle perpétuelle, tutelle légitime, optive, testamentaire ou fiduciaire. Pour aliéner une *res mancipi* quelconque, il lui fallait alors l'assistance, l'*auctoritas* de son tuteur : cette *auctoritas* était-elle aussi nécessaire pour la *coemptio?* Très certainement. La *coemptio* n'est pas en effet autre chose qu'une mancipation où la femme joue le rôle de venderesse. A l'égard de la tutelle légitime, Cicéron nous procure l'appui d'un texte formel (*Pro Flacco,* 34) : *In manum, inquit, convenerat: nunc audio; sed quæro usu an coemptione? Usu non potuit, nihil enim potest de tutela legitima sine omnium tutorum auctoritate deminui..... Coemptione? omnibus ergo auctoribus?* Cicéron plaidait à la vérité seulement pour le tuteur légitime d'une affranchie, mais ces expressions sont générales et visent aussi indubitablement la tutelle légitime des ingénues. Si l'orateur avait entendu, dans le passage rapporté, se restreindre aux termes du procès qu'il plaidait, il n'aurait pas notamment dit : *Omnibus ergo auctoribus?* attendu que l'affranchie en question n'avait eu qu'un tuteur, Flaccus, le client de Cicéron. Gaius du reste mentionne aussi, en divers paragraphes de ses commentaires (I. 115 et 195), l'*auctoritas* des tuteurs de la femme dans la *coemptio.* L'un d'eux, le § 115, par sa généralité, s'applique à toutes les espèces de tutelle; et, quoique relatif à la *manus* fiduciaire, il nous paraît décisif en la question : si en effet l'*auctoritas* des tuteurs de la femme avait été inutile pour la *coemptio* productive de la vraie *manus,* les jurisconsultes romains n'auraient pas songé à la rendre nécessaire pour une *coemptio* fictive, dont le but consistait précisément à éliminer la puissance de ces tuteurs.

Ainsi, tant que subsista la tutelle perpétuelle des femmes, celles-ci durent être assistées de leurs tuteurs dans la *coemptio.* Mais cette assistance fut-elle toujours sérieuse? Les tuteurs purent-ils toujours l'accorder ou la refuser à leur gré? Le préteur n'eut-il pas, au moins à partir d'une certaine époque, le droit de la leur imposer? Jusqu'au déclin de la tutelle perpétuelle, déclin qui précéda de longtemps sa disparition, les tuteurs gardèrent très certainement une liberté absolue. Mais à compter d'une époque indécise, antérieure à Cicéron et datant au moins de la création par les jurisconsultes de la *manus tutelæ evitandæ causa, l'auctoritas* devint pour les tuteurs optifs, testamentaires et fiduciaires une simple formalité. La tutelle légitime des agnats (jusqu'à sa suppression sous Claude), celle des patrons et des parents émancipateurs demeurèrent seules alors sérieuses. Encore est-il permis de croire que ces tuteurs purent être contraints par le préteur à assister la femme dans la *coemptio*. L'équité en effet commençait à prévaloir sur le droit strict, et ce que nous dit Gaius pour son époque (I. 192) devait être déjà réalisé : les tuteurs légitimes ne pouvaient plus, en présence de raisons majeures, refuser leur *auctoritas* pour une mancipation à effectuer ou une obligation à contracter ; or, la *coemptio* n'était pas autre chose qu'une mancipation, et le mariage de la femme, lorsqu'il venait à être entravé par l'avidité de ses tuteurs légitimes, était bien, ce semble, une de ces raisons péremptoires devant lesquelles le préteur pouvait faire céder la vieille autorité souveraine des agnats, des patrons et des parents émancipateurs.

Tout ce que nous venons de dire de la *coemptio* s'appliquait probablement aussi à la *confarreatio*, car elle entraînait, comme la *coemptio*, l'aliénation de tous les biens *mancipi* présents et à venir de la femme, et à ce titre devait nécessiter l'*auctoritas* des tuteurs gardiens de son patrimoine ; les textes font ici malheureusement défaut.

Quant à l'*usus*, il nous paraît certain que jamais il n'a pu servir à constituer la *manus* sur une femme *sui juris*. En effet, les tuteurs d'une femme ne pouvaient, comme nous le verrons, en aucun cas, s'opposer à son mariage. Ils ne pouvaient non plus, ce nous semble, l'obliger, une fois mariée, à effectuer l'*usurpatio trinoctii ;* car pour cela il leur aurait fallu posséder, sur la personne même de la femme, un pouvoir dont ils n'étaient pas investis. La femme aurait donc pu très commodément faire passer en des mains étrangères, par le mariage, son patrimoine entier, et dépouiller ainsi ses tuteurs légitimes du droit qui leur appartenait sur ces biens, droit à la conservation duquel les Romains pendant longtemps attachèrent un immense prix. Cette considération puissante s'étaie sur un texte formel de de Cicéron, déjà cité (*Pro Flacco* 34) : *Usu non potuit; nihil enim potest de tutela legitima sine omnium tutorum auctoritate deminui.* Et l'on s'explique à merveille que la femme *sui juris* ne pût pas tomber *in manu* par l'*usus* : celui-ci, entraînant les mêmes résultats pécuniaires que la *coemptio,* aurait naturellement nécessité, comme elle, l'*auctoritas* des tuteurs. Or, selon la remarque de M. Accarias « l'*auctoritas* devant être interposée *in ipso actu* et supposant la prononciation de paroles solennelles, on ne la conçoit qu'appliquée à un acte positif ; on ne la conçoit pas validant les résultats d'une simple inaction prolongée (1). »

Nous savons maintenant quand et par qui les deux fiancés ou les deux époux devaient être assistés dans l'accomplissement des conditions requises pour la *manus.* Nous venons de voir que leur volonté était parfois insuffisante à la produire : Fut-elle toujours nécessaire ? En d'autres termes, ne put-elle pas, pendant longtemps du moins, être suppléée, dominée par celle du père de famille ? Ce dernier longtemps conserva la faculté d'imposer le mariage à ses enfants ; il la possédait encore vis-à-vis de sa fille, à l'époque classique (l. 12, § 1, D. XXIII. 1) ; le fils seul en était alors probablement affranchi. Mais relativement à la *manus,* la sujétion des enfants suivit-elle les mêmes vicissitudes ? Pour la fille, il est permis de croire que son consentement devint nécessaire, quand la jurisprudence exigea celui de l'enfant donné en adoption, c'est-à-dire à l'époque de Celse et de Modestin (ll. 5 et 42, D. I. 7) : la *manus* et l'adoption entraînaient en effet, comme on va le dire, des résultats à peu près identiques. Quant au fils, à partir du moment où il acquit le droit de refuser la fiancée qui lui était offerte, il ne put certainement être contraint à une *coemptio* ni à une *confarreatio* contre sa volonté. Mais devint-il le maître, une fois marié, d'obliger sa femme à l'*usurpatio trinoctii,* lorsqu'elle ne voulait pas de son plein gré déférer à ce désir, et que le père de son époux l'autorisait à ne pas s'éloigner du domicile conjugal ? Cela nous paraît peu vraisemblable, en raison de la toute-puissance du chef de famille romain.

---

(1) V. Accarias : Précis. I., p. 254, note 2.

CHAPITRE II

Effets de la « Manus »

L'effet capital de la *manus,* celui duquel découlent tous les autres, consiste dans le changement qu'elle apporte au *status* de la femme : celle-ci passe de la famille de son père dans celle de son mari ; elle meurt pour l'une et naît pour l'autre ; elle acquiert avec les agnats de son mari les liens d'agnation qu'elle perd avec ceux de son père ; les attaches naturelles de la cognation subsistent seules, la loi n'ayant pas le pouvoir de les briser.

La femme qui tombait *in manu* subissait-elle dans tous les cas une *minima capitis deminutio?* Cette question, d'ailleurs purement théorique, simple question de mots, tient à la définition de la *minima capitis deminutio :* Paul, dans divers fragments (1), la représente comme uniquement constituée par l'abandon de la famille agnatique dont on fait partie, et cette autorité paraît décisive, surtout quand on la rapproche des textes si généraux, si éloignés de toute distinction, de Gaius (I. 162) et d'Ulpien (XI. 13). Cependant quelques interprètes et notamment de Savigny (t. II. app. VI), attribuant à Paul une opinion particulière qui n'aurait point été celle des autres jurisconsultes romains, ne voient de *capitis deminutio* que dans les cas où il y a une diminution effective de capacité. Par suite d'après eux la femme qui tombe *in manu* ne serait *capite minuta,* que si auparavant elle était *sui juris.* Sans développer ici plus longuement une controverse qui ne rentre pas dans le cadre de notre sujet, nous nous rallierons contre de Savigny à la doctrine la plus généralement suivie : la *manus* entraînait,

---

(1) Paul : ll. 11 D. IV, 5. — 3 pr. et 7 pr. eod. tit.

croyons-nous, dans tous les cas une *minima capitis deminutio*, que la femme fût ou non *sui juris* avant de s'y soumettre, qu'elle subît ou non par là un amoindrissement de sa capacité antérieure.

En abordant l'exposé des droits que confère au mari la *manus*, il sera bon d'observer que ces droits ne résident pas toujours en sa personne : s'il est en effet soumis encore à la puissance paternelle, l'unité souveraine de la famille ne permet pas qu'il les détienne et les exerce ; ils se réunissent au faisceau que le père a déjà dans ses mains, car le père administre et commande seul ; ses enfants et ses petits enfants subissent au même degré sa puissance, et, n'ayant aucun droit devant lui, sont bien près entre eux d'une égalité parfaite. La femme qui, par la *manus*, entre dans cette famille, n'y occupe pas cependant le même rang que son mari. Comme elle doit tomber un jour sous l'autorité de celui-ci, elle est considérée, disent les textes, comme la petite fille du père, ce qui a de l'importance dans la dévolution des successions *ab intestat*. Mais peu importe, au point de vue qui nous occupe, le titre qui lui est donné : tant que vivra le père, il exercera tous les droits que la *manus* a produits ; à sa mort seulement ils passeront sur la tête du mari, sauf pourtant le cas où, de son vivant, il le ferait sortir avec sa femme de sa puissance, par le moyen ordinaire de l'émancipation.

Nous arrivons maintenant à une question fort débattue : le changement que la *manus* opérait dans la condition de la femme, s'analysait-il en des conséquences d'une espèce unique, toutes relatives aux rapports pécuniaires des époux ? Ou entraînait-il aussi des résultats d'une autre nature, modifiait-il en même temps les droits du mari sur la personne de sa femme ? Il paraît étonnant qu'au sujet d'une institution capitale, qui a eu dans le droit romain une longue destinée, on en soit encore de nos jours à discuter le fond même de sa nature. La controverse est pourtant sérieuse : longtemps assoupie, elle a été, dans ces dernières années, réveillée par M. Gide, et la thèse du caractère exclusivement pécuniaire de la *manus* compte encore des partisans (1). L'on n'a pas contesté, remarquons-le bien, que les justes noces accompagnées de *manus* ne donnassent au mari une certaine puissance sur la personne de la femme ; mais l'on a

---

(1) V. Hase, § 3 et *passim ;* MM. Gide, p. 133 et s. ; Cuq, à son cours. — Contrà : MM. de Fresquet, p. 158 et 159 ; Maynz, t. I, § 11 ; Couraud, à son cours. — Cpr. MM. Ginoulhiac, Hist. du Rég. dotal, p. 59 ; Laboulaye, Recherches....., p. 31, n. 3.

soutenu que cette puissance, d'ailleurs éloignée de celle que nous lui reconnaîtrons, provenait uniquement des justes noces et non de la *manus*. Nous nous attacherons à combattre cette opinion.

La femme *in manu* appartenait incontestablement à la catégorie générale des individus *alieno juri subjecti* (G. I, 49). N'est-ce pas dire que la *manus* avait pour effet de soumettre sa personne à l'autorité de son mari ? Le mot *jus* n'implique-t-il un pouvoir de ce genre ? On l'a nié. Hase, par exemple (*Op. cit.* p. 18 et s.), soutient que la vraie notion de ce mot se trouve dans les expressions suivantes, fréquemment reproduites par les textes : *succedere in universum jus defuncti, in jus demortui.... in omne jus testatoris.* Il rapproche de l'hypothèse d'une succession celle d'une *capitis deminutio,* qui fait passer un individu *sui juris* sous la *potestas,* la *manus* ou le *mancipium* d'un autre citoyen : *utriusque jus universum,* dit-il, *in alium transfertur; alter, ad quem transit, duo nunc quasi jura ipsius alteriusque vel mortui vel capite minuti in se repræsentat.* De là il conclut qu'être *alieni juris,* c'est être incapable de rien posséder en propre, voir tout ce que l'on acquiert passer au maître, au père ou au mari en la puissance duquel on se trouve; être *sui juris,* c'est d'après lui acquérir pour soi, avoir un patrimoine ou du moins être susceptible d'en posséder un. Cette argumentation repose, à notre avis, sur un fondement inexact : de ce que, dans certaines locutions du droit romain, le mot *jus* semble éveiller surtout une idée d'acquisition, d'intérêt pécuniaires, il ne suit pas que l'on doive lui attribuer le même sens dans l'expression qui nous occupe. Au lieu de prendre texte d'une acception particulière du mot, il nous paraît plus logique de se référer au radical dont il dérive : or, ce radical est incontestablement *jubere, jussum.* Le mot *jus* récèle donc avant tout une idée de souveraineté, de commandement, et à cela les locutions que l'on nous oppose ne répugnent point du tout : *succedere in universum jus demortui,* c'est en effet succéder au droit du défunt, à sa puissance sur les choses qui composaient son patrimoine. Dès lors, dans cette autre expression *alieni juris esse,* il faut se résoudre à accepter aussi une idée de pouvoir, d'autorité, impliquant un assujettissement de la personne qui subit la *potestas,* la *manus* ou le *mancipium,* à la volonté de celle qui l'exerce.

La femme *in manu* est *alieno juri subjecta* : voilà notre premier argument. La place qu'occupe la *manus,* entre la *potestas* et le *mancipium,* dans tous les textes relatifs à cette triple division des individus *alieni juris* (1), ne mérite pas moins d'être remarquée. En effet, la *potestas* et le *mancipium* entraînaient bien certainement à la fois un pouvoir sur la personne et un droit sur les biens de l'individu qui y était soumis. Pour la *potestas*, la chose n'a jamais été contestée. Pour le *mancipium*, elle ne pourrait l'être sérieusement : Cicéron (*Pro Cæcina*, 34) met presque sur la même ligne le fils de famillle vendu par son père et le citoyen vendu par le peuple, pour s'être soustrait au service militaire ou au cens ; or celui-ci était réellement esclave (2). En tous cas, l'individu *in mancipio* n'était point citoyen pendant la durée du *mancipium* (Cic. *loc. cit.*), et cette différence énorme avec le fils de famille montre bien qu'il se trouvait dans une dépendance plus étroite quant à sa personne, leur condition étant identique au point de vue des biens. Ainsi donc, des trois termes de la division des personnes *alieni juris*, deux d'entre eux, la *potestas* et le *mancipium*, emportent un droit rigoureux sur la personne : cela posé, pourrait-on s'empêcher de reconnaître à la *manus* le même caractère, alors surtout que dans les textes elle est toujours intercalée entre les deux, comme si les jurisconsultes avaient par là voulu affirmer la parfaite identité de sa nature avec celle de la *potestas* et du *mancipium*.

Cette particularité a naturellement amené Gaius, au cours de ses Commentaires, à s'occuper de la *manus* après la *potestas* et avant le *mancipium;* or, ce détail encore nous paraît avoir son prix. Il est permis en effet de croire que Gaius n'aurait point exposé, dans son Commentaire premier, entre les règles de l'adoption et celles du *mancipium*, les divers modes de constitution de la *manus*, si elle n'avait eu pour effet de modifier d'une manière radicale la situation juridique de la personne même de la femme.

Nous ne nous ferons point une arme de la différence que signale Gaius (III. 199) au sujet de l'action *furti*, entre le mari qui possédait la *manus* et celui qui ne la possédait pas, dans le cas où la femme venait à être ravie par un tiers. Il serait en effet trop facile de répondre que cette différence n'en implique pas nécessairement une dans le droit du mari sur la personne de la femme, que l'action *furti* repose toujours sur un intérêt pécuniaire froissé, et

---

(1) V. G. I. 49. — Ulp. XIX., 18 ; XXIV, 23 et 24. — Paul, fr. vat. 51 et 300.
(2) Ulp. XI, 11. — l. 4 § 10, D. XLIX, 16.

que l'enlèvement de la femme non *in manu* ne lésait aucun intérêt de ce genre chez le mari.

Mais le même Gaius nous apprend que l'injure faite à une femme ne donnait lieu à une action au profit du mari, que si elle se trouvait *in manu* : *Pati autem injuriam videmur... per uxores nostras cum in manu nostra sint,* dit-il (1) ; et cela nous semble impossible à expliquer, si l'on refuse d'admettre que la *manus* avait pour effet de rattacher plus intimement, plus étroitement la personne de la femme à son époux. Les partisans du système que nous combattons ont de tout temps bien senti l'importance de ce texte. Aussi se refusaient-ils à le lire ainsi (2) : les raisons, d'après eux, les plus décisives et péremptoires, leur faisaient adopter avec Lachmann une leçon tout opposée : *pati autem..... quamvis in manu non sint.* La révision toute récente et si fructueuse de M. Studemund donne pour certaine la version que nous avons transcrite la première.

D'autre part, cependant, il faut reconnaître que la fin du § 221 de Gaius n'est pas bien facile à concilier avec le commencement du même paragraphe. Il nous paraît s'en dégager, en même temps que du texte correspondant des Institutes (§ 2, IV, 4), ce fait à savoir que dans le principe, la *manus* était nécessaire pour permettre au mari d'agir contre l'auteur d'une injure faite à sa femme, que plus tard la qualité d'épouse a suffi, et qu'alors une pareille injure a donné lieu à la triple action dont parle le § 221 *in fine.* Tout s'explique à merveille, si l'on admet avec Pellat que le copiste a omis quelque chose dans le milieu du paragraphe, et cette conjecture est d'autant plus acceptable que les fautes, paraît-il, fourmillent dans le Palimpseste, à la page qui le contient (3).

A la version nouvelle du § 221 de Gaius, on songera peut-être à opposer un texte d'Ulpien, la loi 1, § 3, D. XLVII, 10 ; mais la difficulté serait légère : comme l'a remarqué Polenaar dans son édition récente de Gaius, le mot *affectui* dans ce texte remplace manifestement l'expression *manui,* qui devait d'abord s'y rencontrer.

Une dernière considération nous est inspirée par le caractère tout particulièrement religieux de la *confarreatio* ; cette cérémonie pouvait-elle n'avoir d'autre but, d'autre raison d'être qu'un in-

---

(1) G. III, 221. — V. M. Dubois, p. 387 n. 710.

(2) V. Hase, p. 76.

(3) V. Pellat : Manuale, p. 554. — M. Dubois, loc. cit.

térêt pécuniaire ? Les Romains des premiers jours étaient-ils donc assez avides, attachaient-ils assez de prix à l'or et aux biens matériels de la vie pour faire intervenir la religion, enveloppée de ses formes peut-être les plus imposantes et les plus sacrées, dans l'acquisition de droits exclusivement pécuniaires ? Encore ces droits, remarquons-le, se réduisaient le plus souvent à une pure espérance, complétement indéterminée ; car les filles se mariaient jeunes, à Rome ; presque toujours elles devaient être en puissance de père, et alors, ne possédant aucun bien, elles n'apportaient au mari que l'expectative très douteuse des acquisitions qu'elles pourraient dans la suite réaliser. Il nous semble donc que la *confarreatio* devait avoir un autre but que la modification des droits pécuniaires du mari, qu'elle devait principalement viser les intérêts moraux des époux, leurs rapports personnels, bien plus importants aux yeux des premiers Romains. Or, la *manus* acquise par *confarreatio* était identique dans ses effets à celle que créait la *coemptio* ou l'*usus* : ce point n'est point contesté. Le caractère et les formes de la *confarreatio* révèlent par suite, avec une grande force, la nature vraie de la *manus* et la double série de ses effets : les uns relatifs à la personne de la femme, les autres à ses biens ; la *manus* n'était point, comme on l'a soutenu, une sorte de régime nuptial, une espèce de communauté universelle entre époux, mais dans son essence un droit sur la personne de la femme, droit d'où résultaient par voie de conséquence, les résultats pécuniaires auxquels on a essayé d'en réduire l'effet entier.

SECTION I

Effets de la « Manus » quant à la personne de la femme

Nous venons de voir que, par la *manus,* le mari acquiérait sur sa femme une certaine autorité : quelle en était exactement l'étendue? A cette question la réponse est facile, si l'on veut écouter nombre de textes de Gaius et d'Ulpien (1). La femme *in manu* est *loco filiæ,* nous disent-ils, et ils sont tellement éloignés de toute distinction ou restriction que les arguments développés ci-dessus, pour établir le vrai caractère de la *manus,* semblent s'effacer et

(1) G. I., 111, 114, 115 *bis*, 118, 136 ; II, 139, 159 ; III, 3. — Ulp. XXII, 14.

devenir superflus, dans la pleine lumière de ces textes. On a cependant objecté que la similitude existant entre la fille et la femme *in manu,* au point de vue des biens, suffirait à expliquer les expressions de nos deux jurisconsultes, et l'on a cité, à l'appui de cette remarque, des expressions tout analogues concernant le *mancipium* : Gaius, a-t-on dit, affirme à plusieurs reprises (I. 123, 138; III. 114), que l'individu *in mancipio* est *loco servi;* or, il y avait incontestablement des différences essentielles entre l'esclave et lui (1). Gaius n'a donc entendu marquer par là qu'une ressemblance entre les deux conditions; qui nous assure, ajoute-t-on, que les textes relatifs à la femme *in manu* ne doivent pas être entendus avec la même réserve? (2) Ce raisonnement, d'ailleurs logique, ne démontre pas l'inexactitude de nos textes. A eux seuls ils ne feraient point la preuve complète du fait qu'ils semblent énoncer, cela est certain ; mais il ne faut pas les examiner isolément. Nous avons établi, par d'autres considérations, que la *manus* modifiait la situation de la femme au point de vue de sa personne. De quelle manière? Voilà ce que les jurisconsultes ne précisent guère. Seulement, Gaius et Ulpien proclament, sans restriction ni ambages, qu'elle prenait dans sa nouvelle famille le rang d'une fille de son mari ; et ensuite, au cours de leurs ouvrages, ils ne nous signalent qu'une différence entre la femme *in manu* et la *filiæfamilias* (G. I. 137 *in fine*), différence qui, nous le verrons, s'explique du reste parfaitement. Nulle part ailleurs ne se rencontre un texte contredisant leur affirmation ; quelques-uns au contraire lui prêtent appui.

Si l'on remarque en outre que le peuple romain à son origine était voisin de l'époque patriarcale, qu'il possédait alors dans ses mœurs plus d'un reste de cette époque, et que l'identité de condition entre la femme mariée et la fille de famille est précisément l'un des caractères de l'état patriarcal, l'on ne pourra être surpris que la *manus* eût pour effet de mettre la femme au rang d'une fille, vis-à-vis de son époux.

Contre cette opinion, Hase et après lui M. Gide, ont élevé diverses objections reposant, pour la plupart, sur des restitutions hypothétiques au Palimpseste de Vérone, que les savantes recherches de M. Studemund ont depuis lors singulièrement dérangées ou

---

(1) Paul : Sent. V. 1 § 1. — G. I., 141 ; II, 90.
(2) V. M. Gide, p. 133, n. 1.

même absolument détruites. Tandis que le père peut vendre son fils, dit M. Gide (p. 134), le livrer en guise d'indemnité à la personne qu'il a lésée, le donner en adoption, le mari ne peut ni vendre sa femme *in manu*, ni la céder en réparation du dommage, ni la donner en adoption. — Le mari ne peut vendre sa femme! Pure affirmation qui, loin de s'étayer sur un seul texte, est formellement contredite par un paragraphe des Commentaires de Gaius (I. 118). Si les termes précis de ce paragraphe n'ont pas été complétement encore rétablis, le sens général n'en peut être révoqué en doute et ne l'a du reste, à notre connaissance, jamais été : Gaius affirme de la manière la plus positive que la femme *in manu* peut être mancipée par celui, en la puissance duquel elle se trouve. A la vérité, il ajoute que cette mancipation n'intervenait guère que pour libérer la femme de la *manus* (I. 118 a); mais on ne saurait tirer de là le moindre argument, car le même texte nous révèle que les enfants aussi n'étaient guère vendus qu'en vue de leur émancipation. C'est que Gaius dans ce paragraphe indique ce qui se passait à son époque, le mécanisme de la mancipation dégénérée en une pure formalité. Si dans le principe elle a été une vente sérieuse, réelle — et cela paraît certain, — il ne nous semble pas y avoir la plus légère raison pour dénier le même caractère à la mancipation de la femme *in manu*.

Par là se trouve également écartée la prétendue impossibilité, pour le mari qui possède la *manus*, de céder sa femme en réparation du dommage causé par elle ; car la seule preuve que l'on en ait donnée, est précisément la proposition dont nous venons de démontrer la fausseté. Si le mari n'avait pu soumettre sa femme qu'à un *mancipium* fictif, il est indubitable qu'il n'aurait pas eu le moyen d'en faire l'abandon noxal; mais le texte de Gaius, précédemment cité (I. 118 a), nous paraît montrer que de son temps encore, le *mancipium* établi sur une femme *in manu* pouvait être sérieux et par suite constitué *noxaliter* : Le plus souvent, dit-il, la mancipation n'a pour but que de libérer la femme de la *manus;* n'est-ce pas laisser entendre qu'il en était quelquefois autrement, et justifier ainsi notre affirmation?

En tout cas, a-t-on objecté, le délit de la femme *in manu* ne donnait pas lieu à une action noxale contre le mari (1). — La révi-

(1) V. Hase : p. 77. — M. Gide, p. 134, n. 1.

sion de M. Studemund a fait disparaître l'argument que l'on tirait, à l'appui de cette manière de voir, d'un texte douteux de Gaius (IV, 80) ; ce jurisconsulte, après avoir, au sujet des esclaves et des fils de famille, parlé des actions que les commentateurs appellent *adjectitiæ qualitatis*, et des actions noxales, ajoute : *Quod vero ad eas personas quæ in manu mancipiove sunt, ita jus dicitur ut cum ex contractu earum ageretur, nisi ab eo cujus juri subjectæ sunt, in solidum defendantur, bona quæ earum futura forent si ejus juri subjectæ non essent, veneant.* Tel est le texte donné par M. Studemund (1) ; il prévoit uniquement le cas d'un contrat passé par une personne *in manu* ou *in mancipio*, et mentionne la rescision qu'opérait alors de la *capitis deminutio* le préteur, en faveur du tiers créancier, à l'instar de ce qui avait lieu, pour celui dont le titre était antérieur à la constitution de la *manus* ou du *mancipium*. Mais comme on le voit, il n'y est aucunement question de délit ; nul argument ne peut donc s'en évincer, en ce qui concerne l'action noxale. Avant M. Studemund, divers auteurs adoptaient avec Lachmann une autre version. A la suite du mot *contractu*, ils intercalaient *aut ex maleficio*. Le texte ainsi lu semblait régler les deux hypothèses d'un contrat et d'un délit, et par suite de l'opposition qu'annonce le début de la phrase avec ce qui précède, écarter la possibilité de l'action noxale relativement aux personnes soumises à la *manus* ou au *mancipium*.

La femme *in manu* ne pouvait-elle enfin, comme on l'a soutenu, être donnée en adoption par le mari? Celui-ci, dit Hase (p. 114), n'ayant que la *manus* et non la *potestas*, ne pouvait transmettre à un tiers une puissance qu'il ne possédait pas. En effet, poursuit-il, le citoyen qui exerçait le *mancipium* sur un individu, ne pouvait céder à un autre sur lui la puissance paternelle ; le père seul avait le droit de donner ses enfants en adoption; ce qui le démontre, c'est que le fils, deux fois mancipé par son père, devait, au rapport même de Gaius (I. 134), être remancipé à ce dernier, pour que le citoyen dont on voulait faire le père adoptif le revendiquât entre ses mains. A cet argument nous répondrons qu'il repose, d'abord sur une différence de nature entre la *manus* et la puissance paternelle, c'est-à-dire sur la proposition même qui est en question ; ensuite sur une restitution à un texte de Gaius, laquelle

---

(1) V. M. Dubois, p. 462.

déjà contestée par Rudorf et Scheurl en Allemagne, a été à peu près détruite par M. Studemund (1). Jusqu'à lui, on se perdait en conjectures sur le deuxième procédé indiqué par Gaius au § 134 pour créer la *potestas* au profit de l'adoptant ; mais l'on se refusait en général à lire le texte, tel qu'il est porté dans l'*Apographum* de M. Studemund : *deinde aut patri remancipatur et ab eo is qui adoptat, vindicat apud prætorem filium suum esse, et, illo contra non vindicante prætore vindicanti filius addicitur ; aut non remancipatur patri, sed ab eo vindicat is qui adoptat apud quem in tertia mancipatione est.* Il ne saurait désormais y avoir de doute ; une fois la puissance du père naturel détruite par une triple mancipation, l'enfant pouvait être cédé en adoption par celui-là même qui le tenait *in mancipio.* Dès lors on ne voit pas pourquoi, la puissance du père de la femme ayant disparu par l'effet de la *manus,* le mari n'aurait pas eu la faculté de créer au profit d'un tiers le lien d'une paternité adoptive, en supposant d'ailleurs que la femme y consentît, lorsque par le progrès de la jurisprudence, les enfants ne purent plus être donnés, malgré eux, en adoption. (ll. 5 et 42, D. I. 7.)

On a cru trouver dans un autre passage des Commentaires de Gaius (II. 89 et 90), une objection péremptoire contre l'assimilation de la *manus* à la puissance paternelle : *Non solum autem proprietas,* dit Gaius, *per eos quos in potestate habemus, adquiritur nobis, sed etiam possessio..... per eas vero personas quas in manu mancipiove habemus, proprietas quidem adquiritur nobis ex omnibus causis, sicut per eos qui in potestate nostra sunt ; an autem possessio adquiratur quæri solet, quia ipsas non possidemus.* « N'est-ce pas dire clairement, s'écrie M. Gide (p. 133), que la *potestas* frappant la personne et le corps même du fils et de l'esclave, tout ce qu'ils possèdent *corpore* est par cela même au pouvoir et en la possession du chef de famille, tandis que la *manus* n'atteignant que le patrimoine de la femme et ne donnant aucun pouvoir sur sa personne, ne peut faire acquérir que ce qui entre dans son patrimoine et non ce qui est seulement possédé par elle ? » Cette conclusion serait en effet très forte, si les jurisconsultes romains avaient unanimement admis le droit de possession du père sur ses enfants. Mais il n'en est pas ainsi : un texte de Paul renferme la trace d'une controverse à ce sujet (l. 1, § 8, D. XLI. 2) ; non moins formel que celui de

---

(1) V. M. Dubois, p. 84, n. 396.

Gaius, il déclare que le fils n'était pas non plus un objet de possession. On voit donc que la différence signalée par Gaius, entre la fille et la femme *in manu,* n'existait qu'aux yeux de certains jurisconsultes; et l'argument perdra encore de sa valeur, si l'on observe qu'à l'époque de Gaius, la *manus* n'était plus guère sérieuse, ne donnait plus au mari les étroites et rigides prérogatives des temps primitifs.

Une dernière considération, dirigée contre notre théorie, a été puisée encore dans Gaius : si la femme *in manu,* a-t-on dit, avait été soumise à son mari comme une fille à son père, aurait-elle pu l'obliger par le divorce à dissoudre cette puissance? Gaius atteste pourtant que ce droit lui appartenait (I. 137 *in fine*). — La difficulté paraît sérieuse; elle ne l'est pas. Et d'abord, le texte invoqué n'est point absolument clair : peut-être l'hypothèse qu'il prévoit, est-elle non celle d'un *repudium* envoyé par la femme au mari, mais l'hypothèse inverse; cette dernière interprétation diminuerait singulièrement la force de l'objection. Nous ne la croyons cependant pas exacte. Adoptons l'autre : Que la femme ait eu dès l'origine, à Rome, le droit de répudier son mari, contrairement à ce qu'affirme Plutarque (1), ou qu'elle ait seulement acquis ce droit dans la suite, il nous paraît manifeste que les Romains ne purent, en l'accordant à la femme engagée dans les liens d'un mariage libre, le refuser à la femme *in manu.* Le peuple qui, au VIe siècle de son existence, vit son premier divorce, devait certes croire que les femmes n'useraient jamais du *repudium* que pour des causes d'une gravité extrême, et alors pourquoi aurait-il fait une exception au détriment des femmes soumises à la *manus?* Il était bien naturel que ces dernières partageassent avec les autres la faculté de répudiation, et aussi que le divorce amené par la faute du mari l'obligeât à se dessaisir des droits résultant pour lui de la *manus.* Vers la fin de la République, quand les divorces se multiplièrent, cette puissance devint fort rare; les femmes qui s'y soumettaient encore étaient sans contredit les plus dignes de la protection du législateur : il n'aurait donc pu, sans injustice et sans hâter le triomphe définitif du mariage libre, retirer aux femmes *in manu* la ressource parfois nécessaire et légitime du *repudium.*

Nous en avons maintenant fini avec les objections de nos adversaires; leur réfutation impartiale nous permet, croyons-nous, de

---

(1) Vie de Romulus, 22.

conclure à une parfaite identité de nature entre la puissance paternelle et la *manus,* d'affirmer que celle-ci donnait au mari, sur son épouse, tous les droits du père sur ses enfants.

Ces droits, il serait superflu de les passer minutieusement en revue : nous avons eu l'occasion de mentionner les principaux; le *jus vitæ necisque* nous arrêtera seul encore quelques instants. L'existence de cette prérogative capitale, aux mains du père, ne saurait être révoquée en doute : Denys d'Halicarnasse l'atteste dans ses Antiquités romaines (II. 26), Papinien lui-même en fait mention (1). D'autre part, les historiens romains nous révèlent que le père ne prononçait jamais une sentence grave, sans être assisté d'un conseil de parents et d'amis (2), sorte de tribunal de famille qui paraît avoir joué un rôle important dans la société romaine. Le droit de vie et de mort du père n'a donc probablement jamais existé que sous d'étroites restrictions; au surplus, pendant longtemps, le blâme si puissant de l'opinion publique et celui surtout des censeurs auraient suffi pour l'empêcher de se donner trop libre carrière. Vers l'an 102 avant Jésus-Christ, sous le quatrième consulat de Marius, un père fut condamné pour avoir tué son fils sans prendre l'avis du tribunal domestique (3); et si, dans l'histoire, on voit des enfants punis de mort par le père seul, c'est que celui-ci alors agissait, non comme père, mais comme investi de fonctions l'y autorisant : Brutus par exemple était consul; Manlius Torquatus, dans la guerre des Latins, était général.

Le mari, quand il possédait la *manus,* avait, lui aussi, droit de vie et de mort sur sa femme. Indépendamment de l'identité parfaite de cette puissance avec la *patria potestas,* divers textes permettraient de l'établir : Valère Maxime par exemple (VI. 3), raconte qu'un certain EgnatiusMetellus fit périr sous le bâton sa femme, coupable de s'être enivrée, et donna ainsi « un excellent exemple » à ses concitoyens; Tacite nous apprend aussi (Ann. XIII. 32) que, sous le règne de Néron, une femme nommée Pomponia Grœcina fut accusée d'avoir pris part à des superstitions étrangères, que son mari reçut mission de la juger et y procéda, suivant une vieille coutume, en présence des proches parents de la coupa-

---

(1) V. Coll. leg. mos. et roman. IV. 8.

(2) Tite-Live, II, 61. — Valère-Maxime, V. 8 § 2; V. 9 § 1.

(3) Paul Orose, V. 16.

ble. Ces textes, et d'autres peut-être que l'on pourrait citer, ne spécifient pas que les femmes dont il y est parlé fussent *in manu;* en outre, l'exemple fourni par Tacite se rapporte à une époque où la *manus* n'était plus très commune. De là naît cette question : était-ce la *manus* ou le mariage qui donnait au mari le *jus vitæ necisque?* Ce dut être, il nous semble, la *manus* seule, au moins pendant longtemps. La puissance paternelle était en effet une puissance absolue et, par là même, impartageable dans ses attributs essentiels; or, elle n'était pas détruite par le mariage libre Le père avait donc seul, pendant la durée de ce mariage, l'exercice du droit exorbitant de vie et de mort. Cependant, lorsqu'avec les années la puissance paternelle se fût émoussée, peut-être alors vit-on le mari empiéter sur les droits exclusifs du père, les partager avec lui ou même l'en exclure entièrement. Cette évolution était peut-être accomplie sous Néron, mais il nous paraît certain que des siècles se sont écoulés, avant qu'elle commençât à se produire.

Le tribunal de famille qui devait, nous l'avons dit, assister le père dans les cas graves, assistait certainement aussi le mari. Quant à sa composition, à sa compétence, aux peines qu'il prononçait, il est impossible de rien dire de précis. On sait toutefois qu'il était formé non d'agnats, mais de cognats ; et un texte de Polybe (Hist. VI. 1) permet de croire qu'il y entrait les cognats, tant du mari que de la femme jusqu'au sixième degré. Ce texte mentionne un usage curieux des Romains, le *jus osculi,* c'est-à-dire l'obligation imposée aux femmes, pour mieux assurer l'observation de la défense portée contre elles de boire du vin, de baiser sur la bouche certains parents, probablement ceux appelés à la juger en cas de faute ; or, ce *jus osculi,* dit Polybe, existait vis-à-vis des parents du mari et de la femme jusqu'au sixième degré, limite qui paraît avoir été de tout temps appréciée des Romains, ainsi que l'attestent les lois *Cincia* et *Furia testamentaria.*

Au surplus, la composition du tribunal de famille n'avait rien d'absolument obligatoire : le mari pouvait, si bon lui semblait, et devait même probablement, à défaut de cognats au degré voulu, y appeler d'autres parents, des amis ou des étrangers en relief; cette conjecture s'appuie sur l'exemple de Lucius Gellius, jugeant son fils, au rapport de Valère Maxime (V. 9, § 1).

Quels faits nécessitaient la convocation du tribunal de famille? Tous ceux sans doute qui donnaient lieu à l'application d'une peine sévère, peut-être ceux seulement qui auraient pu motiver une accusation devant les tribunaux criminels de Rome. Quant aux peines, elles devaient être complétement arbitraires, sauf le correctif résultant de la puissance morale de l'opinion publique et du censeur (1).

Signalons maintenant une dernière conséquence de l'assimilation parfaite de la *manus* à la puissance paternelle : toutes deux entraînant pour le père et le mari le même pouvoir rigoureux, absolu, s'excluaient forcément l'une l'autre ; elles ne pouvaient coexister sur le même sujet, au moins avec leurs prérogatives capitales. L'autorité qui passait au mari par l'effet de la *manus,* échappait donc aux mains du père, et s'il restait à celui-ci quelque parcelle de son ancienne puissance, ce n'était plus qu'un droit insignifiant, vague et mal défini ; désormais par exemple il ne pouvait plus, comme avant la *conventio in manum,* briser le mariage de sa fille, l'obliger à se séparer de son époux. Dans un cas, cependant, la puissance paternelle se réveillait, violente et terrible : le père qui surprenait sa fille, même *in manu*, en flagrant délit d'adultère, chez lui ou chez son gendre, avait le droit de la tuer (*coll. leg. mos.* IV. 2, § 2).

Lorsque la fille, au lieu de se trouver *in manu mariti,* était seulement engagée dans les liens d'un mariage libre, sa situation était alors toute différente : le père conservait sur elle un pouvoir entier, à tel point qu'il avait même, nous le verrons, la faculté d'envoyer à son gendre le *repudium,* et cela, contre le gré de sa fille. Celle-ci venait-elle à commettre une faute grave : le soin de convoquer le conseil de famille et de le présider incombait sans nul doute au père. Cependant le mari, par le seul effet des justes noces, devait acquérir un certain pouvoir sur sa femme : vivant constamment avec lui, dans la maison où il commandait en maître, il est impossible qu'elle échappât entièrement à son autorité; mais dans quelle mesure y était-elle soumise? Nous l'ignorons. Le mari sans doute avait un droit de correction pour les fautes légères, peut-être pour toutes celles qui ne nécessitaient pas la réunion du tribunal de famille. De ce partage d'attributs, entre lui et le père, devait naître plus d'une rivalité, plus d'un conflit : alors probablement le conseil domestique intervenait et empêchait,

(1) V. sur tous ces points : M. de Fresquet, du Tribunal de famille (Revue hist. t. I)

par sa médiation, l'emploi de l'argument suprême auquel aurait pu recourir le père offensé, le *repudium*.

Il nous reste à prévoir le cas où la femme *in manu* venait à être enlevée ou détenue injustement par un tiers, et à indiquer les moyens légaux par lesquels le mari pouvait en obtenir la restitution. L'identité de la *manus* avec la puissance paternelle ne permet pas, selon nous, de douter que ces moyens ne fussent exactement ceux accordés au père dans la même hypothèse : or, à l'origine, le droit de propriété du père sur ses enfants étant incontestablement reconnu, il pouvait sans doute, sous les « actions de la loi », les revendiquer avec les formes ordinaires du *sacramentum*. Pour la période formulaire, un fragment d'Ulpien nous renseigne à ce sujet (l. 1, § 2. D. VI. 1), et il suffit de le lire attentivement pour être assuré que le jurisconsulte y mentionnait, à côté des enfants, la femme *in manu*, en des termes exprès, supprimés lors de la confection du Digeste : si cette conjecture est exacte, à l'époque d'Ulpien, c'est-à-dire à un moment où la *manus*, la vraie *manus*, n'était plus que l'ombre d'elle-même, elle permettait encore au mari de revendiquer sa femme, pourvu qu'il le fît *adjecta causa*, en indiquant dans l'*intentio* de la formule la nature particulière de son droit. Cette *adjecta causa* n'était probablement pas en usage aux débuts du système formulaire.

Le fragment d'Ulpien, qui vient d'être cité, indique d'autres moyens à la disposition du père, et par suite, dans notre opinion, à la disposition du mari : un *præjudicium*, c'est-à-dire une action préjudicielle, des interdits, une *cognitio prætoria* ou *extraordinaria*; cette dernière fort utile, quand le débat s'élevait entre le mari et la femme sur l'existence de la *manus*, car il n'y avait pas d'action proprement dite possible entre deux personnes dont l'une était sous la puissance de l'autre (1) ; le *præjudicium* dans ce cas n'aurait pu s'engager que si la femme avait été autorisée, comme l'individu plaidant pour sa liberté, à se faire représenter par un *assertor*, et rien ne permet de garantir que cela ait jamais été admis.

SECTION II

Conséquences pécuniaires de la « Manus »

Les effets pécuniaires de la *manus* se déduisent pour la plupart

(1) l. 4 D. V. 1 ; l. 7 D. XLIV. 7. — V. M. Accarias, II, p. 930. n. 2 et p. 1325.

des deux propositions suivantes : 1° La *manus* entraînait un changement complet dans la personne juridique de la femme. Ce changement recevait à Rome, en toute hypothèse, du moins selon l'opinion générale des auteurs modernes, ainsi que nous l'avons vu, la qualification de *minima capitis deminutio* : nous adopterons cette terminologie. 2° La femme, pendant toute la durée de la *manus*, figurait au nombre des personnes *alieni juris*. — De ces deux idées combinées ensemble, résulte une double série de conséquences que nous allons examiner tout d'abord, les unes relatives aux biens et aux dettes de la femme antérieurs à la *conventio in manum*, les autres relatives à ses acquisitions et à ses obligations postérieures.

§ 1er — Du sort des biens et des dettes de la femme antérieurs à la « Manus »

Lorsque la femme, au moment où elle tombait *in manu*, était déjà *alieni juris*, c'est-à-dire soit *in potestate* soit *in mancipio*, la *manus* ne pouvait, on le devine, entraîner de conséquence importante au point de vue qui nous occupe. De biens en effet, la femme n'en possédait pas. D'obligations, elle n'en pouvait avoir assumé que par son délit ou son quasi-délit (G. III. 104) : or précisément ces obligations, le droit civil les laissait survivre à la *minima capitis deminutio*, et de ce côté encore pas de changement, sinon que l'action noxale du créancier devait désormais être dirigée contre le mari. A cela près, la *manus* n'avait donc pas, dans notre hypothèse, de résultat pécuniaire immédiat.

Si au contraire la femme se trouvait *sui juris*, au moment de la *conventio in manum*, celle-ci produisait aussitôt des conséquences pécuniaires très sérieuses : elle faisait passer au mari les biens de toute nature appartenant à la femme, elle en opérait une *transmissio per universitatem*, comme l'aurait fait une adrogation. Choses corporelles et incorporelles, droits réels et droits de créance, le mari acquiérait tout *ipso jure*, instantanément et sans qu'il fût besoin de la moindre tradition (1). Cependant la *manus*, produisant une *minima capitis deminutio*, avait pour effet d'éteindre certains droits que les Romains considéraient comme particulièrement attachés à la personne : la plupart de ces droits, peut-être tous,

(1) G. II. 98; III. 83. — Cic. Top. 4.

nous sont signalés par Gaius dans deux textes (III. 83 et 114). Ce sont : d'abord l'usufruit, auquel il faut assimiler sans aucun doute l'usage (§ 1. Inst. III. 10) ; et non pas seulement le droit déjà constitué, déjà en cours d'exercice, mais la créance même d'usufruit ou d'usage (l. 1 pr. VII. 4). Quand Justinien supprima cet effet de la *minima capitis deminutio,* la *manus* avait complétement disparu. Il est à remarquer que deux autres servitudes personnelles, l'habitation et les *operæ servi* survivaient à la *minima capitis deminutio,* pour cette raison donnée par Modestin au sujet de l'habitation, savoir qu'elles consistaient plutôt en un fait qu'en un droit (l. 10, D. IV. 5), c'est-à-dire qu'elles n'étaient pas reconnues par l'ancien droit civil de Rome. Au surplus, l'usufruit et l'usage ne s'éteignaient pas toujours définitivement par l'effet de la *manus :* si par exemple ils avaient été constitués *in singulos annos,* ou *menses* ou *dies,* ils renaissaient au profit du mari, à l'expiration de l'année, du mois, du jour où s'était produite la *conventio in manum.*

Gaius indique en second lieu, comme éteinte par la *manus,* l'*operarum obligatio libertorum quæ per jusjurandum contracta est,* c'est-à-dire l'engagement contracté, sous la foi du serment, par l'esclave, avant d'être affranchi, relativement aux services à fournir au patron.

Il cite encore le droit déduit en justice dans un *judicium legitimum,* c'est-à-dire le droit né de la *litis contestatio,* au profit de la femme demanderesse, dans un *judicium legitimum.* En ce cas, le droit antérieur à la *litis contestatio* ne revivant pas, la déchéance eût été complète, mais une si flagrante iniquité dut motiver l'intervention du préteur (V. M. Accarias I. p. 105).

Il est encore un droit auquel mettait fin la *conventio in manum :* c'est la créance résultant d'une *adstipulatio* (G. III. 114), pour ce motif probablement que l'*adstipulator,* dans ses relations avec le stipulant principal, n'est qu'un mandataire ; or le mandat, étant généralement contracté *intuitu personæ,* ne pouvait survivre au changement de personnalité de l'une des parties. Par là il est aussi permis de croire que tout mandat, donné ou reçu par une femme, et non encore exécuté à l'instant où elle tombait *in manu,* prenait immédiatement fin.

Nous savons maintenant ce que devenaient, par l'effet de la *manus,* les biens et les droits que possédait, avant de s'y soumettre, une femme *sui juris.* Quant aux dettes qui grevaient à ce moment son patrimoine, en principe, elles s'éteignaient toutes à raison du changement opéré dans la personne juridique de la femme, comme les dettes d'un individu décédé sans héritier. Les créanciers, si l'on eût rigoureusement appliqué cette idée, auraient vu le patrimoine de la femme passer aux mains du mari, sans pouvoir désormais réclamer à personne le paiement de ce qui leur était dû, mais l'on plia la règle à un tel nombre d'exceptions qu'elles finirent par l'absorber à peu près complétement. La *manus* laissait en effet subsister :

D'abord, les dettes résultant d'un délit ou d'un quasi-délit (l. 2, § 3, D. IV. 5); de puissantes raisons d'ordre social exigeaient cette dérogation. A la vérité la femme n'ayant plus de biens, l'action directe dont elle demeurait tenue n'offrait guère d'avantage au créancier, mais il lui restait la ressource de l'action noxale. (G. IV. 77).

En second lieu, les dettes grevant une hérédité déjà recueillie par la femme passaient de plein droit, en même temps que l'actif, sur la tête du mari (G. III. 84) ; et ce résultat s'explique très simplement : par la *manus* qu'il acquiérait, le mari devenait héritier aux lieu et place de la femme; or l'hérédité, actif et passif, formait un tout indécomposable, à tel point que l'adition faite par un pupille non autorisé était absolument nulle, quelle que fût la supériorité de l'actif sur les dettes de la succession. Ainsi quant aux obligations provenant d'une hérédité, le mari en était tenu *jure civili,* par voie d'action directe ; et cela, non pas seulement sur les biens à lui apportés par la femme, mais encore sur son patrimoine personnel. On l'a pourtant contesté, et l'on a soutenu que ces dettes suivaient le sort des dettes contractuelles de la femme, que le texte cité de Gaius se réfère au passif, non d'une hérédité recueillie avant la *conventio in manum,* mais d'une hérédité acceptée avec le consentement du mari. — Si telle était l'hypothèse prévue au texte, l'obligation directe du mari serait tellement évidente qu'il eût été oiseux de s'en expliquer. Qu'on lise du reste Gaius avec attention : *desinit heres esse,* dit-il, en parlant de la femme ; le jurisconsulte suppose donc qu'elle a été un instant héritière, et elle ne peut l'avoir été que si elle a fait adition, alors qu'elle se trouvait encore *sui juris.* (V. M. Accarias. II, p. 165 n. 3.)

Les deux exceptions que nous venons de voir furent les seules introduites par le droit civil, au profit des créanciers antérieurs à la *manus ;* mais le préteur se montra bien plus généreux à leur égard : par une clause de son édit il leur accorda, pour toute dette de la femme résultant d'un contrat ou d'un quasi-contrat, une *in integrum restitutio,* et leur donna une action utile fictice contre leur débitrice (l. 2, § 1. IV. 5). Le mari fut alors obligé de défendre celle-ci, c'est-à-dire de figurer lui-même comme partie à la *litis contestatio,* sous peine de voir le magistrat autoriser les créanciers à se saisir des biens ayant appartenu à la femme, et à les vendre, ainsi que tous ceux qui pourraient lui échoir dans la suite. La *manus,* dès ce moment, laissa donc subsister contre la femme une obligation prétorienne, garantie par l'action utile fictice dont il vient d'être parlé.

§ 2. — Du sort des acquisitions et des obligations de la femme postérieures à la « Manus »

Pendant la durée de la *manus,* la femme était pour le mari un instrument d'acquisition : fruits de son travail, bénéfices de son commerce, donations ou testaments faits en sa faveur, tout devenait immédiatement la propriété du mari, car dans la personne et le patrimoine du chef de famille s'absorbaient la personne et les intérêts de tous ceux qui se trouvaient soumis à sa puissance.

Mais la femme pouvait-elle sans distinction acquérir toute espèce de droits au mari, et le pouvait-elle par toute sorte de moyens? A la première partie de cette question l'on n'hésiterait pas à répondre affirmativement, si Gaius ne nous révélait, dans un texte déjà cité (II. 90), l'existence d'une controverse au sujet du droit de possession. Nous avons eu l'occasion de commenter ce texte et de montrer, en le rapprochant d'un autre de Paul (l. 1, § 8. D. XLI. 2), que la controverse était récente, qu'elle n'a même jamais dû être bien sérieuse.

Quant aux divers modes d'acquisition en usage à Rome, ils n'étaient pas tous à la portée de la femme *in manu.* Gaius nous apprend en effet (II. 96) que l'*in jure cessio* était inaccessible aux personnes *in potestate, in manu* ou *in mancipio.* La raison qu'il paraît en donner est que ces personnes, incapables d'être propriétaires, ne pourraient affirmer *in jure* que telle chose déterminée leur appartient. Ce motif serait loin d'être péremptoire, car un individu *alieni juris* pouvait recevoir une mancipation, acte qui nécessitait de la part de l'acquéreur la prononciation d'une formule identique à celle de l'*in jure cessio.* La véritable pensée du texte est probablement celle-ci : l'*in jure cessio,* simulation d'une *legis actio,* ne saurait être à la portée de ceux qui n'ont point capacité pour figurer, comme demandeurs, dans un procès sérieux; or telle était bien la condition des personnes *alieno juri subjectæ.*

La femme *in manu* pouvait naturellement acquérir pour son mari un droit de créance, tout comme un droit réel. A l'inverse pouvait-elle s'obliger ? Oui, par délit ou quasi-délit; non, par contrat ou quasi-contrat. Et d'abord au sujet du délit ou du quasi-délit, l'affirmative est certaine : l'esclave lui-même s'obligeait civilement de cette manière (l. 14. D. XLIV. 7). Quant au mari, il était alors également obligé, mais il avait, dans l'abandon noxal de sa femme, le moyen de s'affranchir de toute responsabilité : cette double proposition a été ci-dessus établie; nous n'y insisterons pas.

La femme ne pouvait, avons-nous dit, s'obliger par contrat ni quasi-contrat vis-à-vis de personne : tel était du moins le droit civil. Sur ce point les travaux de M. Studemund ont apporté une lumière précieuse : le paragraphe 104 du Commentaire III de Gaius, déchiffré d'une manière à peu près certaine, a révélé l'incapacité de la fille de famille et de la femme *in manu,* incapacité radicale, absolue, car le père et le mari ne fournissant jamais à Rome leur *auctoritas,* elles ne pouvaient en être relevées en aucun cas. La femme *sui juris* au contraire se liait valablement avec l'*auctoritas* de son tuteur ; et cette différence s'explique à merveille, si l'on songe que, la femme *sui juris* ayant un patrimoine, il fallait de toute nécessité lui permettre de s'obliger de quelque façon, tandis que la fille et la femme *in manu,* ne possédant aucun bien, n'avaient pas besoin de la même faculté. Au surplus nous avons vu que le préteur finit par étendre aux créanciers de la femme, postérieurs à la constitution de la *manus,* le bénéfice de l'*in integrum restitutio* qu'il avait accordée aux créanciers antérieurs à cet évènement, et que les premiers eurent alors pour gage tous les biens échus à leur débitrice, depuis l'engagement contracté vis-à-vis d'eux. (G. IV. 80). Ajoutons encore que l'incapacité des filles de famille ne dura pas toujours à Rome. Un texte d'Ulpien (l. 9, § 2, D. XIV. 6) montre que, de Gaius à ce jurisconsulte, il s'opéra dans le droit une importante évolution; la fille reçut une entière aptitude à contracter. Mais alors la *manus,* la vraie *manus,* comme on le verra, n'existait déjà plus ou presque plus. Cette évolution lui demeurera donc à peu près étrangère.

La femme *in manu,* incapable *jure civili* de s'obliger envers un étranger, l'était *a fortiori* vis-à-vis de son mari, pour ce motif que nulle action en justice n'était admise entre deux personnes unies par un lien de puissance quelconque (l. 4, D. V. 1) ; la même raison empêchait aussi le mari de s'obliger civilement envers elle. Cependant le contrat intervenu entre eux créait sans doute dans tous les cas une obligation naturelle, puisque de l'esclave même à son maître, une pareille obligation était susceptible de se former (G. III, 119 *in fine*).

S'il est vrai que la femme *in manu* ne possédât rien en propre, qu'est-ce donc, pourrait-on dire, que le pécule dont parlent quelques auteurs romains, Plaute par exemple (1) ? Ce pécule, sans aucun doute, est celui que l'on appela sous Auguste *profectice,* pour le distinguer d'un autre, tout différent, créé à cette époque, le *pécule castrans.* Il consistait uniquement dans l'administration d'une certaine quantité de biens, que le maître confiait à son esclave, le père à son fils ou à sa fille, le mari à sa femme *in manu,* sans en perdre à aucun égard la propriété : l'esclave, le fils ou la fille, la femme *in manu* n'en avaient que la gestion ; encore pouvait-elle leur être retirée *ad nutum*. Ce pécule n'avait donc rien de commun avec d'autres institutions qui, venues bien plus tard, en empruntèrent le nom générique : le *pécule castrans,* sous Auguste ; les *pécules quasi-castrans* et *adventice,* sous Constantin. Sur tous ceux-ci le fils ou la fille exerçaient un véritable droit de propriété ; mais nous verrons qu'à l'époque où fut imaginé le *pécule adventice* (le seul des trois qui pût appartenir à une femme), la *manus* avait disparu de la scène juridique.

Si maintenant, édifiés sur la condition de la femme *in manu,* en ce qui concerne ses biens, nous la comparons à celle de la femme dans le mariage libre, quelques mots suffiront pour indiquer les différences profondes qui les séparent. La femme, en l'absence de *manus,* garde complètement, au point de vue pécuniaire, la situation qu'elle possédait avant le mariage. Était-elle soumise à la puissance d'un père : elle continue à acquérir pour lui, et le mari ne recueille pas la moindre parcelle des biens qui viennent à lui échoir. Était-elle *sui juris* : elle reste à la tête de sa fortune et l'administre comme par le passé, avec l'assistance de son tuteur. Il n'y a d'ex-

(1) « Peculi probam nihil habere addecet.
Clam virum. » V. Plaute (Casina. act. II, sc. 2).

ception que pour les biens qu'elle s'est constitués en dot : ceux-là appartiennent au mari en toute propriété ; ils sont même destinés à ne plus sortir de son patrimoine, exactement comme les acquisitions réalisées par lui au moyen de la *manus*. Cette règle disparut d'ailleurs, lorsque de la fréquence des divorces naquit l'action *rei uxoriæ* ; mais la jurisprudence qui la créa ne la borna point, nous allons le voir, au cas d'une véritable constitution de dot : elle l'accorda à toutes les femmes mariées, sans distinction, et pour tous les biens que leur union avait, d'une manière quelconque, fait passer en la propriété du mari.

§ 3. — Droit éventuel de la femme à la restitution de ses biens.

La dévolution qu'entraînait la *manus*, au profit du mari, tant des biens appartenant à la femme au jour de la *conventio in manum* que de tous ceux à elle échus postérieurement, était dans le principe irrévocable, cela est certain. Elle conserva incontestablement aussi ce caractère pendant longtemps ; mais ne le perdit-elle pas aussi à une époque déterminée ? L'introduction, dans la pratique romaine, de l'action *rei uxoriæ* ne vint-elle pas bouleverser les règles du vieux droit en la matière ? La question est vivement controversée.

Il importe avant tout de bien fixer les circonstances dans lesquelles naquit à Rome cette action. Pendant les cinq premiers siècles de son existence, le peuple romain ne connut ni actions ni stipulations *rei uxoriæ*. Aulu-Gelle (IV. 3) l'affirme, et il invoque à son appui le témoignage de Servius Sulpicius : ce savant jurisconsulte, dit-il, reconnaissait, dans son livre *de dotibus*, que la nécessité des stipulations *rei uxoriæ* ne se fit pas sentir avant le divorce de Spurius Carvilius Ruga, lequel eut lieu, comme on sait, en l'année 520 de Rome. Denys d'Halicarnasse, dans ses antiquités romaines, confirme cette autorité. Il paraît donc au moins très probable que la femme, même engagée dans le lien d'un mariage libre, n'eut eu aucun cas jusqu'au sixième siècle, d'action en restitution de sa dot ; que celle-ci jusqu'alors fut toujours une libéralité irrévocablement faite au mari. Le mot même, d'ailleurs, ne l'indique-t-il pas? *Dos* et *donum*, nous dit Festus (V° *dos*), ont une commune étymologie. Et ce caractère primitif de la dot n'a rien de surprenant : les mariages à l'origine ne se dissolvaient point par le divorce; d'autre part, loin d'encourager le convol des veuves en secondes noces, on le voyait avec défaveur, à preuve la qualification d'*univi-*

ria, inscrite comme un titre de gloire sur le tombeau de quelques femmes de l'époque. Il aurait pu quelquefois, à la vérité, arriver que la veuve se trouvât dans le besoin ; mais le mari, par crainte d'un blâme public pour sa mémoire, devait manquer rarement de laisser à son épouse un legs convenable, quand elle n'était point *in manu ;* et si elle était *in manu,* elle prenait alors dans la succession une part égale à celle de chacun de ses enfants.

Tant que durèrent à Rome les mœurs rigides des premiers jours, cet état de choses ne présenta donc, à vrai dire, pas d'inconvénient. Mais vers le milieu du sixième siècle, la corruption commença à germer, les divorces peu à peu se multiplièrent. Les hommes virent dans le mariage un moyen commode pour s'enrichir : ils divorçaient et gardaient la dot. Privées de leurs biens, les femmes ne trouvaient plus à contracter de nouvelles unions. La République manquait par là de citoyens, et l'intérêt de l'État venait se joindre à l'équité, pour imposer aux maris l'obligation de restituer les biens entrés par le mariage dans leur patrimoine. Alors s'introduisit, dit Aulu-Gelle (IV. 3), l'habitude des *cautiones rei uxoriæ,* c'est-à-dire des conventions relatives à la dot : elles ne prévirent d'abord probablement qu'une éventualité, le divorce ; puis une autre, la mort du mari. Devenues de style, la jurisprudence les sous-entendit, et elle créa indépendamment de toute stipulation particulière l'action *rei uxoriæ*, en l'accordant, peut-être d'un seul coup, peut-être successivement dans le cas de divorce et dans le cas de veuvage (1). Cette action ne s'appliqua-t-elle qu'aux biens apportés au mari dans le mariage libre, biens constituant réellement une dot ? Ou au contraire fut-elle donnée à toutes les femmes sans distinction, et pour tous les biens que leur union faisait passer dans le patrimoine du mari, de quelque façon que cet effet se produisît, c'est-à-dire soit par une conséquence forcée de la *manus*, soit par une véritable constitution de dot ? Cette dernière opinion nous paraît seule exacte (2). Elle est pourtant vivement contestée, et l'argument sur lequel on s'appuie semble décisif au premier abord. L'action *rei uxoriæ,* dit-on, implique l'existence chez la femme, pen-

---

(1) V. MM. Gide : du caractère de la dot en droit romain (Revue de législ. fr. et étr., 1872), p. 128 et s. ; Bechmann et Czyhlarz : das rœmische Dotalrecht.

(2) V. MM. Gide, op. cit., p. 141 et s. ; Bechmann et Czyhlarz, ops cits ; Ginoulhiac, p. 63 et 64. — Contra : Hase, p. 78.

dant toute la durée du mariage, d'un droit de créance contre son époux. Or, la *manus* rendait un pareil droit impossible : jamais donc, après la dissolution du mariage, le mari ni ses héritiers n'ont pu être inquiétés par le moyen de l'action dont s'agit. L'argument serait irréprochable si la prémisse n'était fausse. M. Gide, à qui nous empruntons en la matière une foule de considérations, a très nettement indiqué l'erreur de ce raisonnement : « S'il est vrai, dit-il (p. 142), que la dot romaine fût, non pas un prêt, mais un don fait à toujours, s'il est vrai que l'action *rei uxoriæ* ne fût qu'une sorte de secours personnel accordé à la veuve et à l'épouse divorcée, et par conséquent ne prît naissance qu'au jour du divorce ou du veuvage, qu'importe alors la *conventio in manum ?* Elle ne pouvait faire obstacle à l'action *rei uxoriæ,* puisqu'au moment où cette action prenait naissance, la *manus* avait déjà pris fin. » Il nout faut maintenant établir que, durant le mariage, la femme, même non soumise à la *manus,* n'était pas créancière de sa dot, que le droit servant de base à l'action *rei uxoriæ* ne naissait point de la remise de cette dot au mari, mais seulement du préjudice que le mari causait à la femme, soit en la répudiant injustement, soit en prédécédant sans lui assurer une légitime aisance.

Le langage des jurisconsultes romains, au sujet du droit éventuel de la femme sur sa dot, est extrêmement obscur et ambigu. Certains textes semblent lui reconnaître plus qu'un droit de créance, un véritable droit de propriété (1). D'autres proclament de la manière la plus formelle que le seul propriétaire de la dot est le mari (2), même à l'époque de Justinien. C'est là du reste une vérité incontestable : le mari, en effet, usucape *pro dote* les biens à lui remis en dot, si la personne de laquelle il les a reçus n'en était pas propriétaire ; il peut les vendre, les céder à la femme elle-même (l. 58. D. XXIV. 3) ; la seule prohibition de les aliéner, portée contre lui par la loi *Julia,* suffit à établir son droit de propriété.

Mais la femme du moins n'avait-elle pas pendant le mariage un droit de créance? Aucun texte, remarquons-le, n'emploie le mot *obligatio,* qui accuserait nettement ce caractère. Puis les étrangetés qu'offrait l'action *rei uxoriæ* montrent combien le droit qu'elle

(1) ll. 75., D. XXIII, 3 ; 3 § 5. D. IV, 4.
(2) G. II, 63. — l. 24, D. XXV, 2. — Inst., pr. II, 8.

sanctionnait était, dans son essence, anormal, exceptionnel. Elle figurait au nombre de celles *in bonum et æquum conceptæ* (l. 8, D. IV, 5), actions rares, et toutes affranchies des règles ordinaires du droit; ainsi notamment le juge y jouissait d'un pouvoir absolu, illimité, quant au chiffre de la condamnation. L'action *rei uxoriæ* survivait à la *capitis deminutio* du mari et de la femme, même à la *media capitis deminutio* résultant de la peine de la déportation (l. 5, D. XLVIII. 20); elle passait sur la tête de la femme, au lieu de rester sur celle du père, quand la femme venait à être émancipée, après la dissolution du mariage (l. 9. D. IV, 5); la femme, divorcée ou survivante, pouvait en paralyser l'exercice dans les mains du père, à la puissance de qui elle était cependant soumise (Ulp. VI. 6; l. 3, D. XXIV. 3).

De toutes ces anomalies se dégage clairement la singularité du droit à la restitution de la dot; pourrait-on s'en étonner si l'on songe à la destination toute particulière de celle-ci? La dot n'est point, ainsi que le commun des richesses, uniquement appelée à procurer à la femme un bien-être matériel; elle lui permet de se marier, et par là, en donnant à l'État des bras utiles, des cœurs vaillants, de connaître les joies du mariage, le bonheur inappréciable d'une famille fondée et élevée par ses soins.

En résumé, le droit qui sert de base à l'action *rei uxoriæ* tire uniquement sa source de l'équité; et comme l'équité jusqu'à la dissolution du mariage est pleinement satisfaite, la dot remplissant alors sa destination, le droit de la femme naît seulement à cette époque, il n'existe qu'à ce moment. Du reste, étant donnée sa nature tout exceptionnelle, nous pourrions, sans compromettre le succès de notre démonstration, le reconnaître chez la femme, pendant la durée de l'union conjugale, et nous abriter après cela derrière un texte de Gaius (l. 8 D. IV. 5), précisément relatif à l'action *rei uxoriæ : Eas obligationes quæ naturalem præstationem habere, intelliguntur, palam est capitis deminutione non perire, quia civilis ratio naturalia jura corrumpere non potest*. Ce ne sera point, il nous semble, forcer la pensée de Gaius que de traduire ainsi les derniers mots du texte : « Les règles du droit civil n'ont rien à faire en des questions de pure justice; » et n'est-il pas acquis par là que la femme pouvait, en dépit de la *manus*, posséder contre son mari un droit uniquement fondé sur l'équité?

En vain objecterait-on que les textes se rapportant à l'action *rei uxoriæ* prévoient tous, ou du moins semblent tous prévoir l'hypothèse d'une « dot » ; que ce mot avait à Rome un sens tout spécial, excluant l'idée de la *manus* et attesté par Ulpien (VI. 1) dans ses règles : *Dos aut datur, aut dicitur, aut promittitur.* Sans doute les biens « dotaux », *stricto sensu,* ne comprenaient point ceux acquis au mari par le moyen de la *manus;* mais tous remplissaient le même but, jouaient le même rôle; la qualification des premiers, dans un sens large, convenait donc aussi aux autres. Cela est si vrai que Cicéron n'hésitait pas à voir dans la *manus* une constitution de dot : *Quum mulier in manum convenit,* dit-il (Top. IV), *omnia quæ mulieris fuerunt viri fiunt dotis nomine;* et bien longtemps après, Paul (fr. vat. 115) arguait de la *manus* à la constitution de dot : *Omnia in dotem..... dari posse; argumento esse in manum conventionem.* Bien mieux, le nom même de l'action *rei uxoriæ* ne prouve-t-il pas qu'elle n'était point bornée aux limites d'une dot véritable? Pourquoi en effet cette périphrase? Pourquoi ne pas dire *actio dotis,* action dotale, ce qui eût été à la fois plus exact et plus court? N'est-ce pas visiblement parce qu'elle s'appliquait sans distinction, à tout ce qui était advenu au mari d'une manière quelconque par l'effet de son union?

Nous avons à prévoir un autre argument. En supposant, pourrait-on dire, que l'action *rei uxoriæ* dans le principe, à cause de l'indétermination du droit de la femme, n'impliquât pas chez celle-ci un véritable droit de créance, quand s'introduisirent les *retentiones dotis,* quand on fixa législativement la part exacte de la dot que garderait le mari, suivant les circonstances, le droit à la restitution de cette dot ne se précisa-t-il pas alors, ne devint-il pas un droit de créance ordinaire, par conséquent inaccessible à la femme *in manu?* A cette objection l'on pourrait faire bien des réponses; nous nous bornerons à la suivante : Une fois accordée aux femmes *in manu,* l'action *rei uxoriæ* devait presque forcément leur rester ; elles étaient en effet les plus dignes de la protection des lois ; et puis, en leur enlevant cette action, on aurait sans aucun doute précipité la ruine complète de la *manus.* Quelle femme eût consentie à se soumettre à une puissance qui aurait entraîné l'abandon complet et définitif de ses biens au mari, à une époque où les divorces étaient devenus innombrables? C'est là, nous semble-t-il, une considération décisive : la *manus* a longtemps survécu à l'introduction du divorce dans les mœurs romaines, au scandale des répudiations signifiées sans motif par un époux à son conjoint; chose impossible, si la loi n'avait permis à la femme qui acceptait la *manus,* de ressaisir, le cas échéant, par l'action *rei uxoriæ,* les droits dont elle s'était dépouillée au profit de son époux.

Il nous reste maintenant à dire quels biens pouvaient entrer en ligne de compte dans l'évaluation du juge saisi de la demande de la femme. A cet égard les développements qui précèdent excluent évidemment toute distinction. Le juge, investi d'un pouvoir absolu, s'inspirait très certainement, pour la fixation du droit de la femme, et de la valeur des biens advenus au mari par l'effet immédiat de la *conventio in manum,* et du chiffre des acquisitions réalisées postérieurement par l'épouse au profit du mari (1), pourvu toutefois qu'en l'absence de la *manus* elles fussent venues grossir son patrimoine à elle-même, et du montant des donations faites au mari à l'occasion de son union, par le futur beau-père ou par un tiers qui aurait entendu réellement ne gratifier que la femme. Parmi ces donations, les premières durent, à l'origine de l'action *rei uxoriæ,* en être l'élément le plus important. D'une part, en effet, au sixième siècle de Rome, la *manus* était très commune, et elle le demeura très longtemps encore. D'autre part, les femmes se mariant jeunes, devaient être presque toujours en la puissance de leur père : quelque pauvre qu'il fût, celui-ci se serait cru déshonoré s'il n'avait doté sa fille (2) ; or, la dot, quand elle précédait le mariage, comme cela arrivait sans doute ordinairement, ne pouvait être qu'une libéralité faite au mari, à cause du lien de puissance existant entre le père et la fille.

L'action *rei uxoriæ* ne resta pas toujours la seule mise à la disposition de la veuve et de la femme divorcée. Il s'en introduisit peu à peu une autre, l'*actio ex stipulatu* qui tendit à remplacer la première et finit par la supplanter complétement. Elle offrait en effet des avantages bien plus considérables ; elle était par exemple transmissible et exempte de toutes restrictions ou retenues. Mais il nous paraît hors de doute qu'elle ne put jamais appartenir à la femme qui s'était soumise à la *manus;* le droit en vertu duquel elle s'exerçait n'était plus un droit vague, indéterminé, exceptionnel, comme celui qui servait de fondement à l'action *rei uxoriæ;* c'était un droit parfaitement précis et certain, un véritable droit de créance, identique à celui qui naissait d'un prêt ordinaire, accom-

(1) V. Contrà : M. Ginoulhiac, p. 64.
(2) V. Plaute : Trinummus. act. III, sc. 1 et 2.

pagné de stipulation. Or, de la femme *in manu* à son mari, un pareil droit n'était pas possible.

§ 4. – Droits succesifs de la femme « in manu »

Par l'effet de la *manus* la femme, comme on l'a dit, sortait entièrement de la famille agnatique de son père pour entrer dans celle de son époux. Conséquemment elle perdait, vis-à-vis de la première, tous ses droits héréditaires, mais seulement ceux résultant du droit civil, car la *manus,* impuissante à briser les attaches de la parenté naturelle, laissait subsister toutes les prérogatives dérivant *jure prœtorio* du seul titre de cognat. D'autre part, le droit civil lui-même offrait à l'épouse *in manu* une importante compensation; elle acquiérait en effet dans sa nouvelle famille tous les droits d'une fille de son mari; elle figurait parmi les *sui ac necessarii heredes* (G. II. 159), d'où : Nécessité pour le mari de l'instituer ou de l'exhéréder (Ulp. XXII. 14); faculté pour elle d'intenter la *querela inofficiosi testamenti* (G. II. 124); rupture enfin du testament du mari par l'agnation de la femme (Ulp. XXIII, 3).

Succédant à son mari en qualité de fille, la femme recueillait la totalité de ses biens, s'il ne laissait pas d'autre héritier sien; une part virile dans le contraire. Elle succédait aussi à ses enfants, comme à des frères et sœurs, et ses enfants lui succédaient au même titre (G. III. 14).

Bien différente fut longtemps, sur ces divers points, la condition de la femme non soumise à la *manus;* elle gardait, il est vrai, tous ses droits dans sa famille paternelle, mais elle n'en possédait pas plus sur le patrimoine de son mari, en cas de prédécès de celui-ci, qu'il n'en possédait lui-même sur le sien; elle n'héritait point de ses enfants; ils n'héritaient point d'elle; et cela jusqu'aux *bonorum possessiones* et aux lois impériales qui vinrent si tardivement modifier, dans le droit prétorien, puis dans le droit civil, la rigueur et l'injustice de cet état de choses.

§ 5. — Droit pour le mari de désigner un tuteur à sa femme « in manu ».

Le droit que conférait la *manus* au mari sur les biens de la femme se continuait, pour ainsi dire, après sa mort, par la faculté que lui reconnaissait la loi romaine, de choisir un tuteur à son épouse devenue en même temps veuve et *sui juris*. Nous avons indiqué le vrai motif de la tutelle perpétuelle des femmes, à savoir le désir de conserver aux agnats les biens dont elles étaient propriétaires ; aussi était-ce en principe aux agnats héritiers présomptifs, et par suite aux propres enfants de la femme affranchie de la *manus* par le décès de son mari, que cette tutelle était déférée. Mais le mari pouvait à sa guise la confier à un citoyen quelconque, en vertu d'une prérogative commune aux deux puissances paternelle et maritale, un peu plus large toutefois vis-à-vis de lui : Il pouvait en effet conférer à son épouse l'*optio tutoris*, c'est-à dire la faculté de choisir elle-même son tuteur (G. I. 150 à 153) ; et il pouvait le faire avec plus ou moins d'étendue. Tantôt la femme n'était autorisée à désigner qu'un certain nombre de fois le citoyen qui lui prêterait son *auctoritas ;* elle avait alors l'*angusta tutoris optio.* Tantôt son droit d'option était illimité, et rien ne s'opposait à ce qu'elle changeât de tuteur, au gré de ses intérêts ou de ses caprices ; elle possédait alors la *plena tutoris optio*. Cet usage marque certainement, dans l'histoire de la femme romaine, un pas considérable vers l'indépendance ; et il permis de supposer qu'il ne s'introduisit que peu à peu dans le droit. En donnant à sa femme pour tuteur un étranger, dépourvu de tout intérêt dans le contrôle qu'il était appelé à exercer, le mari lui assurait déjà une grande liberté ; en lui permettant de renouveler son option pour chacun de ses actes, il abolissait en quelque sorte la nécessité de l'*auctoritas*.

SECTION III

Situation réelle de la femme « in manu »

La situation de la femme *in manu*, comparée à celle de la femme dans le mariage libre, tant au point de vue de leur personne que de leur patrimoine, nous a révélé de nombreuses et profondes différences, surtout pour le cas où la femme, non soumise à la *manus*, se trouvait d'autre part affranchie de la puissance paternelle ; alors en effet, maîtresse de ses biens, à l'exception de ceux constitués en dot, maîtresse de sa personne, en ce sens que le mari n'avait sur elle qu'un pouvoir de correction assez limité, il semble qu'elle fût séparée de la femme *in manu* par toute la distance de l'esclavage à la liberté. A ne considérer que la surface des choses, on pourrait donc s'étonner qu'une femme eût jamais consenti à se soumettre à la *manus* de son époux. La *manus* fut pourtant pendant une longue série de siècles, le droit commun dans le mariage. C'est que les mœurs avaient fait à l'épouse *in manu* une situation bien différente de celle qui paraît se dégager des textes des jurisconsultes (1). En dépit du rigorisme inflexible du droit, l'équité régnait en maîtresse. L'opinion de tous était pour chaque citoyen le levier de ses moindres actions, et puis il y avait le censeur, investi de la mission de réprimer par son blâme les fautes que la loi laissait impunies. Du juge au censeur il y avait sans doute la différence du droit à la morale ; mais la morale alors était souveraine, et l'on aurait pu dire de la Rome primitive ce que Tacite plus tard disait des Germains : « Les bonnes mœurs ont là plus d'empire qu'ailleurs de bonnes lois. » (*De Mor. Germ.* 19.) Ces considérations laissent pressentir ce que dut être pendant longtemps la condition de la femme *in manu ;* abdiquant toute indépendance, elle devenait par là plus recommandable aux yeux des Romains, plus digne d'égards de la part de tous, et le mari qui lui aurait témoigné plus de dureté que ses concitoyens n'en montraient à leurs femmes dans le mariage libre, se serait sûrement exposé à ce blâme public qui marquait le coupable d'une tâche si redoutée. Aussi l'on peut tenir pour certain que les textes d'historiens ou de littérateurs, qui nous dépeignent, sous des couleurs certes peu effrayantes, la situation de la femme romaine, à l'époque où la *manus* se trouvait en pleine vigueur, se rapportent bien plutôt aux femmes *in manu* qu'à celles non soumises à cette puissance. Citons à titre d'exemple quelques lignes de Columelle, où l'on rencontre le plus séduisant tableau du mariage, de la paix et de l'entente qui longtemps régnèrent entre deux époux : *Erat summa reverentia cum concordia et diligentia mixta, flagrabatque mulier pulcherrima diligentiæ æmulatione, studens negotia viri cura sua majora atque meliora reddere. Nihil conspiciebatur in domo dividuum, nihil quod aut maritus aut femina proprium esse juris sui diceret; sed in commune conspirabatur ab utroque, ut cum forensibus negotiis matronalis sedulitas industriæ rationem parem faceret. (De re rust. XII proœm.)*

(1) V. M. Gide : Condition privée de la femme, p. 108.

CHAPITRE III

Modes d'extinction de la « Manus »

Parmi les modes d'extinction de la *manus,* nous parlerons d'abord de ceux qui brisent en même temps le lien conjugal, puis de ceux qui dissolvent notre puissance, d'une manière particulière et directe.

SECTION I

Extinction de la « Manus » par la dissolution du mariage

Le mariage à Rome prenait fin de diverses manières : Par la mort de l'un des époux, par la *maxima* ou la *media,* et dans quelque cas par la *minima capitis deminutio* de l'un d'eux, par le divorce.

Quand la *manus,* pendant le mariage, se trouvait exercée, non point par le mari, mais par le père du mari, ou tout autre ascendant ayant sur lui la puissance paternelle, la rupture du lien matrimonial, par une cause quelconque survenue dans la personne du mari, n'entraînait certainement pas la cessation de la *manus;* du moins rien n'autorise à le penser. Il nous paraît même probable que l'ascendant en question ne pouvait être obligé à dissoudre cette puissance par un des modes spécialement imaginés à cet effet; sauf le cas de divorce, parce que la femme possédait alors, on va le voir, le droit d'y contraindre même son époux.

Supposons maintenant la *manus* exercée par celui-ci : La mort, la *maxima,* la *media* ou même la *minima capitis deminutio* y mettent en principe toutes fin. La mort fait disparaître l'un des deux sujets du droit ; elle éteint donc forcément le droit lui-même. La *maxima* et la *media capitis deminutio* laissent subsister la personne physique des deux époux ; mais la *manus* n'en devient pas moins impossible, puisque l'un d'eux, en perdant soit la liberté, soit le droit de cité, cesse de pouvoir être le sujet actif ou passif de cette puissance.

La *maxima capitis deminutio* soulève cependant une question difficile à résoudre. Dans le cas où les deux époux ont été pris ensemble par l'ennemi et reviennent également ensemble à Rome, on sait que le mariage revit alors ; en vertu du *postliminium,* il est censé n'avoir pas été dissous (1); à bien plus forte raison en est-il de même de la *manus,* cela n'est pas contestable. Mais si l'on suppose que le mari seul a été fait prisonnier, le mariage est alors irrévocablement rompu, et le *postliminium* est impuissant à le faire revivre au retour du mari (2). Pourquoi ? Les jurisconsultes romains ne nous renseignent pas à ce sujet ; peut-être, comme l'ont avancé quelques interprètes, est-ce parce que le *postliminium* ne s'applique point aux *res facti,* aux droits qui ont besoin d'être soutenus par un fait actuel. Quoi qu'il en soit, la *manus* alors suit-elle le sort du mariage, ou, au contraire, est-elle susceptible de revivre, si le mari échappe à sa captivité ? La puissance paternelle dans le même cas revivrait ou plutôt serait censée n'avoir jamais été interrompue (§ 5. Inst. I. 12); or, l'identité de nature des deux droits nous semble commander une identité de solutions. En vain dirait-on que les Romains n'ont jamais admis la survivance de la *manus,* chez le mari, à la rupture du lien conjugal : ce serait là une pure ffirmation, démentie même par la nécessité de dissoudre, après divorce, la *manus* au moyen de formalités particulières. Que si d'ailleurs, au retour du captif, la femme se trouvait de nouveau mariée, ou refusait de rétablir la vie commune, elle pourrait sans doute, à cause de l'analogie parfaite de ces hypothèses avec celle d'un divorce, obliger son ancien époux à rompre le lien qui la rattachait encore à lui ; mais la *manus,* ayant jusqu'alors subsisté, donnerait à celui-ci toutes les acquisitions pécuniaires réalisées par la femme dans l'intervalle. Là, réside en effet l'intérêt de la question. Au surplus, elle recevait peut-être à Rome une autre

(1) ll. 25 et 12 § 4. D. XLIV, 15.
(2) ll. 8, 12 § 4 et 14 § 1, eod. tit.

solution; mais les textes, à notre connaissance, ne la révèlent point, et les principes nous paraissent commander celle que nous avons admise.

La *media capitis deminutio* ne donne lieu en notre matière à aucune difficulté. Si l'on a soutenu, sur la foi de divers textes, qu'elle ne met pas toujours fin aux justes noces, cette controverse, peu sérieuse du reste, est indifférente à notre sujet : la *manus*, dans tous les cas, est éteinte par la *media capitis deminutio*, puisque l'un des époux, par elle, perd sa qualité de citoyen romain.

Quant à la *minima capitis deminutio*, elle entraîne, comme on sait, la rupture du lien conjugal, toutes les fois qu'elle fait naître entre les époux une parenté civile formant obstacle au mariage, lors par exemple que le père du mari adopte la femme, ou le père de la femme le mari (l. 17. XXIII. 2). Cette dernière hypothèse est irréalisable quand la femme est *in manu* : sortie de la famille de son père, elle n'est plus, au regard du droit civil, la fille de celui-ci. Reste le premier cas : or, si la femme est adoptée par le père de son mari, la *manus* dans les mains de ce dernier fait place à la puissance paternelle, et par là se trouve manifestement éteinte.

Le dernier mode de dissolution du mariage à Rome était le divorce. Disons tout d'abord à ce sujet que le père, jusqu'à Antonin le Pieux (Paul. V. 6, § 15) et peut-être jusqu'à Marc-Aurèle (l. 5, C. V. 17), posséda le droit absolu d'imposer le divorce à son fils ou à sa fille, tant qu'il demeurait investi vis-à-vis d'eux de la *patria potestas*. Il est pourtant probable qu'il n'usa jamais de ce droit, avant que le divorce commençât à se répandre : les mœurs, qui commandaient aux époux l'indissolubilité de leur union, devaient à bien plus forte raison paralyser la toute puissance paternelle.

Le divorce paraît avoir existé de tout temps à Rome : d'après Cicéron (*Philipp.* II, 28), la loi des XII Tables en consacrait le principe, et l'inscription d'un fragment de Gaius (l. 43, D. XLVIII. 5) appuie l'autorité de ce renseignement. Mais, entre deux époux unis par le lien de la *manus*, le divorce était-il encore possible? A l'époque de Gaius, et dès longtemps avant lui, l'affirmative n'est pas douteuse ; cependant Aulu-Gelle nous apprend (X. 15, § 23) que le mariage du Flamine de Jupiter échappait à cette règle. Denys d'Halicarnasse affirme même (II. 25) qu'il en était ainsi, dans le principe, pour toute union célébrée par *confarreatio* : cela est peut-être exact; en tous cas, avec l'introduction de la *diffareatio* qui paraît aussi fort ancienne, disparut cet état de choses, et comme il n'y eut pas de divorces à Rome avant le VIe siècle de sa fondation, la *manus* n'a probablement jamais en fait apporté d'obstacle à une répudiation, même à l'égard d'époux *confarreati* (1).

Dans les mains de la femme, pas plus que dans celles du mari, la faculté de répudiation ne nous semble, à aucune époque, avoir pu être paralysée par la puissance, pourtant étroite, à laquelle elle se trouvait soumise; nous avons eu l'occasion de justifier notre sentiment à ce sujet. Ainsi, d'après nous, que l'épouse ait eu dès l'origine la liberté de répudier son mari, qu'elle ne l'ait acquise que postérieurement, comme l'affirme Plutarque (Romulus. 22), il nous paraît certain que jamais il n'y a eu de différence sur ce point, entre les femmes soumises et celles non soumises à la *manus*. Pour l'époque de Gaius, la question se trouve résolue par un texte formel (I. 137, a) dont le sens général, depuis la révision de M. Studemund, n'est plus guère contestable. Comparant les deux sortes de *manus* en usage de son temps, Gaius dit : « *Inter eam vero quæ cum viro suo coemptionnem fecerit, hoc interest quod illa quidem cogere coemptionatorem potest ut se remancipet cui ipsa velit; hæc autem virum suum nihilo magis potest cogere quam et filia patrem. Sed filia quidem nullo modo patrem potest cogere, etiamsi adoptiva sit : hæc autem, repudio misso, proinde compellere potest atque si ei nunquam nupta fuisset.* » La femme pouvait donc, en envoyant à son mari le *repudium*, l'obliger à se dessaisir de la *manus*, et il est aussi fort probable que la femme répudiée par son mari possédait toujours la même prérogative.

Le texte cité de Gaius prouve en outre que le divorce ne suffisait point à rompre le lien de la *manus*, qu'il fallait pour cela faire usage d'une formalité spéciale, et que cette formalité était la *remancipatio* dans le cas où la *manus* avait été constituée par *coemptio*. Nous allons voir que le même mode d'extinction s'appliquait aussi à la *manus* créée par *usus*, et que, pour celle dérivant de la *confarreatio*, il en existait un autre, la *diffareatio*.

(1) Cpr. M. de Fresquet : p. 162 et 163.

SECTION II

Extinction de la « Manus » par des modes particuliers

Deux modes à Rome servaient à dissoudre la *manus* d'une façon particulière et directe : la *remancipatio* et la *diffarcatio.*

§ 1er. — Remancipatio.

La *remancipatio* consistait dans une mancipation ordinaire de la femme. Festus dit en effet (V° *Remancipatum*) : « *Remancipatam Gallus Aelius esse ait quæ mancipata sit ab eo cui in manum convenerit.* » Quand la *manus* s'était produite par *coemptio* ou par *usus,* il est certain que les époux n'avaient, pour y mettre fin, d'autre moyen que la *remancipatio;* car l'emploi du second mode d'extinction, la *diffareatio,* implique de toute évidence l'accomplissement des cérémonies du *farreum.*

La *remancipatio,* on vient de le voir, permettait à la femme de sortir, après divorce, des liens de la *manus;* mais elle avait incontestablement d'autres applications. C'est par elle que le mari pouvait, pendant le mariage, sans briser l'attache conjugale, donner son épouse en adoption à un autre citoyen, l'émanciper, en faire l'abandon noxal, toutes hypothèses rares sans doute, mais susceptibles de se produire, ainsi que nous l'avons démontré. Aucune d'elles ne présente de difficulté. Le mari voulait-il par exemple simplement émanciper la femme : à l'instar du père, il obligeait certainement, par un contrat de fiducie, le tiers auquel il la mancipait, à la lui retransférer, afin de l'affranchir lui-même, et d'acquérir par là sur elle les droits de tutelle et ceux plus importants de succession, qui appartenaient à tout *manumissor.* Quand la *remancipatio* suivait le divorce, à qui le mari mancipait-il la femme? Pouvait-il se réserver la faculté de l'affranchir? Gaius, dans le texte précédemment cité (I. 137, a), semble reconnaître, à la femme qui répudiait son mari, le droit d'exiger sa remancipation à un citoyen de son choix. En était-il de même, de quelque façon que le divorce eût été amené? En fut-il de même à toute époque? Il ne nous paraît guère possible de répondre à ces questions (1). Peut-être la femme dut-elle primitivement être remancipée aux agnats de son ancienne famille : ils auraient de la sorte retrouvé, en l'affranchissant, leurs droits de tutelle et de succession ; mais il n'existe sur ce point, à notre connaissance, pas le moindre renseignement.

§ 2. — **Diffareatio.**

Lorsque le mode employé pour produire la *manus* avait été la *confarreatio,* une contre-formalité tout analogue, la *diffareatio,* était seule capable d'en opérer la dissolution ; la religion devait être appelée à détruire le lien qu'elle avait formé. On ne possède que très peu de détails sur la *diffareatio.* Festus dit seulement (V° *Diffareatio*) que c'était une sorte de sacrifice, ainsi nommé à cause du pain de froment qui y figurait (2). On peut cependant en reconstituer, d'une manière assez probable, les lignes essentielles : les époux paraissaient sans doute une dernière fois devant le foyer domestique ; un prêtre et des témoins étaient présents ; on présentait aux premiers, comme le jour de leur mariage, un gâteau de fleur de farine qu'ils repoussaient, au lieu de le partager ensemble ; puis, en guise de prières, ils prononçaient, nous dit Plutarque (Quest. rom. 50), des formules étranges, haineuses, effrayantes, comme une malédiction par laquelle la femme renonçait aux dieux et au culte du mari ; dès lors le lien religieux était rompu, la *manus* l'était avec lui.

La *diffareatio* ne fut certainement jamais à Rome d'un usage fréquent : lors en effet que les divorces commencèrent à se répandre, la *confarreatio* déjà déclinait et marcha rapidement à une disparition presque complète. Ce mode d'extinction de la *manus* put-il jamais, comme la *remancipatio,* être mis en œuvre hors le cas de divorce, pour émanciper la femme par exemple, ou la donner en adoption ? Le caractère de la cérémonie nous paraît décider la question négativement, mais le silence absolu des textes du droit et de la littérature romaine, en la matière, ne permet de presque rien affirmer avec certitude.

Il serait même difficile de dire quel était exactement l'effet de la *diffareatio* sur la condition de la femme ; devenait-elle *sui juris ?*

---

(1) V. Hase, op. cit., p. 107 et s.

(2) V. aussi : Orelli, Inscriptiones latinæ, 2648.

Rentrait-elle au contraire sous la puissance de son père ou sous la tutelle de ses agnats ? La première alternative nous paraît plus admissible ; mais à qui revenait alors sa tutelle ? En réalité le voile, qui recouvre toutes ces questions, n'en laisse point entrevoir la solution ; et peut-être, au lieu de forger des hypothèses même vraisemblables, vaut-il mieux se résigner à ignorer ce que les données actuelles de la science ne nous permettent absolument pas de découvrir.

CHAPITRE IV

Historique de la « Manus »

La coexistence des deux formes de l'union conjugale à Rome, du mariage avec *manus* et du mariage libre, est incontestable à partir de la loi des XII Tables, c'est-à-dire dès l'année 303 de sa fondation, 450 avant Jésus-Christ. Gaius ne laisse en effet aucun doute sur ce point : les XII Tables, nous dit-il (I. 111), réglèrent les conditions sous lesquelles la femme pourrait éviter l'*usus,* se soustraire par conséquent à la *manus;* et Aulu-Gelle (III. 2) appuie cette affirmation. Mais auparavant en était-il de même ? Le mariage alors, revêtait-il aussi deux formes ou une seule, et s'il n'en revêtait qu'une, laquelle était-ce ? L'on ne possède à cet égard, il faut le reconnaître, aucun document précis. La question offre pourtant un intérêt trop considérable pour qu'il soit permis de la négliger ; et d'ailleurs il nous semble possible, avec ce que l'on sait des premières années de Rome, de la résoudre au moins d'une manière très probable. Le droit d'un pays n'a point sa source dans le caprice ni le hasard, mais dans le caractère, les mœurs, l'état politique de ses habitants ; ainsi en est-il surtout du mariage et des institutions qui s'y rattachent. On peut donc, en s'aidant des lumières de l'histoire, et aussi des notions que les récits des voyageurs nous fournissent, sur le mariage à la naissance des civilisations, espérer de dissiper les ténèbres dont les origines de la *manus* sont entourées.

SECTION I

Universalité de la « Manus » à l'origine

Selon nous, à ses débuts, le peuple romain n'a connu que le mariage avec *manus* (1) ; le mariage libre n'est survenu que plus tard, et les deux ordres de la cité, le patriciat et la plèbe, n'ont pratiqué longtemps que le premier. D'autres systèmes ont été soutenus ; voyons d'abord les principaux d'entre eux.

D'après quelques auteurs, la *manus,* primitivement, n'aurait existé que pour les plébéiens : ne semble-t-il pas en effet, disent-ils, que l'origine en doive être rapportée à l'enlèvement des sabines par la plèbe ? Les patriciens, déjà riches sans doute, ne manquaient probablement pas de femmes ; les plébéiens seuls n'en trouvaient pas, et pour eux on eut besoin de recourir à la force. Les femmes ainsi conquises furent naturellement traitées comme des esclaves : de là naquit la *manus,* que les patriciens ensuite empruntèrent à la plèbe (2). — Ce système ne nous arrêtera pas longtemps. L'invraisemblance en est manifeste, et il ne heurte pas seulement la raison, mais encore le peu de détails que l'on possède sur l'enlèvement des sabines : Tite-Live, au cours de son récit, ne dit-il pas : *Quasdam forma excellente primoribus patrum destinatas ex plebe homines, quibus datum erat negocium, domibus referebant ?* Et puis est-il admissible que les patriciens, si fiers, si désireux de se distinguer en tout de la plèbe, l'aient copiée sur un seul point ? Qu'ils aient, à une époque donnée, inventé la *confarreatio,* cette cérémonie que l'on retrouve dans les plus antiques législations, qui semble si bien être le produit d'une commune et lointaine origine ? C'est pourtant à cela qu'il faut se résoudre, à moins d'admettre que la *confarreatio* ait anciennement servi à produire le mariage sans *manus,* à l'inverse de ce qu'enseignent tous les documents où il est en question.

Dans un autre système beaucoup plus vraisemblable, on soutient que la *manus,* à l'origine, a dû être le monopole exclusif du patriciat (V. Hase p. 9 et s.). Si l'on en croit en effet Denys d'Halicarnasse (II. 25), le mariage institué par Romulus se célébrait toujours par *confarreatio.* Et cela, dit-on, est confirmé par la différence politique des deux ordres, des patriciens et de la plèbe : le peuple romain, à son berceau, était presque formé de deux peuples distincts : les patriciens seuls composaient les collèges des prêtres, seuls accomplissaient les cérémonies religieuses, seuls occupaient tous les emplois de l'État, seuls étaient citoyens. Le droit, unique-

(1) V. M. de Fresquet, op. cit., p. 141 et s.
(2) V. Guérard, Histoire du Droit privé des Romains, p. 137.

ment créé pour eux, n'existait pour personne, en dehors de leur caste privilégiée. Plus tard, quand la plèbe commença à s'élever à la possession des droits civils, apparut une deuxième forme du mariage : ce fut le mariage libre. Enfin les conquêtes de la plèbe se poursuivant, la *manus* lui devint accessible, et, pour ne point partager avec elle les cérémonies religieuses du *farreum*, les patriciens créèrent un mode nouveau d'acquisition de la *manus*, la *coemptio*, plus tard encore l'*usus*.

Ce système, comme on le voit, repose entièrement sur un fait qui, loin d'être démontré, nous paraît au contraire très discutable. Les plébéiens étaient, dit-on, à l'origine, complétement hors du droit : nous n'acceptons pas cette proposition. Et d'abord d'où est née la division de la cité en patriciat et plèbe ? On l'attribue assez généralement à l'asile ouvert sous Romulus ou ses successeurs dans la ville déjà fondée. Issue de la fusion des trois races latine, sabine et étrusque, organisée par les soins de la dernière, race extrêmement éclairée, civilisée, religieuse, Rome ouvrit un asile. Cette idée, que rappellent les plus vieux documents de l'histoire romaine, n'était pas nouvelle : Thèbes et Athènes semblent avoir ainsi pris naissance. Et en effet, quoi de plus naturel, à une époque barbare, que de réunir dans une même cité les faibles, les opprimés, les mécontents, ceux qui, pour une cause quelconque, ont besoin ou désir de quitter le sol où ils ont vécu jusque-là ? Alors il arriva de toutes les parties de l'Italie à Rome des fugitifs, des pâtres, d'insolvables débiteurs, des esclaves : la plupart devinrent les clients des premiers habitants, un petit nombre sans doute demeurèrent indépendants, tous formèrent la *plebs*. Cette explication paraît au premier abord favorable à la thèse que nous combattons ; elle ne l'est point. La plèbe, ainsi formée, et certainement accrue tous les jours par l'émigration des bourgs voisins, participait au droit de la cité (1) : car comment espérer une affluence considérable d'étrangers, en ne leur offrant qu'un asile matériel et point la protection des lois ? Qu'auraient pu attendre ces étrangers dans une ville où, perdus à l'origine, au milieu de la foule des patriciens, ils n'auraient même pas eu cette suprême sauvegarde, parfois encore fort insuffisante ? Et leurs biens, les biens acquis par leur travail et leur intelligence,

(1) Cpr. de Beaufort : la Rép. rom. liv. II, ch. III ; M. Mommsenn, Hist. rom., t. I, p. 84.

ceux aussi apportés par quelques-uns d'entre eux, ils seraient allés à leur mort au patron ou à l'État, en l'absence de toute parenté légitime ? Ils auraient été tout au moins à la disposition, et leurs propriétaires à la merci des patriciens ! De pareilles conditions eussent tenté peu d'individus, en eussent peu sollicité à l'émigration. Qu'importait d'ailleurs à la caste patricienne de donner à la plèbe la participation au droit, pourvu qu'elle se réservât ce qui seul lui importait, la connaissance de la loi, la procédure, le monopole des fonctions politiques ou religieuses ? A tout cela vient se joindre une considération puissante : nul auteur ancien ne mentionne la différence pourtant capitale, qui aurait séparé dans le principe les patriciens des plébéiens; nul document ne nous révèle l'instant où la plèbe serait parvenue à la possession des droits civils primordiaux, essentiels, et notamment de la *manus*. De là il nous semble résulter que celle-ci, à toute époque, a été au moins accessible aux plébéiens. Mais il faut aller plus loin et décider que, pour eux comme pour les patriciens, aux commencements de Rome, la *manus* a dû être la suite obligée, inévitable du mariage.

En abordant cette démonstration, nous reconnaîtrons qu'il existe, en ce qui concerne les patriciens, une raison puissante, étrangère à la plèbe. Dans les familles patriciennes, la religion du foyer, le culte des ancêtres resserraient étroitement le lien unissant les membres de chacune d'elles à son chef. Toutes possédaient en effet un autel, et sur cet autel on voyait un peu de cendre avec des charbons allumés, symbole de l'âme immatérielle des aïeux : ceux-ci étaient la providence de la maison, ses divinités tutélaires, puissances surhumaines et mystérieuses qui, en échange d'honneurs et de sacrifices, veillaient sur leurs descendants, leur prêtaient aide et protection dans les difficultés de la vie. Or un caractère tout particulier de la religion domestique était de n'appartenir jamais qu'à une seule famille; on ne pouvait invoquer en même temps deux foyers, deux séries d'ancêtres. En se mariant, une femme ne pouvait donc continuer à servir les lares de son père, et adorer à la fois ceux de son mari. D'un autre côté, perpétuellement en contact avec son époux, elle ne pouvait pas ne point l'assister dans ses rites, dans ses prières; l'on sait du reste que l'entretien du foyer sacré était confié à ses soins. Mais si le mari l'admettait à partager avec lui de pareilles cérémonies, c'est qu'elle n'était pas entrée dans sa famille, comme une étrangère, uniquement appelée à lui donner des enfants; c'est qu'elle était soumise à son autorité, englobée dans le cercle étroit de sa puissance, et par là digne d'accomplir les *sacra* dont il était si jaloux (1).

Les plébéiens à l'origine ne paraissent pas avoir eu de culte privé; relativement à eux, l'argument nous échappe donc, mais il reste, à l'appui de notre opinion, un nombre, selon nous très suffisant, de considérations communes aux deux ordres de la cité.

Chacun sait que tous les peuples en quittant la vie nomade, pour se fixer sur une terre quelconque, la cultiver et y mourir, sont passés par l'état patriarcal. Dans cette période la famille se trouve fortement constituée, l'autorité du chef est sans limites sur tous les membres qui la composent; la femme, en se mariant, sort entièrement de la famille de son père pour appartenir à celle de son époux, et se soumettre à un pouvoir aussi absolu, de la part de celui-ci, que le pouvoir paternel. Or le peuple romain à son origine offre précisément les caractères d'un peuple qui traverse l'état patriarcal; la preuve en est dans le droit absolu du père sur ses enfants. Chaque famille formait alors dans Rome un petit corps nettement délimité, dont le chef nous apparaît investi d'une sorte de royauté. La *manus* s'accorde donc parfaitement avec la vieille organisation romaine : ne serait-il pas fort étrange que la femme, constamment en présence de ce maître devant qui tout tremblait dans la maison, eût échappé à sa volonté souveraine ? Que, contrairement à ce que l'on sait des peuples où la famille est constituée sur le même modèle, la femme, malgré son mariage, fût restée en la puissance de son père, et eût été presque entièrement soustraite à l'autorité de son époux?

L'on remarquera en outre que, depuis le moment où commencent les données certaines de l'histoire, la condition de la femme romaine n'a cessé de suivre un progrès constant vers une émancipation définitive : n'est-il pas bien probable que ce progrès a pris naissance au jour même de la fondation de Rome ?

Et les modes de constitution de la *manus,* ne révèlent-ils pas l'antiquité de son origine ? La *confarreatio,* cérémonie particulièrement religieuse, et la *coemptio,* vente de la femme, ne sont-elles pas les deux formalités, par lesquelles on voit se nouer le lien conjugal dans les plus anciennes législations (2) ?

---

(1) V. M. Fustel de Coulanges, passim.

(2) V. M. Gide : op. cit. p. 126, n. 1. — Kœnigswarter : op. cit., p. 145.

Enfin, à l'époque même des XII Tables, la *manus* était considérée comme une suite naturelle du mariage, à preuve la nécessité de l'*usurpatio trinoctii* pour y échapper : or si, au bout de trois siècles, la *manus* était encore le droit commun dans le mariage, ne devait-elle pas être à l'origine un fait nécessaire, universel?

Toutes ces considérations communes aux patriciens et aux plébéiens établissent, à notre avis, avec une grande force, vis-à-vis des uns et des autres, la généralité de la *manus* dans les commencements de Rome. Les patriciens célébraient leur mariage par la *confarreatio*, les plébéiens par la *coemptio*. Celle-ci était probablement le mode ordinaire des races de l'Italie, et si les patriciens l'avaient abandonnée, c'est sans doute sous l'influence des Étrusques (1), noyau de leur caste, dont l'éducation politique et religieuse était extraordinairement développée.

Cela posé, comment a pu s'introduire le mariage libre? Et d'abord comment l'expliquent les deux systèmes que nous avons exposés et combattus? Nous l'avons déjà dit : le premier, attribuant à la *manus* un origine plébéienne, élève par là le mariage libre à la hauteur d'une institution patricienne. Le second y voit la première étape des conquêtes de la plèbe dans le domaine du droit civil. Ces deux hypothèses nous paraissent également invraisemblables. Nos motifs ont été indiqués; relativement à la seconde, nous avouerons ne point du tout comprendre dans quel but les patriciens, admettant la plèbe aux justes noces, lui auraient refusé la *manus*.

Dans notre opinion, diverses explications ont été proposées : au dire des uns, le mariage libre serait une innovation des décemvirs (2). — Mais les décemvirs n'innovèrent probablement pas; ils n'avaient pas été nommés pour cela, et ils durent se contenter d'ériger en textes précis les lois et coutumes existantes. D'autres ont cru découvrir dans le mariage libre un emprunt aux lois athéniennes de Solon (3). — Nous avons montré, à la fin de notre introduction, combien est douteuse l'authenticité de cet emprunt.

M. Gide nous semble avoir émis sur ce point une hypothèse

---

(1) V. M. Ginoulhiac, p. 57.
(2) V. Volowsky : de la Société conjugale, revue de lég. t. XLIV, p. 15.
(3) V. M. Ginoulhiac, p. 86.

très vraisemblable (1). Lorsque la femme était *sui juris,* les agnats auxquels appartenait sa tutelle « devaient être peu disposés, dit-il, (p. 126 et 127) à consentir à un mariage qui les dépouillait de leurs droits, et sans leur aveu le mariage était impossible. Aurait-on pu les forcer à sacrifier leurs droits? Mais ces droits étaient sacrés : gardiens des intérêts de la famille, c'était pour eux un devoir d'empêcher que le patrimoine de leurs ancêtres ne passât à des étrangers. Pour donner satisfaction à tous ces besoins contradictoires, il fallut bouleverser les anciens principes : il fallut séparer deux choses qui avaient paru d'abord inséparables, le mariage et la *manus,* c'est-à-dire le changement de famille. A côté du mariage antique, aux formes solennelles, on imagina un mariage nouveau qui se contractait par le simple consentement et laissait la femme dans sa famille, sous la tutelle de ses agnats. » L'assistance de ceux-ci resta nécessaire pour la *manus,* mais il devint inutile pour le mariage pur et simple. La première partie de cette proposition a été ci-dessus établie ; la deuxième, en ce qui concerne la tutelle légitime du patron, résulte du serment par lequel l'affranchie s'engageait à ne point se marier malgré lui (2) : si elle n'avait pu se marier qu'avec son assentiment, cet usage abrogé par la loi Œlia Sentia aurait été superflu, et ne se serait pas introduit. Quant à la tutelle des agnats, comme elle a disparu plus tôt que celle du patron, nous ne possédons pas de témoignage précis ; mais l'identité des deux institutions dans leur principe et leur but ne laisse point de place au doute.

Ainsi dut naître le mariage sans *manus :* une fois mis au jour, il se développa tout naturellement, et l'usage s'en étendit même aux femmes qui n'étaient point *sui juris,* aux femmes soumises lors de leur union à la puissance paternelle. Il favorisait, en effet, leur désir d'émancipation ; il leur permettait en tous cas de connaître le caractère, les qualités et les défauts du maître auquel il s'agissait pour elles de se donner *in manu.* La plupart des femmes *alieni iuris,* qui se marièrent alors sans *manus,* n'entendaient que retarder l'heure de cette puissance. Au bout d'un certain temps, elles accomplissaient les formalités de la *confarreatio* ou de la *coemptio;* car si l'homme n'était pas violent, irascible, brutal, la *manus*

---

(1) Cpr. M. de Fresquet ; p. 142.

(2) V. l. 6, §§ 3 et 4, D. XXXVII, 14 ; ll. 31 et 32, D. XL, 9.

leur offrait plus d'avantages que d'inconvénients : elle enlevait au père le droit de ravir la femme à son mari, elle créait entre ceux-ci, entre la mère et ses enfants des droits réciproques de succession. S'inspirant des dispositions communes des époux, désireux aussi de favoriser l'acquisition de la *manus,* la loi supprima la nécessité des formes jusque-là indispensables pour produire cette puissance, et créa l'*usus.* Ce nouveau mode répondait à un besoin des mœurs, et il était, en outre, naturellement indiqué, suggéré par l'existence de la *coemptio :* la femme, considérée comme pouvant être l'objet d'une sorte de propriété, et susceptible de mancipation, devait être par là susceptible aussi d'usucapion ; l'*usus* était, à vrai dire, virtuellement renfermé dans la *coemptio.*

Alors se trouvèrent constitués les trois modes d'acquisition de la *manus :* une longue carrière s'ouvrait encore devant elle, mais avec la création du mariage libre, elle avait reçu une blessure dont on pouvait déjà prévoir le résultat : elle était tôt ou tard condamnée à disparaître.

SECTION II

Dégénérescence de la « Manus. » — « Manus » fiduciaire

Les divers modes d'acquisition de la *manus* ne soutinrent pas tous, avec un égal succès, la lutte contre le progrès des mœurs et l'envahissement des idées nouvelles. En traitant de chacun d'eux d'une manière spéciale, nous avons indiqué le moment de leur disparition. Nous avons vu que l'*usus* fut le premier abandonné : à l'époque de Gaius il n'était plus qu'un souvenir. La *confarreatio* gardait alors quelques restes de vie ; mais, en réalité, la *coemptio* seule appartenait encore à la pratique. L'une et l'autre ont probablement accompagné la *manus* jusqu'à sa chute définitive.

Quelles furent donc les causes puissantes, sous l'influence desquelles notre institution perdit tous les jours un peu de terrain, et finit par s'effacer entièrement de la scène juridique ? Ces causes furent très diverses :

D'abord la ruine de la vieille autorité souveraine du chef de famille, le désir secret et inné d'indépendance chez la femme.

Puis l'introduction de la dot, l'organisation du régime dotal : la femme *in manu* pouvait exercer, nous l'avons montré, l'action *rei uxoriæ,* mais les autres garanties successivement ajoutées à celle-là lui restaient étrangères, l'action *ex stipulatu* par exemple, la défense portée contre le mari d'aliéner ou d'hypothéquer le fonds dotal. Or ces garanties, précieuses à toute époque, le devinrent tous les jours davantage, à mesure que la femme se trouva plus exposée à un brusque divorce, de la part de son époux.

D'autres progrès législatifs contribuèrent au même résultat. Longtemps en effet, la *manus* offrit à la femme qui s'y soumettait un avantage considérable ; elle créait entre elle et le mari, entre elle et ses enfants un droit réciproque de succession. A ce point de vue, la condition de la femme dans le mariage libre était, nous l'avons dit, notablement inférieure ; mais avec les améliorations successives du droit prétorien et du droit civil, avec les *bonorum possessiones* « *unde vir et uxor* » et « *unde cognati* », avec les sénatus-consultes Tertullien et Orphitien, portés sous Adrien et Marc Aurèle, disparut cette utilité de la *manus,* l'un des fondements principaux de l'institution.

Le déclin des antiques croyances, des vieux *sacra privata,* la diffusion et le triomphe du Christianisme eurent aussi une grande part à sa chute. En ce qui concerne la *confarreatio,* il n'est pas besoin de démonstration ; mais la *coemptio* elle-même, quoique n'impliquant aucune croyance païenne, dut cependant en souffrir : « A mesure, dit Troplong (Infl. du Christ, part. II, ch. X), que le nombre des chrétiens devenait plus considérable, les mariages se célébraient de plus en plus avec les cérémonies du nouveau culte, et dès l'instant que la religion les avait revêtus de son sceau, on aurait cru douter de la plénitude de sa puissance, si on y avait ajouté les formules de la *coemptio,* fortement soupçonnées de paganisme. »

Les deux causes principales de la disparition de la *manus* furent sans contredit la fréquence du divorce et le débordement des mœurs. La *manus* étant, en effet, la mise en commun la plus entière des biens des deux époux, la confusion la plus absolue de leurs patrimoines, supposait l'irrévocabilité du mariage. Lorsque par la multiplicité des divorces, celui-ci se trouva n'être plus qu'une union temporaire, à cette union d'un nouveau genre il fallut un nouveau régime de biens : lorque les femmes, au dire de Sénèque, ne comptèrent plus leurs années par le nombre des consuls, mais par le nombre de leurs maris, la *manus* devint évidemment chose surannée, hors d'usage. Celles-là mêmes, qui se croyaient sûres de la constance de leur affection, ne pouvaient abandonner leur patrimoine à la libre disposition d'un époux qui, peut-être, au bout de quelques mois de mariage, les congédierait, sans leur faire dire par ses esclaves autre chose que le singulier compliment d'un certain Publilius, rapporté dans Juvénal (sat. X) : « Femme vous mouchez trop. Partez au plus vite : nous attendons un nez moins humide que le vôtre. »

Au surplus, dès la fin de la République, c'était le petit nombre des femmes qui gardaient, avec la pudeur de leur sexe, les mœurs et la fidélité de l'épouse romaine en des jours plus éloignés. La plupart ne rêvaient que luxe, plaisirs, indépendance ; toutes choses ennemies d'un régime, qui ne leur laissait la disposition d'aucune partie de leur fortune. Avec le système dotal, au contraire, les femmes étaient en fait maîtresses de leur patrimoine entier : elles pouvaient à chaque instant, par un brusque divorce, en exiger la restitution ; et le mari alors devait dire plus d'une fois, avec une parfaite conviction, ce qui sans doute, à l'époque de Plaute, était un peu exagéré :

Argentum accepi, dote imperium vendidi (1).
Nam quæ indotata'st, ea in potestate est viri;
Dotatæ mactant et malo et damno viros (2).

En vain les lois essayèrent-elles d'arrêter le débordement des mœurs ; en vain les lois Cincia et Voconia vinrent-elles diminuer pour les femmes les moyens de s'enrichir ; en vain la loi Oppia et d'autres lois somptuaires élevèrent-elles une barrière à leur luxe toujours croissant ; en vain les lois Julia et Papia Poppœa cherchèrent-elles à réprimer le désordre et le scandale par des pénalités civiles ; en vain diverses autres dispositions législatives, et notamment le sénatus-consulte velléien restreignirent-ils la capacité de la femme. La corruption était au cœur de la société romaine ; pour l'en extirper, il ne pouvait suffire des efforts courageux de quelques hommes. La religion nouvelle qui venait apporter au monde ses doctrines régénératrices, n'y eût elle-même peut-être pas complétement réussi : à cette race énervée, épuisée, il fallait l'infusion d'un sang nouveau que les Barbares bientôt lui fournirent.

Telles furent les causes qui, tous les jours plus puissantes, réduisi-

(1) Plaute : Asinaria, act. I, sc. 1.
(2) Plaute : Aulularia, act. III, sc. 5.

rent peu à peu le domaine de la *manus*. Il est permis de croire qu'elle s'achemina lentement vers une ruine définitive, sans traverser aucun de ces évènements imprévus, dans lesquels s'abîment parfois tout d'un coup les plus vieilles institutions.

Mais avant de disparaître, elle devait, sous l'effort des jurisconsultes, subir une grave transformation. Cette *manus* qui, à l'origine, était l'un des fondements de la famille patriarcale, devait, selon la remarque de M. Gide, servir, sous l'empire des mœurs nouvelles, à consommer la chute des pouvoirs domestiques et l'affranchissement de la femme. C'est que les jurisconsultes, ne pouvant substituer leur autorité à celle du législateur, cherchaient dans les institutions existantes le moyen d'éluder telle ou telle règle du droit civil, devenue importune, de réaliser tel ou tel progrès sollicité, imposé par les mœurs. Ils avaient fait usage de la mancipation du fils et de la fille de famille, pour permettre au père de les émanciper, de les donner en adoption ; la *manus* leur parut un moyen commode, pour éliminer diverses rigueurs de la loi, tout en feignant d'y satisfaire. La femme jusqu'alors ne s'était jamais soumise qu'à la *manus* de son époux, et en raison de son mariage : ils admirent qu'elle pourrait tomber sous la *manus* d'un citoyen quelconque, et seulement pour la forme ; cette nouvelle *manus* s'appela *manus fiduciæ causa,* parce qu'il intervenait dans l'opération un double contrat de fiducie.

Les discussions d'abord soulevées à son sujet, parmi les auteurs, ont fini par s'apaiser presque complétement ; il serait superflu de les rappeler. Nous nous contenterons donc d'indiquer les points encore ouverts à la controverse, en même temps que le mécanisme de l'institution. Ce mécanisme, dans les diverses hypothèses où l'on en fit emploi, était parfaitement identique : la *manus* fiduciaire se créait toujours par *coemptio,* et ne pouvait s'établir que sur une femme *sui juris ;* le citoyen qui recevait la *coemptio* s'engageait, par un contrat de fiducie, à manciper la femme à un deuxième qui, lui-même, en vertu d'un autre contrat de fiducie, promettait de l'affranchir *vindicta ;* le premier lui restituait alors ses biens, en exécution du premier contrat ; l'opération dès ce moment était achevée, le but poursuivi était atteint.

La *manus fiduciæ causa* reçut trois applications seulement ; l'on n'en connaît du moins que trois : deux par Gaius, la troisième par Cicéron qui mentionne aussi, mais par simple allusion, l'une des deux autres.

I. — *Coemptio tutelæ evitandæ causa* (G. I. 115. — Cic. *Pro Mur.* 12). — A partir d'une date indécise mais sûrement fort antérieure à Cicéron, la femme pourvue d'un tuteur fiduciaire, c'est-à-dire celle qui avait été mancipée à un tiers et affranchie par lui, se trouva dans une indépendance de fait presque absolue, parce que ce tiers était ordinairement un tuteur complaisant, et que le préteur pouvait sans doute aussi en toute occasion lui imposer le devoir de fournir son *auctoritas*. Elle était par là dans une condition bien supérieure à celle de la femme sur qui pesait une autre tutelle, du moins une tutelle légitime ; car à l'époque même de Gaius, — nous ne sommes exactement renseignés que pour cette époque, — la femme soumise à une pareille tutelle ne pouvait faire un acte important sans l'approbation, à peu près libre, de son tuteur (G. I. 190-192). Il y avait donc, tout au moins pour la femme qui subissait une tutelle légitime, un grand intérêt à passer sous l'autorité d'un tuteur fiduciaire : la *manus* se prêta à cet échange. Que lui fallait-il en effet pour atteindre ce but? Se donner *in mancipio* à celui dont elle voulait faire son tuteur ; par conséquent tomber, avec l'*auctoritas* de ses tuteurs actuels, en la *manus* d'un citoyen qui la manciperait au premier. C'est le moyen que l'on employa (I. 115).

On a demandé la raison de ce double mécanisme : pourquoi créer d'abord la *manus*, a-t-on dit, pour arriver au *mancipium?* La réponse nous paraît facile : Si la femme avait pu se placer tout d'un coup sous le *mancipium* d'un citoyen, les jurisconsultes n'eussent certainement pas songé à faire usage de la *manus;* il est donc manifeste que la femme n'avait point la faculté de se mettre *loco servi*, que la puissance paternelle et la *manus* seules donnaient le droit de créer sur elle le *mancipium*. C'est d'ailleurs ce que suppose un texte d'Ulpien (XI. § 5).

Il est une difficulté plus sérieuse : les tuteurs qu'il s'agissait de remplacer, pouvaient-ils être contraints de fournir leur *auctoritas* à la *coemptio* de la femme, c'est-à-dire de se dessaisir de leur droit de tutelle? A l'époque de Gaius et dès avant lui, il ne saurait y avoir de doute pour tous tuteurs autres que les tuteurs légitimes (G. I. 190); l'*auctoritas* pouvait sans contredit leur être imposé. Mais relativement aux tuteurs légitimes, il nous semble que, même du temps de Gaius, la question doit être résolue négativement (1).

---

(1) V. M. Accarias, I, nº 121. — Contrà : Hase, p. 131 ; M. de Fresquet, p. 153.

Nombre d'auteurs admettent pourtant l'opinion contraire : Gaius, disent-ils, est formel en ce sens (I. 115) : *Si qua velit quos habet tutores reponere...* Et puis autrement, la *manus tutelæ evitandæ causa* eût été bien inutile, le tuteur légitime, qui consentait à se dépouiller de son droit, n'étant évidemment pas un tuteur importun. — Le texte de Gaius ne nous semble pas péremptoire ; il peut supposer chez le tuteur de la femme une volonté conforme à la sienne. C'est Gaius lui-même qui va nous fournir un argument décisif en la question : il déclare (I. 192) que, de son temps, la résistance des tuteurs légitimes était, en l'absence d'une raison majeure, invincible, insurmontable, pour des actes beaucoup moins graves que la *coemptio* de la femme. Or, il ne nous semble pas que le désir de supplanter ses tuteurs pût être aux yeux du magistrat, un de ces motifs supérieurs dont il était chargé d'apprécier le mérite. Remarquons enfin que, même dans notre opinion, la *manus* fiduciaire n'en devait pas moins être parfois fort utile à la femme, soit qu'elle fût soumise à une tutelle testamentaire, optive ou déjà fiduciaire, parce qu'alors l'assistance du tuteur dans la *coemptio* pouvait être forcée; soit même qu'elle se trouvât sous l'autorité d'un tuteur légitime : celui-ci en effet consentait-il à abdiquer ses pouvoirs, jusqu'à l'introduction de la *coemptio* fiduciaire une seule voie lui était ouverte, l'*in jure cessio ;* or, s'il mourait avant la femme, ou s'il venait à subir une *capitis deminutio,* le cessionnaire était aussitôt dessaisi, et la tutelle passait aux agnats les plus proches de la femme, comme s'il n'y avait pas eu de cession (G. I. 168 à 170). Le mécanisme de la *coemptio* offrait donc, même à la femme pourvue d'un tuteur légitime, un avantage marqué sur le vieux procédé de l'*in jure cessio.*

II. *Coemptio testamendi faciendi causa* (G. I. 115 a). — Autrefois, nous dit Gaius, les femmes, sauf un petit nombre d'exceptions, n'étaient admises à tester que si elles avaient fait la *coemptio*, puis avaient été remancipées et enfin affranchies. La raison probable de cette vieille prohibition nous paraît être la suivante : à l'origine, le testament se faisant *calatis comitiis* ou *in procinctu* (G. II. 101) était absolument inaccessible aux femmes. Plus tard, quand s'introduisit la forme *per æs et libram,* elles auraient pu en faire usage, mais l'on conserva presque en totalité l'ancienne rigueur, sans doute pour mieux assurer le respect des droits héréditaires des agnats et des gentils; en effet les affranchies, pour lesquelles n'existaient ni les uns ni les autres, reçurent la faculté de tester

6

avec l'*auctoritas* de leurs patrons (G. II. 43). Si cette raison est exacte, le même droit dut appartenir à toute femme qui n'avait ni agnats ni gentils, et par suite à celles qui avaient subi une *minima capitis deminutio;* cette conjecture pourrait être appuyée sur un texte de Cicéron (Top. 4), ainsi conçu : *Si ea mulier testamentum fecit quæ capite se nunquam deminuit, non videtur ex edicto prætoris secundum eas tabulas bonorum possessio dari.*

Quoi qu'il en soit, l'on trouva dans la *manus* fiduciaire le moyen de produire, chez une femme *sui juris,* une *capitis deminutio,* et en même temps de la mettre dans une condition fictivement analogue à celle de l'affranchie : elle tombait par *coemptio* en la *manus* d'un premier citoyen qui la mancipait à un autre, lequel l'affranchissait *vindicta,* et, patron complaisant, l'assistait dans la confection de son testament. Au surplus, cette deuxième application de la *coemptio fiduciæ causa* produisant, comme la première, un changement de tuteurs, tout ce que nous avons dit, sur la nécessité et la liberté de l'*auctoritas* du tuteur primitif de la femme, est également vrai pour les deux hypothèses.

A part les affranchies, les vestales (Aulu-Gelle I. 12, § 9), et probablement aussi, comme nous l'avons observé, les filles émancipées, aucune femme à Rome ne pouvait tester, sans avoir usé de la *coemptio* fiduciaire ; celle-ci dut donc être, lorsqu'elle s'introduisit, d'un emploi très pratique ; nous verrons que sous Adrien, elle perdit toute utilité.

III. — *Manus sacrorum interimendorum causa (Cic. pro Mur.* 12). On sait de quelle importance était, aux yeux des premiers Romains, l'observation des *sacra,* des sacrifices dus par chaque famille à ses dieux protecteurs : Tite-Live raconte (V. 46), que le jeune Fabius Dorso descendit du Capitole assiégé, et traversa l'armée gauloise, pour aller accomplir sur le Quirinal un sacrifice dû par la *gens Fabia.* Quand ces idées se furent affaiblies, et que les *sacra* furent devenus une charge incommode, on chercha à s'en défaire. La femme y réussit par la *coemptio.* Elle tombait sous la *manus* d'un vieillard pauvre ; tous ses biens étaient acquis à ce dernier, et avec eux passait sur sa tête l'obligation aux sacrifices. Il rendait à la femme sa liberté, en la remancipant à un autre citoyen qui l'affranchissait, et il lui restituait son patrimoine désormais exempt des *sacra.* Ceux-ci en effet demeuraient à la charge du vieillard ; la femme lui remettait les sommes nécessaires pour subvenir à leur accomplissement ; mais en raison de son grand âge, cela durait peu. A sa mort, comme il ne possédait aucun bien, sa succession restait sans héritier ; les *sacra* étaient alors irrévocablement éteints.

Faut-il supposer, avec quelques commentateurs, que cette opération n'intervenait que dans le cas où une femme était appelée à une succession grevée de *sacra* coûteux, afin de les recueillir tout en s'exonérant de ces derniers ? Nous n'en voyons pas la raison, et Cicéron, dans le texte qui nous a révélé cette troisième application de la *coemptio fiduciæ causa*, ne fait point cette précision : *Sacra interire*, dit-il, *illi noluerunt; horum ingenio senes ad coemptiones faciendas, interimendorum sacrorum causa reperti sunt.*

Voyons maintenant les conséquences immédiates de la *manus* fiduciaire. Lorsque le *coemptionator* était le mari, elle produisait jusqu'à la *remancipatio* tous les effets de la *manus matrimonii causa ;* la femme était par suite considérée comme la fille de son mari (G. I. 115 b.). Lors au contraire que le *coemptionator* était un étranger, la femme n'était point *loco filiæ* vis-à-vis de lui, cela est certain (G. I. 115 b. 118). Est-ce à dire que la *coemptio* ne produisît pas alors une *minima capitis deminutio?* Rien ne le prouve (1) : S'il était nécessaire, dans chacune des trois hypothèses où elle intervenait, d'une *remancipatio* de la femme, c'est qu'il n'y avait pas d'autre moyen, pour dissoudre la *manus* à laquelle elle se trouvait soumise. La *remancipatio* n'avait donc en aucun cas pour but exprès d'opérer une *capitis deminutio* ; celle-ci était déjà réalisée, et avec elle s'étaient produites toutes les conséquences pécunaires d'une *coemptio* sérieuse, conséquences auxquelles on remédiait à l'aide des actions fictices prétoriennes, dont nous avons parlé en traitant de la vraie *manus.*

Quel est donc le sens exact des textes où Gaius déclare que la femme, à l'égard d'un étranger *coemptionator*, n'était point *loco filiæ?*

Ces textes font certainement allusion d'abord aux suites toute différentes des deux *manus,* relativement à la personne de la femme ; il nous semble en effet incontestable que le *coemptionator extraneus* n'avait point, comme le mari, sur la femme, les prérogatives de la puissance paternelle. Il nous paraît également vraisemblable que la *manus* fiduciaire ne créait point, entre ce *coemptionator* et la femme, les droits réciproques de succession dérivant de la *manus* entre époux. Gaius visait encore sans doute cette différence.

(1) Cpr. M. de Fresquet, p. 161.

Les trois applications de la *coemptio fiduciæ causa* ne durent pas s'introduire en même temps dans le droit romain. Il est impossible d'assigner une date précise à la naissance de chacune d'elles ; mais elles ne survinrent probablement que fort tard, car elles tendaient à renverser trois règles fondamentales de l'ancien droit. Cicéron parle de la *coemptio tutelæ evitandæ causa* et de la *coemptio sacrorum interimendorum causa*, comme d'institutions en pleine vigueur, de son temps *(Pro. Mur.* 12*)*. Gaius seul nous a révélé la *coemptio testamenti faciendi causa*, et il ne relate que l'époque de sa disparition, le règne d'Adrien (I. 115 a) ; il nous apprend en effet que, sous ce prince, un sénatus-consulte accorda à toutes les femmes sans exception le droit de tester. Les deux autres applications de la *manus* fiduciaire survécurent à celle-là, mais la fin en est aussi incertaine que le commencement ; l'une ne put s'éteindre qu'avec l'obligation des Romains aux *sacra*, c'est-à-dire avec leur vieille organisation religieuse ; l'autre fut emportée avec les derniers restes de la tutelle perpétuelle des femmes, aux environs du règne de Constantin, au début du quatrième siècle de notre ère.

Quant à la *manus matrimonii causa*, la vraie *manus*, elle se perdit sans doute plutôt encore dans le flot débordant des institutions et des mœurs nouvelles. Papinien *(Coll. leg. mos.* IV. 7) et Ulpien *(Reg.* IX), parmi les jurisconsultes, sont les derniers qui la mentionnent ; vieillie, délaissée, elle dut, vers le troisième siècle de l'ère chrétienne, achever sans bruit sa carrière. Elle avait vécu mille ans, régné plusieurs siècles. Sa chute progressive ne fut pas seulement l'arrachement d'une pierre à l'édifice social des Romains ; ce fut l'écroulement d'une des bases de leur étonnante fortune. La *manus* en effet, en resserrant le lien conjugal, concourait à l'unité et à la force de la famille ; en opérant la confusion la plus absolue des patrimoines des deux époux, elle gardait l'un et l'autre contre les suggestions d'une inconstance trop naturelle, contre les fatales séductions du divorce ; en imposant à la femme le joug d'une dépendance étroite vis-à-vis du mari, en la dépouillant de l'intégralité de ses biens au profit de celui-ci, elle la tenait éloignée de ces déréglements de conduite, de cet affolement de luxe, sources si palpables de la décadence romaine. La *manus*, on le voit, avait donc contribué puissamment au maintien des vieilles mœurs de Rome, et par là sûrement aidé le grand peuple dans la conquête de l'univers.

DROIT CIVIL FRANÇAIS

Etude sur la Validité et les Effets

des obligations d'une femme mariée

INTRODUCTION

L'incapacité de la femme mariée, dans notre droit français, crée parfois entre ses divers créanciers une singulière différence : les uns, sauf les difficultés d'exécution qu'ils rencontrent dans les stipulations matrimoniales des époux, possèdent contre elle un droit en lui-même aussi entier, aussi absolu qu'à l'égard d'un débiteur quelconque, majeur et capable; les autres au contraire n'ont vis-à-vis d'elle qu'un droit annulable, un titre fragile qu'il dépend de la femme, du mari, ou de leurs ayant-cause de briser presque à leur gré. La première partie de ce travail sera consacrée à l'examen des principes et des circonstances d'où dérive une situation aussi inégale, c'est-à-dire à l'examen des règles de l'incapacité de la femme en matière d'obligations personnelles. Mais auparavant, il ne sera pas sans intérêt, et à quelques égards, sans profit, de rechercher quelle a été sur le même point la législation des deux peuples auxquels remonte celle qui nous régit, Rome et la Germanie ; de suivre brièvement chacune d'elles dans notre pays à travers ses transformations successives, de voir par l'effet de quel mélange, de quelle fusion d'idées opposées, disparates, s'est définitivement constitué l'ancien droit français, d'assister ainsi au laborieux enfantement des règles que nous avons à exposer et à commenter. Cette étude préliminaire nous permettra de les mieux apprécier, de les mieux comprendre ; peut-être nous aidera-t-elle à résoudre quelques questions actuellement controversées. Le Code, en effet, n'a pu en cette matière, comme en aucune autre, tout prévoir, tout régler. Nous rencontrerons, au cours de notre travail, de regrettables et d'importantes lacunes. Pour les combler, il ne suffira pas de faire appel aux seules lumières de la raison ; il faudra interroger l'esprit de la loi, quelquefois aussi les solutions de notre vieille jurisprudence. Encore demeurera-t-il certainement sur bien des points des obscurités, des incertitudes, des brèches ouvertes à l'imagination et à l'hypothèse.

A Rome, le mariage, lorsqu'il n'était pas accompagné de *manus*, ne modifiait en aucune façon la capacité antérieure de la femme. Voyons donc tout d'abord quelle pouvait être cette capacité. La femme romaine non mariée était *sui juris* ou *alieni juris*, c'est-à-dire libre et maîtresse de sa personne, ou au contraire, enchaînée par le lien d'une étroite puissance, la *potestas* (autorité paternelle) ou le *mancipium*. La femme *sui juris* fut, comme on sait, longtemps soumise à une tutelle perpétuelle. Nous avons eu l'occasion, dans la partie romaine de cette thèse, d'indiquer le vrai fondement de l'institution et les causes de sa décadence successive. A l'origine, la femme était sûrement assimilée à un pupille ordinaire, à un pupille *pubertati proximus;* elle ne pouvait donc consentir seule aucun acte susceptible, par sa nature même et indépendamment de toute circonstance de fait, d'entraîner pour elle un préjudice quelconque ; elle était par suite incapable de s'obliger sans l'*auctoritas* de son tuteur, si ce n'est en vertu d'un délit ou d'un quasi-délit. Peu à peu on lui permit quelques actes d'administration (Cic. Top. 11), et le nombre des exceptions dut s'accroître progressivement. Cependant à l'époque même de Gaius, au IIe siècle de notre ère, l'*auctoritas* du tuteur était encore nécessaire pour les actes les plus importants, et notamment pour contracter une obligation (G. III. 108); le magistrat du reste pouvait alors toujours y contraindre le tuteur récalcitrant (G. I. 190). Bientôt après, l'institution de la tutelle perpétuelle disparaissait : à partir du IVe siècle, on n'en retrouve plus de trace.

La femme *sui juris*, affranchie de cette sujétion, posséda une entière aptitude à toutes sortes d'actes, sauf l'*intercessio*, c'est-à-dire le cautionnement. En effet, quelques édits rendus par Auguste et Claude, dans le but de protéger les femmes mariées contre l'influence de leurs époux, leur avait interdit de s'obliger pour eux

(l. 2. D. XVI. 1). La pratique étendit, selon toute vraisemblance, cette prohibition. Elle annula dans tous les cas le cautionnement d'une femme, sans distinguer si elle était mariée ou non, si elle s'était engagée pour son mari ou pour un tiers ; et cette jurisprudence un peu incertaine fut érigée en loi par un acte célèbre, le sénatus-consulte Velléien, probablement sous le règne de Claude, l'an 46 de l'ère chrétienne (l. 2. § 1. D. XVI. 1). Quel fut le but précis de ce sénatus-consulte? La crainte de l'influence des femmes ou le désir de les protéger? Il serait bien difficile de le dire ; peut-être les deux raisons y eurent-elles part. Quoi qu'il en soit, le sénatus-consulte interdisait à toute femme de s'obliger, même pour une femme, et frappait son *intercessio* d'une nullité radicale, ne laissant même pas subsister une obligation naturelle. Mais son champ d'application se bornait, remarquons-le, aux actes réellement constitutifs d'*intercessio*, c'est-à-dire aux actes par lesquels la femme s'engageait pour autrui et dans l'intérêt d'autrui. Il lui restait une liberté absolue de s'appauvrir de tout autre manière, au profit d'un tiers quelconque. De plus, la règle du sénatus-consulte fléchissait dans quelques cas devant l'équité, lors par exemple que la femme avait trompé le créancier ou profité de l'*intercessio;* elle comprenait encore d'autres distinctions, qu'il serait un peu long d'énumérer.

Jusqu'à Justinien, la prohibition demeura intacte, mais ce prince y apporta de sérieuses modifications. Sans abroger le sénatus-consulte, il remit de fait à peu près en vigueur les édits primitifs d'Auguste et de Claude : la femme dès lors redevint en réalité capable d' « intercéder » pour tout le monde sauf pour son mari ; vis-à-vis de ce dernier, une novelle célèbre dans notre ancien droit, sous le nom d' « Authentique *si qua mulier* » maintint et accrut peut-être les anciennes rigueurs (Nov. 134, ch. 8).

Voyons maintenant la condition de la femme romaine *alieni iuris,* c'est-à-dire *in potestate* ou *in mancipio.* Quoique n'étant susceptible de rien posséder en propre, elle pouvait très valablement acquérir et aussi obliger un tiers envers elle. Mais là s'arrêtait sa capacité ; il lui était notamment impossible de s'obliger par contrat ou quasi-contrat (G. III. 104). Quant à son délit ou quasi-délit, il ne la liait pas seulement elle-même ; il engageait encore la responsabilité du père, du citoyen qui exerçait sur elle le *mancipium,* et l'abandon noxal de la délinquante était pour eux le seul moyen de décliner cette responsabilité. L'incapacité de la femme *in mancipio* disparut, avant l'époque de Gaius, sous l'influence du droit prétorien (G. IV. 80); celle des filles de famille s'éclipsa elle-même un peu plus tard: un texte d'Ulpien (l. 9, § 2. D. XIV, 6) montre en effet qu'elle n'existait plus de son temps. Dès lors les femmes *alieni juris* possédèrent une entière aptitude à contracter seules, sous la réserve évidente de la prohibition du sénatus-consulte Velléien.

Cela posé, quelques mots nous suffiront pour déterminer la capacité de la femme mariée à Rome. Se soumettait-elle à la *manus*: sa situation devenait à tous égards identique à celle d'une fille de son mari; l'épouse *in manu* fut donc jusqu'au IIIe siècle, c'est-à-dire jusqu'à la ruine définitive de la *manus* elle-même, absolument incapable de s'obliger, sauf par délit ou quasi-délit. Lors au contraire que la femme ne se laissait point tomber *in manu*, elle conservait entièrement, dans le mariage, sa situation antérieure : ainsi était-elle, avant de se marier, *in potestate* ou *in mancipio*, elle y demeurait; était-elle *sui juris*, et par suite soit par l'autorité d'un tuteur, soit, quand la tutelle des femmes eût disparu, libre et maîtresse absolue de son patrimoine, elle restait à la tête de ses biens, les administrait et en disposait, comme par le passé, à l'exception de ceux qu'elle s'était constitués en dot. Quand donc, dans le dernier état du droit, les femmes pubères furent affranchies de toute tutelle, et que le régime dotal fut devenu le seul régime de biens possible entre époux, la femme mariée se trouva toujours parfaitement capable de contracter avec les tiers, de s'obliger envers eux, toute seule et sans consulter son mari, sauf les restrictions du Velléien et plus tard de l'authentique *si qua mulier*. Au surplus, elle ne pouvait par ses actes, si elle était soumise à la puissance paternelle, engager dans le présent aucun bien, puisqu'elle n'en possédait point; si elle se trouvait *sui juris*, engager d'autres biens que ses paraphernaux, car sa dot ne lui appartenait pas; elle en avait abdiqué la propriété dans les mains du mari, et cette dot n'était susceptible d'être affectée, même par les deux époux ensemble, à l'acquittement d'aucune obligation, bien que l'aliénation directe leur en fût permise jusqu'à Justinien.

Par ce rapide exposé du droit romain en notre matière, l'on peut voir que jamais ce peuple n'a connu la puissance maritale, telle que nous l'entendons, pouvoir protecteur qui, tout en laissant subsister l'individualité de la femme et de ses intérêts personnels, place pourtant celle-ci dans une dépendance légitime et précieuse,

A cela du reste rien d'étonnant : chez les Romains toute puissance était organisée dans l'intérêt du citoyen qui l'exerçait; or, peu importait au mari que la femme dilapidât des biens sur lesquels il ne possédait aucun droit.

Chez les Germains, au contraire, la protection des faibles était un principe essentiel, et la femme fut l'objet tout spécial de cette protection. Un fragment de Tacite (*de Germ.* VIII) atteste le culte qu'elle inspirait à ce peuple. Là, comme à Rome, on la trouve soumise, sa vie durant, à l'autorité, au *mundium* d'un tuteur ; mais la tutelle germanique n'est pas égoïste dans son principe comme la tutelle romaine. En se mariant, la femme passait du *mundium* de sa famille sous le *mundium* de son mari. Elle recevait de lui, à titre de présent, une dot qui venait en toute propriété s'ajouter aux biens qu'elle possédait auparavant : le mari administrait le tout et ne pouvait disposer seul que du mobilier; la femme avait à l'égard de celui-ci le même droit. Pour s'obliger, comme pour aliéner ses immeubles, il lui fallait le consentement de son époux.

Tels sont les deux systèmes opposés desquels est issue notre loi française actuelle : on sait en effet que les Francs appartenaient à la race germanique, et que notre droit s'est formé du mélange du droit franc avec le droit romain.

A la chute de l'Empire, ce dernier resta en Gaule la loi des gallo-romains et des clercs. Puis, tandis que dans le Nord il s'éclipsa peu à peu, il devint la loi commune du Midi de la France. C'était le droit qu'avait connu Rome sous Théodose ; le sénatus-consulte Velléien notamment, s'appliquait dans toute sa rigueur et sans aucune des modifications de Justinien. Mais peu à peu la pratique laissa de côté les règles des recueils officiels de l'époque, tels que le Bréviaire d'Alaric, le Papien; elles firent place à un mélange de traditions romaines et de coutumes germaniques. Le Velléien fut ainsi oublié : au VIIIe siècle, on en trouve une dernière mention ; il ne devait ressusciter que cinq cents ans plus tard. En même temps que le Velléien disparaît aussi, dans le Midi de notre pays, le *mundium* perpétuel des Francs : à partir du VIIIe siècle, il n'en reste plus que de rares vestiges.

Au XIIe, un souffle de liberté et de renaissance vole d'un bout à l'autre de la France. La science des Glossateurs franchit les Alpes : l'étude du droit romain, pour des raisons diverses et puissantes, s'implante sur notre sol avec une vigueur extraordinaire. Le régime dotal se reforme dans le Midi, et y fait de rapides progrès. Le sénatus-consulte Velléien s'y répand aussi, à partir du XIIIe siècle, et y devient général, quoique l'application n'en soit pas partout également rigoureuse.

Alors sous l'influence des légistes, le droit romain gagne peu à peu les coutumes. Au XVIe siècle, toutes sanctionnent la prohibition du Velléien : son empire à ce moment s'étend sur la France entière, mais il ne devait pas être de longue durée. Dès la restauration du sénatus-consulte dans notre pays, l'on avait permis à la femme, malgré les résistances de plusieurs jurisconsultes, et surtout des romanistes de l'époque, de renoncer à la protection qu'il lui assurait. Presque partout la clause devint de style dans les contrats ; le Velléien perdit ainsi son utilité, il ne fut plus qu'une source de difficultés et de procès. Déférant au vœu général, Henri IV, par un édit de 1606, l'abrogea. Quelques légistes protestèrent, nombre de Parlements refusèrent d'enregistrer le texte royal, et le sénatus-consulte garda force de loi dans diverses provinces. A la fin du XVIIIe siècle, quelques-unes lui étaient encore fidèles ; avec la promulgation du Code, il disparut définitivement de notre pays. Le régime dotal cependant crée, encore de nos jours, nous le verrons, chez la femme qui s'y soumet, une sorte particulière d'incapacité ; mais celle-ci purement conventionnelle, et seulement relative à certains biens de la femme, nous semble n'avoir, avec l'incapacité velléienne, qu'une vague parenté.

Revenons au principe germanique du *mundium* perpétuel des femmes. Quelle fut sa destinée au nord et au centre de la France, pendant que le midi appartenait au droit romain? La tutelle des femmes non mariées se modifia successivement ; de domestique qu'elle était, elle devint d'abord, et à leur avantage, royale jusqu'à Charlemagne, puis féodale ; et alors, changeant de caractère, elle ne fut pour le seigneur qu'un attribut lucratif, pour la femme qu'une tyrannique oppression. Le seigneur en effet s'arrogea le droit même de choisir un mari à la fille de son vassal décédé, noble ou vilain. Mais cette tutelle féodale disparut à son tour, sous l'influence du droit canon et du pouvoir royal. Alors il s'opéra dans la situation des femmes une métamorphose radicale. Leur règne était venu ; ce furent les beaux temps de la chevalerie et des cours d'amour. On proclama l'entière capacité de la fille et de la veuve. Seule, la femme mariée resta soumise aux vieux principes ; à aucun moment du droit féodal elle n'a échappé à la puissance tutélaire de son époux. Comme de nos jours, l'incapacité de la femme naissait avec le mariage et finissait avec lui.

Dans le droit coutumier, l'on assiste à un phénomène indentique. Dès le treizième siècle, on ne retrouve plus de traces du *mundium* perpétuel des femmes non mariées. Hors du lien conjugal, émancipation complète du sexe ; le Velléien fut en effet longtemps inconnu de nos coutumes. Dans le mariage au contraire, maintien intégral des anciennes incapacites. Pour s'obliger autrement que par délit ou quasi-délit, la femme a besoin, comme pour ester en justice, de l'autorisation maritale ; la plupart des coutumes exigent même une autorisation donnée en des termes sacramentels. La nécessité en est sanctionnée, suivant les pays, soit par une nullité radicale, soit par une nullité relative et susceptible de se couvrir par la ratification expresse, l'exécution volontaire ou la prescription. Ajoutons que la femme trouvait auprès des Tribunaux une protection contre le mauvais vouloir de son époux ; elle avait en effet la faculté de s'adresser à eux, pour en obtenir l'autorisation que son mari lui refusait injustement.

Le principe de la puissance maritale qui, né chez les Germains, avait traversé les siècles, sans jamais périr au nord ni au centre de la France, ne borna pas là son empire. Avec le temps, les règles coutumières pénétrèrent dans les pays de droit écrit, et la femme perdant alors l'entière liberté dont elle avait joui, ne put désormais s'obliger en dehors de l'administration de ses paraphernaux, sans l'assistance de son mari. A l'inverse les idées romaines envahirent le droit coutumier. Des pactes nuptiaux vinrent peu à peu altérer la communauté coutumière, en y introduisant la dotalité et la paraphernalité romaines ; la destinée du Velléien dans notre pays nous a offert également un exemple du même fait.

C'était là un des côtés par lesquels les deux législations, parties de principes si différents, se pénétraient l'une l'autre, s'identifiaient, comme pour préparer l'avènement d'une loi unique avec le Code civil.

Entre l'idée romaine et l'idée germanique, les rédacteurs du Code n'ont pas hésité. Ils ont frappé la femme mariée d'incapacité pour toutes sortes d'actes judiciaires et extrajudiciaires (art. 215, 217) ; sans nommer expressément l'obligation parmi ceux que mentionne l'article 217, ils l'y ont cependant, on le verra, virtuellement comprise. Ainsi, tandis que la fille et la veuve possèdent une entière aptitude à faire seules tous les actes de la vie civile, la femme mariée, quel que soit le régime adopté par elle, ne peut, sauf exception, en faire aucun, sans l'autorisation de son époux. Son incapacité ne prend jamais naissance, comme autrefois dans certaines coutumes, au jour des fiançailles, mais elle commence avec le mariage et elle dure autant que lui. La séparation de corps même ne la fait point cesser ; si les articles 215 et 217 gardent à cet égard un silence complet, c'est que la nommer eût été, de la part du législateur, préjuger une question qu'il n'avait pas encore résolue, l'inscription de la séparation de corps dans notre loi civile. Du reste, cette séparation ne brise point le lien conjugal ; or, nos articles, par la généralité de leurs termes, s'appliquent sans distinction à toute femme mariée (1).

Quel est dans notre droit le fondement de l'incapacité de la femme? Bien des systèmes ont été présentés à ce sujet. Et d'abord se justifie-t-elle au seul regard de la raison? Ne serait-elle pas une création arbitraire du législateur, et comme on l'a soutenu, une pure tyrannie de l'homme, une flagrante iniquité sociale? Pour mettre à néant ces déclamations passionnées, il n'est pas nécessaire de longs développements. Le mariage est à la fois une société de personnes et une société de biens ; or, toute société a besoin d'un bras qui la dirige ; c'est là un fait acquis, incontestable. Auquel des deux époux confier le souci de cette direction? Fallait-il pour chaque cas abandonner la chose au caprice des évènements et des caractères? Sans doute, après quelques mois de vie commune, il arrive presque toujours que l'un des conjoints, ordinairement le mari, quelquefois la femme, acquiert sur l'autre un certain ascendant, et s'empare de la haute main dans la gestion des intérêts du ménage. Mais ne valait-il pas mieux, pour éviter des tiraillements, des luttes qui n'auraient pas manqué de se produire fréquemment, remettre d'avance les rènes de l'autorité aux mains de celui qui d'habitude est le plus apte à les bien tenir? Et celui-là n'est-il pas le mari? Qui pourrait nier que la femme soit en général timide, impressionnable, changeante, facile à entraîner, à persuader, trop accessible aux chimères de l'imagination? Que le mari soit plus réfléchi, plus positif, qu'il ait plus de suite, plus de ténacité dans la poursuite d'un but, qu'il possède une plus grande expérience des affaires?

---

(1) V. MM. Duranton : t. II, nos 623 et 624. — Massol : de la séparation de corps, p. 230. — Aubry et Rau : t. V, § 494, note 8.

A s'en tenir même aux différences que récèle leur constitution physique, n'y trouve-t-on pas la preuve du rôle différent que chacun d'eux est destiné à remplir dans la conduite de leur association? La force n'a-t-elle pas été donnée à l'homme contre les durs labeurs, le rude contact du monde? La femme n'a-t-elle pas reçu en partage la délicatesse pour les douces occupations, les soins intimes du logis, pour exercer et développer cette qualité nnée et précieuse, que Montaigne appelle sa « vertu économique? » (Essais, III. 9).

Ainsi donc, l'autorité dans la direction des affaires du ménage devait légitimement appartenir au mari. Que de querelles enfin et de discordes la loi n'aurait-elle pas fomentées, que de ruptures n'aurait-elle pas occasionnées, que de reproches tout au moins, que de scènes violentes n'aurait-elle pas ménagées à la femme, en lui laissant la faculté d'engager seule sa fortune personnelle, et par là de compromettre l'avenir de la famille!

Le principe de l'incapacité de la femme ainsi justifié, il importe de rechercher quel est exactement le mobile qui l'a fait inscrire dans notre Code; nous verrons en effet que diverses questions graves et controversées se trouvent liées à celle-là. La nécessité de l'autorisation maritale dérive certainement du *mundium* germanique. Or, le *mundium* était surtout destiné à protéger la femme. Mais précisément à cause de cela, il n'atteignait pas seulement les femmes mariées; les filles et les veuves étaient aussi soumises à une tutelle perpétuelle. Plus tard, quand cette tutelle fut restreinte aux femmes mariées, on se demanda si elle n'avait point changé de caractère, si la soumission légitime de la femme au mari, si l'intérêt des enfants issus des époux ne contribuaient pas, plus encore que l'intérêt de la femme, au maintien de la règle de l'autorisation; si même ces raisons nouvelles ne s'étaient pas complétement substituées à l'ancienne, et si l'intérêt personnel de la femme n'était pas désormais absolument mis de côté dans la question. « C'est sur quoi les auteurs sont extrêmement divisés » lit-on, dans le *Nouveau Denizart* (t. II. aut. § 1, n° 3). La question n'était pourtant, ce semble, guère susceptible de controverse; on admettait généralement en effet la complète validité de l'autorisation du mari mineur (1): or, le mineur, incapable de faire pour lui-même tel ou

(1) Pothier : de la puissance du mari, n° 29.

tel acte, ne pouvait pas être considéré comme susceptible d'autoriser, avec un plein discernement, le même acte accompli par sa femme, protéger celle-ci contre les surprises, le préjudice auxquels cet acte l'exposait. Ainsi alors, l'autorisation maritale ne se justifiait plus par la faiblesse du sexe, mais par la dépendance et la soumission de la femme à l'égard de son époux. Telle était du reste l'opinion générale (1).

De nos jours la question est encore fort discutée. Trois systèmes principaux sont en présence. Tous les trois s'accordent à reconnaître que la nécessité de l'autorisation repose sur la puissance maritale, c'est-à-dire sur le droit du mari à l'obéissance de la femme ; mais tandis que certains auteurs soutiennent qu'elle n'a pas d'autre raison d'être (2), quelques-uns lui attribuent encore pour fondement l'intérêt collectif de la famille et l'intérêt particulier de la femme (3) ; une troisième opinion, tout en acceptant l'intérêt collectif de la famille, repousse énergiquement l'intérêt personnel et distinct de celle-ci (4).

Au dire de la première, l'inexpérience et la légèreté des femmes ne seraient aujourd'hui que des idées surannées, formellement répudiées par la loi moderne. La femme, dit-elle, n'est pas plus novice en affaire que l'homme ; elle sait, tout aussi bien que lui, sauvegarder ses intérêts ; et telle a été certainement la pensée de notre législateur, quand il a accordé aux filles et aux veuves majeures une entière capacité pour toutes sortes d'actes. N'est-ce pas, ajoute-t-on, lui prêter une étrange contradiction que de le représenter essayant de protéger le mari, les enfants, la femme elle-même contre son inexpérience ou sa faiblesse, à moins de soutenir que le mariage n'exerce une fâcheuse influence sur ses facultés intellectuelles ? Si donc la loi lui retire la capacité qu'elle possédait avant le mariage, ce ne peut être que dans l'intérêt de la puissance maritale, et pour sanctionner le devoir d'obéissance qu'elle lui impose dans l'article 213 du Code civil. — Le Code fournit

---

(1) Pothier : op. cit. n° 4. — Contrà : Lebrun. de la communauté, liv. II, ch. I, sect. 1, n° 1.

(2) V. Delvincourt : t. I, p. 75, n° 11. — Merlin : Quest. de droit, t. VI, Puiss. marit., § 4. — Demante : t. I, nos 298 bis et 300 bis, X.

(3) V. MM. Proudhon : t. I. p. 454. — Gide : p. 478. — Baudry-Lacantinerie : t. I, n° 599.

(4) V. MM. Valette : Cours de Code civil, p. 329. — Demolombe : t. IV, n° 117. — Aubry et Rau : t. V, § 472, n. 5.

contre cette théorie un argument décisif : quand le mari est mineur, son autorisation ne suffit plus, comme dans l'ancien droit, à la femme ; il faut qu'elle s'adresse à la justice et lui soumette l'acte qu'elle se propose d'accomplir. L'innovation de notre législateur montre clairement qu'il s'est un peu défié de la raison féminine, qu'il a cru à cette « *fragilitas sexus* » que les jurisconsultes paraissent avoir, à tort ou à raison, de tout temps proclamée.

L'autorisation maritale est donc dans notre loi moderne un mode de surveillance, autant qu'une marque de soumission. Mais quelles personnes a-t-elle pour but exprès de protéger? Est-ce d'une manière collective les époux et leurs enfants, c'est-à-dire la famille dans ses intérêts généraux et solidaires? ou bien est-elle aussi destinée à garantir d'une manière particulière à la femme la conservation de sa fortune personnelle? On conçoit, en effet, que l'intérêt individuel de la femme puisse être distinct de l'intérêt du ménage et des enfants : en faisant par exemple passer sa fortune sur la tête de son mari, la femme se dépouillerait elle-même, sans peut-être rien enlever dans le présent au bien-être de la famille, ni même pour l'avenir au bien-être de ses enfants.

La deuxième théorie que nous avons annoncée tient pour la protection collective de la famille et la protection individuelle de la femme. « Je la vois écrite, dit M. Gide *(loc cit)* dans chaque article du Code civil sur l'autorisation maritale : j'y lis que faute d'autorisation, la nullité de l'acte peut être réclamée par la femme elle-même ; qu'elle n'est point couverte par le silence et la mort du mari; que si le mari est mineur, absent, interdit, condamné à une peine afflictive, la femme ne peut plaider ni contracter sans l'autorisation du juge. » Parmi les diverses opinions proposées en la matière, il n'en est évidemment aucune qui assure à la femme une plus large protection, et si celle-là ne nous paraissait formellement contraire à l'esprit de la loi, nous n'hésiterions pas à l'adopter ; car la femme n'a sûrement pas les mêmes aptitudes que l'homme aux divers actes de la vie civile. Est-ce à dire que toutes les femmes devraient être mises en tutelle? Non : le remède serait pire que le mal ; il jetterait dans les affaires d'énormes complications. Mais, comme le dit M. Demolombe *(loc. cit.)*, quand il y a près de la femme un tuteur naturel et tout trouvé, il serait sage « d'en profiter et de baser l'autorisation maritale sur le droit du mari à l'obéissance de la femme, comme sur le droit de la femme à la protection du mari. » Les rédacteurs du Code l'ont-ils fait? Non, répond le troisième système, et telle sera aussi notre opinion. Ils se sont préoccupés très certainement de l'intérêt collectif de la famille, mais ils n'ont point du tout songé à l'intérêt individuel de la femme. Pour s'en convaincre, il suffira de remarquer que la femme se trouve privée de tout appui, dénuée de tout secours, dans les hypothèses où elle en aurait le plus besoin. Ainsi nous montrerons que la femme peut, avec le seul assentiment de son mari, s'obliger dans l'intérêt de celui-ci, cautionner une de ses dettes par exemple; bien plus, que la femme peut en principe contracter avec son époux aussi librement qu'avec un tiers, c'est-à-dire sans autre autorisation que la sienne. Ces résultats ne jurent-ils pas avec le moindre souci des intérêts de la femme? L'intervention de la justice ne serait-elle pas plus nécessaire dans ces deux cas que celle du mari dans tous les autres? Qu'on ne parle donc pas de l'intérêt personnel de la femme, comme fondement de son incapacité. Si le mari mineur, interdit, absent, condamné à une peine afflictive ou infamante, est remplacé par le juge dans l'exercice du droit d'autorisation, c'est uniquement en vue de l'intérêt général de la famille; si la femme est admise à se prévaloir elle-même du défaut d'autorisation, c'est encore dans le même but et pour assurer une protection plus complète, plus efficace, à l'intérêt du ménage et des enfants.

Nous connaissons maintenant l'origine et le motif de l'incapacité de la femme; nous arrivons à l'examen du sujet que nous nous sommes proposé de traiter : validité et effets des obligations d'une femme mariée. Comme l'indique ce titre, nous ne parlerons que des obligations personnelles de la femme; par là se trouvera exclue de de notre cadre la constitution d'un droit réel quelconque. D'autres avant nous se sont placés au même point de vue spécial, et ont cherché dans les obligations personnelles de la femme sous tel ou tel régime, notamment sous le régime dotal, un aliment à leurs études et à leurs travaux. Mais ils ont, pour la plupart, supposé connues les règles de l'incapacité de la femme en la matière, et ont uniquement prévu le cas d'un engagement valable. Il nous a semblé qu'il serait utile de réunir dans un même exposé les diverses fractions de cet important sujet. Nous rechercherons donc tout d'abord à quelles conditions une femme peut être valablement obligée, puis quelle est, dans la double hypothèse d'un engagement pleinement valable et d'un engagement nul, la situation de ses créanciers.

CHAPITRE PREMIER

A quelles conditions une femme mariée est-elle valablement obligée?

SECTION I

Du principe de l'autorisation maritale

L'article 217, où se trouve inscrit le principe de l'incapacité de la femme, en matière extrajudiciaire, est ainsi conçu : « La femme, même non commune ou séparée de biens, ne peut donner, aliéner, hypothéquer, acquérir à titre gratuit ou onéreux, sans le concours du mari dans l'acte, ou son consentement par écrit. » Ce texte ne défend pas point expressément à la femme de s'obliger seule : est-ce là une lacune involontaire, un vice de rédaction, ou bien le législateur a-t-il connu, a-t-il prémédité cette omission ? La chose ne présente pas, remarquons-le tout d'abord, un intérêt bien considérable. En effet, de l'aveu de tout le monde, l'origine et le but de l'article 217 ne permettent pas de croire que l'on ait pu songer à laisser à la femme une entière aptitude à s'obliger seule, au moyen d'un emprunt par exemple, alors qu'on lui retirait celle d'aliéner, d'hypothéquer, d'acquérir. Aussi les auteurs mêmes, qui croient à une omission intentionnelle de la part du législateur, reconnaissent-ils que la défense de s'obliger est tout au moins comprise dans celle d'aliéner ; que la femme, impuissante à aliéner directement seule ses biens, ne saurait non plus les aliéner d'une manière indirecte, en les engageant par des obligations personnelles. Il est cependant utile à divers égards, et notamment en vue d'une importante question relative à la femme séparée de biens, de rechercher si l'incapacité de s'obliger dérive uniquement, exclusivement de celle d'aliéner ; ou si elle résulte de l'esprit et de l'ensemble des termes de l'article 217, de telle sorte que cet article puisse être considéré comme renfermant une défense principale et directe, quoique seulement virtuelle, contre la femme de s'obliger sans autorisation.

L'alternative paraît peu douteuse si l'on se réfère aux travaux préparatoires du Code civil (1). Le Tribunal, en effet, ayant émis le vœu que la femme fût déclarée incapable de s'obliger, le Conseil d'État refusa d'y souscrire. Et cette résistance semble d'autant plus significative que le silence de quelques coutumes sur le même point avait, déjà dans l'ancien droit, fourni matière à discussion. Quant aux textes du Code qui suivent l'article 217, et qui supposent en apparence chez la femme l'incapacité générale de contracter, ils ne sauraient, dit-on, prévaloir contre cet article qui est capital, organique en la question, et doivent tout naturellement être entendus dans la limite de ses termes.

Cette opinion, consacrée il y a longtemps par quelques arrêts (2), est maintenant abandonnée en doctrine et en jurisprudence. On a fait remarquer avec raison (3) que la teneur de l'article 217 équivalait pour la femme à une prohibition expresse de s'obliger. Elle ne peut, dit cet article, ni donner, ni acquérir à titre onéreux : or toute obligation s'analyse forcément, ou en une libéralité, si elle est contractée à titre gratuit, ou en une acquisition déterminée, si elle est contractée moyennant un équivalent pécuniaire. Au surplus, la généralité des articles 219, 220, 221, 222, 224, qui tous parlent de la nécessité de l'autorisation pour « passer un acte », pour « contracter », semble bien, quoi qu'on en dise, montrer que le législateur, dans l'article 217, a voulu porter une incapacité générale de contracter. Parmi ces articles, il en est un surtout qui nous paraît décisif, l'article 220, précisément relatif aux obligations : « La femme, dit-il, si elle est marchande publique, peut sans l'autorisation de son mari s'obliger pour ce qui concerne son négoce. » N'est-ce pas proclamer, avec une irrésistible évidence, que la femme, même marchande publique, ne peut s'obliger seule, en dehors du

---

(1) V. Locré : Législ. civ., t. IV, p. 458.

(2) V. Cass. 16 mars 1813. Sirey, 1814, 1re partie, p. 160. — Cass., 18 mai 1819. S. 1819, 1, 339.

(3) V. Valette sur Proudhon : 1, p. 464.

cercle de ses affaires, et que par *a fortiori* la femme non marchande ne peut en aucun cas s'obliger sans autorisation. Que si enfin l'on se demande pourquoi le Conseil d'État a refusé d'introduire dans l'article 217 la précision réclamée par le Tribunat, c'est qu'il l'a crue sans doute inutile et dangereuse : inutile, parce que les termes de l'article lui ont paru comprendre l'obligation ; dangereuse, parce qu'il a craint de provoquer ainsi des doutes au sujet de quelques cas, où l'obligation ne nécessite pas la capacité personnelle du débiteur, et où par suite la femme se trouve liée valablement sans l'autorisation de son mari (1).

En résumé, la femme mariée est incapable de s'obliger, tout comme elle est incapable d'aliéner, d'hypothéquer, d'acquérir ; le principe est identique pour toutes sortes d'actes extrajudiciaires ; tous nécessitent au même titre l'autorisation maritale. Nous allons maintenant examiner les formes et les conditions indispensables pour la parfaite validité de cette autorisation.

Autrefois, dans la plupart des coutumes, il existait une différence très importante, mais assez inexplicable, entre l'autorisation en matière judiciaire et l'autorisation en matière extrajudiciaire : tandis qu'en matière judiciaire il suffisait à la femme de l'approbation du mari, donnée d'une manière quelconque, même tacitement, il lui fallait, pour tout acte extrajudiciaire, une autorisation écrite et conçue en des termes sacramentels (2). En vain le mari aurait-il par exemple signé un contrat d'emprunt souscrit par sa femme, en vain se serait-il engagé solidairement avec elle, rien ne pouvait remplacer le vocable solennel « autoriser » ; quelques auteurs cependant, Pothier par exemple (*Op. cit.* n° 68), tenaient pour équivalent le mot « habiliter », mais à défaut de l'une de ces deux expressions, le consentement du mari, si certain qu'il fût, était presque universellement considéré comme non avenu. *A fortiori*, sous l'empire de ces principes empruntés aux règles du droit romain sur l'*auctoritas* du tuteur, l'autorisation maritale ne pouvait-elle évidemment en aucun cas être tacite.

Notre Code n'a point adopté ces traditions : l'autorisation n'est plus aujourd'hui que la manifestation du consentement du mari.

---

(1) V. MM. Valette : loc. cit. — Rodière et Pont : III, n° 2193. — Demolombe : IV, n° 163. — Aubry et Rau : V, § 516, n. 77. — Cass. 12 fév. 1828, S. 28, 1,356. — Cass. 30 déc. 1862, S. 63, 1, 257. — Besançon, 5 av. 1879, S. 80, 2, 101.

(2) V. Lebrun, liv. II. Ch. I, Sect. 4, n°s 14 et 15.

Quels que soient les termes dans lesquels elle se trouve exprimée, elle n'en est pas moins valable; nombre d'articles (217. 1426. 1429. etc.) l'attestent : le législateur, en y dédaignant le mot « autorisation » pour celui de « consentement », a montré par là qu'il abdiquait le formalisme de nos anciennes coutumes et les subtilités de nos vieux auteurs. Bien mieux, l'approbation du mari n'est plus nécessairement expresse ; elle peut être tacite, sous certaines conditions qui ont fourni, comme on le verra, dans la doctrine et la jurisprudence, matière à de sérieux désaccords.

§ 1. — Règles spéciales à l'autorisation expresse.

L'autorisation maritale est expresse quand elle est donnée à la femme en termes explicites et formels. On conçoit qu'elle puisse se produire oralement ou par écrit; mais le Code n'a-t-il pas entendu, au moyen des expressions restrictives de l'article 217, bannir l'autorisation verbale? Cela ne nous paraît pas douteux. L'article 217 détermine très clairement les formes que peut légalement revêtir l'approbation du mari ; il en indique seulement deux : le concours du mari dans l'acte et son consentement par écrit; admettre la validité d'un consentement purement verbal serait, de toute évidence, ajouter à la loi, la corriger, la refaire. En vain dirait-on que la rédaction de l'article 217 a eu surtout pour but de proclamer une dérogation à l'ancien droit, d'exprimer l'équivalence de l'autorisation tacite et de l'autorisation expresse; en vain ajouterait-on que notre législateur, admettant la validité de l'autorisation tacite, n'a pas pu rejeter celle de l'autorisation expresse non écrite. Au premier argument l'on répondrait qu'il n'est assorti d'aucune preuve; au second, qu'il repose sur une définition de l'autorisation tacite que nous repoussons absolument. Nous nous efforcerons en effet de démontrer que le concours du mari dans un acte passé par la femme doit uniquement s'entendre de son assistance dans l'acte écrit, qui constate l'obligation de la femme ; ainsi définie, l'autorisation tacite n'est plus évidemment qu'une approbation écrite, aussi certaine, aussi probante qu'un consentement exprès. Mais pourquoi nous attarder à des réponses de détail? N'en possédons-nous pas une devant laquelle aucune objection ne saurait tenir longtemps? La loi est formelle ; elle s'impose donc à l'interprète. Du reste, si les auteurs en cette question diffèrent sur le principe, leur désaccord en fait est bien minime, car ceux-là mêmes, dont nous combattons le système, reconnaissent en général que l'intention du législateur a été de proscrire la preuve par témoins d'une autorisation verbale, et que cette preuve par suite n'est en aucun cas admissible, lors même que la valeur du litige ne dépasse pas 150 francs (1).

Il est une autre difficulté : en l'absence de toute preuve écrite de l'autorisation maritale, le créancier n'aurait-il pas du moins la faculté de déférer le serment au mari, à la femme ou à leurs héritiers, sur l'existence de cette autorisation? Leur aveu serait-il susceptible de l'établir? Ou bien l'écriture est-elle ici indispensable, requise *ad solennitatem,* pour la validité même de l'autorisation? Cette exigence ne se justifierait guère dans une loi aussi peu formaliste que la nôtre. Puis le doute même, s'il y avait doute à ce sujet, trancherait la question : en toutes matières, la règle générale ne doit plier que devant une exception parfaitement établie; or, il est de principe que le serment peut toujours être déféré, l'aveu toujours invoqué; on ne saurait donc se refuser à les admettre ici (2). Ajoutons cependant que le serment ou l'aveu de l'un des époux ne seraient point opposables à son conjoint; car autrement on leur donnerait le moyen de se dépouiller mutuellement, par un faux serment, par un aveu menteur, de l'action en nullité que leur donne la loi, et qui, une fois née, appartient à chacun d'eux d'une manière distincte, personnelle, indépendante : telle est du moins, sur ce dernier point, l'opinion que nous nous efforcerons d'établir, en traitant des effets de la ratification émanée de l'un des époux vis-à-vis de l'autre.

La loi n'a indiqué aucune forme spéciale pour la rédaction de l'écrit destiné à faire foi de l'autorisation maritale. Il peut donc indifféremment être dressé sous seing-privé ou dans la forme authentique. Ne faut-il pas toutefois admettre une exception, dans le cas où l'acte que la femme se propose d'accomplir exige l'intervention d'un officier public, comme la donation par exemple? Un arrêt l'a ainsi décidé (3); mais cette opinion est généralement combattue dans la doctrine (4). L'autorisation maritale ne peut en

---

(1) V. MM. Aubry et Rau : V. § 472, n°s 52 et 53. — Contra : Valette, Cours de Code Civil, p. 341.

(2) V. MM. Demolombe : IV, n° 193. — Demante : I, n° 300 bis VII.

(3) V. Cass. 1er déc. 1846. S. 47, 1, 289.

(4) V. Duranton : II, 446. — M. Demolombe : IV, 194.

effet être considérée comme un élément de la forme de l'acte, en vue duquel elle est donnée. Même en adoptant, relativement au mandat, la nécessité d'un titre authentique, quand il a pour objet de réaliser une donation, on ne saurait tirer de là argument en ce qui concerne l'autorisation. Car le mandat se lie bien plus étroitement que celle-ci à la donation qui doit suivre : par lui, le mandant est censé figurer en personne dans la donation, comme donateur ou donataire, en un mot comme partie ; au contraire, l'autorisation n'empêche point la femme de parler seule dans la donation, le mari de rester en dehors de cet acte ; elle n'a qu'un but : compléter la capacité personnelle de la femme, pure condition de fond, exempte par conséquent des prescriptions uniquement relatives à la forme du contrat.

L'autorisation maritale expresse, pour être valable, ne doit pas seulement être donnée par écrit. Il faut encore qu'elle soit spéciale (art. 223); mais comme ce principe est commun à l'autorisation tacite, nous en traiterons seulement après examen des règles particulières à cette dernière espèce d'autorisation.

§ 2. — Règles spéciales à l'autorisation tacite.

L'autorisation maritale tacite est celle qui n'est pas donnée à la femme en des termes exprès, qui dérive par interprétation de la conduite personnelle du mari. L'article 217 la fait résulter d'une circonstance unique : le concours du mari dans l'acte. Que faut-il entendre par là? Comment définir ce concours? La jurisprudence et la doctrine sont partagées entre deux systèmes fort différents.

D'une part, la majorité des Cours d'appel et une fraction importante parmi les auteurs soutiennent que le concours exigé du mari n'est pas autre chose qu'une participation quelconque, même éloignée, à l'engagement de la femme ; que l'autorisation tacite peut dès lors résulter de faits de toute espèce, établissant, d'une manière non équivoque, sa volonté d'approuver l'acte dont s'agit ; que la femme, par exemple, voyageant ou vivant seule, avec l'agrément de son mari, est ainsi tacitement autorisée dans les dépenses que nécessite son logement, sa nourriture et son entretien (1). — Cette théorie

---

(1) V. Toullier : XII, n° 241. — MM. Aubry et Rau : V, § 472, 4° a. — Bourges, 9 juill. 1831, S. 32, 2. 447. — Douai, 13 mai 1846. Dalloz, 47, 2. 60. — Paris, 23 fév. 1849. S. 49, 2. 145. — Paris, 9 juin 1857, S. 57. 2. 755.

ne nous semble guère soutenable. L'ancien droit, en effet, exigeait pour tout acte extrajudiciaire une autorisation expresse: Le Code a a dérogé à cette règle, en faveur de l'autorisation tacite qui résulte du concours du mari dans l'acte. Il y a là une exception aux vieux principes; le législateur qui l'a introduite l'a certainement ainsi comprise. Or, toute exception doit être rigoureusement renfermée dans la limite des termes qui la formulent, et ce n'est pas concourir à un acte que de montrer d'une façon plus ou moins éloignée, plus ou moins indirecte, que l'on n'entend pas y mettre obstacle?

Le système des Cours d'appel se heurte encore, ce nous semble, à un plus grave argument. Dans l'article 217, tel qu'il l'explique, nous ne voyons pas un mot qui permette de soustraire l'autorisation tacite, quant à sa preuve, aux règles du droit commun, d'écarter, par exemple, au-dessous de 150 fr., la preuve testimoniale des circonstances d'où pourrait résulter l'assentiment marital. Or, en consacrant un pareil résultat, la loi n'offrirait-elle pas la plus étrange des contradictions? Nous avons vu, au sujet de l'autorisation expresse, que l'immense majorité des interprètes n'hésitent pas à rejeter absolument la preuve par témoins d'un consentement exprès verbal; qu'en effet l'intention du législateur sur ce point ne saurait être sérieusement contestée. Ainsi donc, l'on n'écouterait pas des témoins qui affirmeraient de la manière la plus positive, avoir entendu le mari autoriser sa femme en termes exprès, à traiter avec un tiers, et l'on prêterait l'oreille aux allégations d'autres témoins qui viendraient déposer sur telle ou telle circonstance révélant indirectement avec plus ou moins de certitude, l'approbation du mari! Une semblable anomalie est impossible; par là, selon nous, la théorie des Cours d'appel est indéniablement condamnée.

Le deuxième camp, dans lequel, à côté de la Cour de cassation, se rencontrent les auteurs les plus considérables, décide qu'à défaut de l'autorisation expresse du mari, sa coopération effective, réelle, à l'acte passé par la femme, est indispensable; qu'elle ne peut être suppléée « par des équivalents tirés des circonstances qui ont précédé ou suivi l'engagement pris par la femme (1). » Le concours du mari est bien plus rigoureusement exigé, comme on le voit, dans cette opinion. Ses partisans ne le définissent pas tous en des termes

(1) V. MM. Demolombe : IV, 196 et 197. — Laurent : III, 121. — Cass. 26 juin 1839, S. 39, 1. 878. — Cass. 26 juill. 1871, S. 71, 1. 65. — Cass. 20 juin 1881, S. 82, 1. 301.

absolument précis, mais la pensée de tous paraît être fidèlement exprimée par l'un d'eux, dans les quelques lignes qui suivent : « Il n'y a, dit M. Laurent (*loc. cit.*), que deux manières pour le mari de concourir à l'acte passé par sa femme, c'est d'y figurer comme autorisant sa femme, ou d'y être partie. Dans le premier cas il y a autorisation expresse. Pour qu'il y ait autorisation tacite, il faut donc que le mari ait été partie à l'acte, c'est à dire qu'il ait promis ou stipulé. Il ne suffit pas qu'il soit présent ; la présence à un contrat n'est pas le concours dans ce contrat. »

Si nous avons bien compris cette doctrine, le mot « acte » dans l'article 217 doit être, suivant elle, tenu pour synonyme de « convention » ; il désigne uniquement le contrat intervenu entre la femme et le tiers. De là nous paraît résulter une conséquence, dont nous nous sommes fait une arme contre le premier système, et qui, un peu atténuée, il est vrai, dans le second, n'en demeure pas moins inacceptable. Une fois le mot « acte » entendu avec le sens de « contrat », de *negotium juris*, il ne reste plus dans l'article 217 une expression, une lettre d'où l'on puisse induire, relativement à l'autorisation maritale tacite, la prohibition de la preuve testimoniale et la nécessité d'une preuve écrite, en dehors des règles ordinaires du droit. Sans doute, dans la théorie de la Cour suprême, l'admission de la preuve testimoniale soulèverait une moindre contradiction : l'autorisation tacite étant en effet comprise d'une manière bien plus étroite, cette preuve ne trouverait place que dans un nombre moins considérable d'hypothèses. Mais si restreint qu'en fût l'usage, ne constituerait-il pas une étrange anomalie, mis en parallèle avec la proscription absolue de la même preuve en matière d'autorisation expresse? Le concours du mari dans un acte est, dit-on, sa coopération au contrat en qualité de partie. Mais ce concours ainsi entendu suppose deux faits bien distincts : 1° que le mari s'est engagé ; 2° qu'il s'est engagé au moment où sa femme se liait aussi, sous son regard et avec son assentiment. Or, que l'on puisse établir le premier de ces faits par les modes ordinaires de preuve, et notamment par témoins jusqu'à 150 fr., cela est tout naturel. Mais le second ne doit, sous peine d'une contradiction évidente dans la loi, pouvoir être établi que par écrit. Le législateur, en exigeant pour toutes sommes une preuve écrite de l'autorisation maritale expresse, a voulu empêcher une foule de petits procès, ménager de la sorte le temps des tribunaux, enrayer l'esprit de chicane. Or il y avait une œuvre tout aussi utile à accomplir, un nombre peut-être aussi important de procès à éviter, en interdisant également dans tous les cas la preuve par témoins d'une autorisation tacite; et les rédacteurs du Code l'ont sûrement compris.

Ces considérations nous suggèrent, dans l'article 217, une définition du mot « acte » que l'on ne rencontre, à notre connaissance, ni dans les arrêts, ni dans les auteurs. Si, au lieu d'être employé comme synonyme de « contrat », notre expression l'a été pour désigner l'écrit, l' « *instrumentum* », le titre destiné à faire foi de l'obligation de la femme, toute contradiction par là même s'évanouit, et la loi se trouve aussitôt justifiée. Notre manière de voir, en elle-même, très vraisemblable, devient, il nous semble, certaine par le rapprochement du mot « acte » avec celui d' « écrit », qui lui fait presque pendant, et termine l'article 217. Il serait au surplus inutile de rappeler qu'en bien d'autres articles du Code, le même mot revêt cette signification spéciale, notamment aux chapitres des Donations et des Preuves.

En résumé, selon nous, le mari autorise tacitement sa femme, et ne peut l'autoriser ainsi qu'en participant à la rédaction du titre qui constate la convention passée par elle. Cette interprétation, sous certains rapports, n'a pas la rigueur de celle qu'adopte la Cour suprême. En effet, pour concourir à la rédaction d'un acte, il n'est pas nécessaire d'y figurer comme partie contractante ; il suffit d'y prêter une assistance quelconque. Mais, à raison même du but poursuivi par notre législateur, il faut que l'assistance du mari se révèle par l'étude du titre lui-même, qu'elle éclate à l'inspection seule du titre, et aussi qu'elle implique nécessairement chez le mari la connaissance de l'engagement souscrit par son épouse. Ainsi le mari qui appose sa signature au-dessous de celle de sa femme, autorise son obligation; le mari qui tire une lettre de change sur elle, approuve l'acceptation qu'elle en pourra faire. Celui dont la présence à la passation d'un acte authentique est attestée dans l'acte même, par une déclaration de l'officier ministériel; celui qui, sans apposer sa signature à un acte sous-seing privé, en a écrit le corps de sa main, doivent être, tous deux, ce nous semble, considérés comme ayant fourni leur autorisation tacite (1).

Les principes que nous venons d'exposer subissent une grave

---

(1) V. Contrà : M. Laurent, III, 121-122. — Cpr. Aix, 29 nov. 1811 ; dans Dalloz : Répert. V° Mariage n° 840. 2°. — Paris, 14 mai 1846. D. P. 1846, 2. 139.

exception relativement à la femme commerçante. Il est, en effet, unanimement reconnu en doctrine et en jurisprudence, que pour s'obliger valablement dans l'exercice d'une profession quelconque, la femme n'a besoin ni d'un consentement exprès, même général, de son mari, ni de son concours dans les actes passés par elle ; que l'autorisation tacite peut alors résulter de circonstances quelconques, établissant que le mari a connu le négoce entrepris par sa femme et n'y a point mis d'empêchement. Comment justifie-t-on cette dérogation à l'article 217? L'intention du législateur, dit-on, n'est pas contestable : l'ancien droit lui-même, si sévère en matière d'autorisation, se contentait, à l'égard de la femme commerçante, de l'assentiment tacite, c'est-à-dire de la simple tolérance du mari (1) ; la rapidité et la sécurité nécessaires aux opérations commerciales ne permettent pas d'exiger, soit le concours du mari dans chacun des actes de la femme, soit même une autorisation générale donnée par écrit ; la publicité du négoce, la connaissance qu'en a, aux yeux de tous, le mari doivent suffire. Enfin les rédacteurs du Code de commerce semblent avoir voulu, dans l'article 4, donner à cette manière de voir la consécration d'un texte formel : « la femme, y ont-ils dit, ne peut être marchande publique sans le consentement de son mari » ; ils ont par là clairement établi l'inutilité d'un consentement par écrit (2).

Ces arguments ont sans aucun doute une grande force ; il en est cependant, à notre avis, un autre plus péremptoire. S'il nous était permis de prendre la défense d'un texte que la voix presque unanime des interprètes du Code a condamné comme incorrect et fautif, nous dirions que l'article 220, loin de renfermer, ainsi qu'on le soutient, une flagrante inexactitude, a eu précisément pour objet d'exprimer formellement la dérogation dont nous nous occupons. Voici en effet ce que porte ce texte : « La femme si elle est marchande publique, peut, sans l'autorisation de son mari, s'obliger pour ce qui concerne son négoce. » Erreur évidente, dit-on : La lecture de l'article donnerait à penser que la femme peut entreprendre un commerce et le gérer, sans même consulter son mari. Or l'approbation de celui-ci lui est incontestablement nécessaire (A. 4, C. co.) ; seulement cette approbation n'est soumise à

(1) Pothier : op. cit. n° 22.

(2) V. MM. Massé : le droit comm..., t. III, n° 167. — Demolombe : IV. 197.

aucune forme spéciale, il suffit qu'elle soit certaine, qu'elle soit établie par des circonstances quelconques, notamment par la publicité de la profession de la femme. Voilà tout ce qu'a voulu dire le législateur, ce qu'aurait dû exprimer l'article 220. — C'est aussi, répliquerons-nous, ce qu'il exprime ; les rédacteurs du Code venant de proclamer, dans l'article 217, que l'autorisation du mari ne résulterait jamais que de son concours dans l'acte ou de son consentement par écrit, ne pouvaient pas voir une autorisation *stricto sensu,* dans sa seule tolérance à l'égard de la femme commerçante. D'un autre côté, tout en proclamant que cette dernière n'a pas besoin d'autorisation, ils n'ont pas laissé d'indiquer la nécessité d'une approbation de fait, de la part du mari : « la femme, si elle est marchande *publique* », ont-ils dit, et non pas seulement : « la femme, si elle est marchande ». L'épithète est significative : la femme, pour bénéficier de l'article 220, pour contracter valablement sans autorisation, dans l'exercice d'une profession quelconque, doit s'y livrer publiquement, notoirement, de telle sorte que son mari en soit manifestement instruit.

En somme, à notre avis, la rédaction de l'article 220 ne renferme ni erreur, ni même négligence. Elle exprime, en des termes parfaitement exacts, la dérogation que le législateur, à l'exemple de l'ancien droit, a dû apporter, en faveur du commerce, aux règles ordinaires de l'autorisation tacite. Nous verrons bientôt que la capacité de la femme marchande publique est encore exceptionnelle sous d'autres rapports.

§ 3. — Règles communes aux deux espèces d'autorisation.

Une première règle, commune à l'autorisation expresse et à l'autorisation tacite, est que l'une et l'autre doivent être données, soit avant l'acte, soit dans l'acte même pour lequel la femme en a besoin. Ce principe dérive presque de leur définition : Dire en effet « autorisation », c'est dire : approbation d'un acte à accomplir, ou en train de s'accomplir, et non encore achevé. Si tel ou tel contrat passé par la femme, l'a été à l'insu du mari, l'assentiment qu'il y donne dans la suite est non pas une autorisation, mais une ratification. Aussi n'examinerons-nous que plus tard et en traitant de cette dernière, l'effet, du reste fort controversé, de l'approbation maritale relative à un engagement souscrit sans autorisation.

L'article 223 du Code civil, prohibant « toute autorisation générale, même stipulée par contrat de mariage », énonce un second principe commun aux deux espèces d'autorisation, le principe de la spécialité. L'assentiment du mari, en toutes circonstances, doit être spécial, à peine de nullité. Mais que faut-il entendre par là? D'une généralité absolue à une précision parfaite il y a loin : entre les deux termes extrêmes, trouvent place une infinité de nuances : à laquelle s'arrêter? Le but de la loi peut aider, il nous semble, à résoudre la question. En exigeant la spécialité de l'autorisation, la loi sans doute s'est inspirée de la pensée qui lui avait dicté l'article 217 : elle n'a pas seulement voulu assurer la soumission, le respect de la femme pour les volontés des époux, elle a entendu protéger encore les intérêts généraux de la famille, et, dans ce désir, ne point laisser au mari la faculté d'autoriser une obligation dont il ne pourrait connaître, prévoir les limites exactes. Aussi ne devrait-on pas seulement annuler, il nous semble, une autorisation générale d'acheter, ou de contracter des emprunts; l'autorisation d'acheter un immeuble déterminé, sans fixation du prix, ou, jusqu'à concurrence d'une certaine somme, un immeuble quelconque, ne serait point suffisamment spéciale, parce qu'elle ne remplirait pas le but de la loi. Le mari qui autorise tel ou tel acte doit ne point en ignorer les principales conditions, les avantages et les inconvénients essentiels; il faut que son approbation soit donnée en pleine connaissance de cause pour être, comme le Code l'a voulu, un mode efficace de surveillance et de protection (1). Remarquons, du reste, que le droit d'appréciation des tribunaux en la matière est très large, et qu'il ne saurait être enchaîné d'avance, *a priori*, par des règles bien précises.

La spécialité nécessaire à l'autorisation maritale entraîne diverses conséquences notables : tout d'abord elle nous paraît empêcher que le mari puisse confier à un tiers le vague mandat d'autoriser la femme à acheter ou à emprunter, par exemple. Si la loi en effet annule toute approbation générale directement donnée à la femme, c'est en même temps pour mieux sauvegarder les intérêts de la famille, et parce qu'elle considère une pareille approbation comme

(1) V. M. Demolombe : IV, 207, et les citations qu'il rapporte. — Cpr. MM. Aubry et Rau : V. § 472, n. 66.

une abdication illicite de la puissance maritale. Or n'y aurait-il pas une abdication toute semblable dans le mandat général dont s'agit? Et pourquoi tolèrerait-on celle-ci, en annulant l'autre? Le mari peut avoir, dans la raison et l'expérience de sa femme, autant de confiance que dans l'habileté du plus intelligent de ses amis ; cette confiance peut être méritée. Il nous semble pourtant que le principe de la spécialité ne devrait pas être appliqué par le juge avec la même rigueur dans l'un et l'autre cas. Des deux raisons en effet qui ont porté le législateur à exiger la spécialité de l'autorisation directement donnée à la femme, savoir le droit de puissance du mari et le devoir de surveillance qui lui incombe, une seule, la première et certainement la plus large, commande la spécialité du mandat dont nous nous occupons. Ce mandat devrait donc être validé, quand même les principales conditions de l'acte à autoriser ne s'y rencontreraient pas toutes. En décidant autrement, l'on retirerait au mari la faculté d'autoriser sa femme par mandataire, puisqu'on supprimerait tout l'avantage que peut offrir aux époux cette manière de procéder.

La règle de la spécialité de l'autorisation maritale produit une autre conséquence qui mérite d'être signalée, la nullité de tout mandat général donné par la femme à son époux. Notre Code, en effet, n'a point exempté de ses prescriptions les actes qui se passent entre conjoints ; il faut donc, en les supposant valables, ce qui, nous le verrons, n'est guère susceptible de controverse, les soumettre du moins aux dispositions générales de la loi. Alors, il est vrai, l'autorisation du mari résulte forcément de l'acte lui-même ; elle en est une partie intégrante ; mais il n'y a aucun motif pour cesser de la distinguer des autres éléments de l'acte, pour ne point la reconnaître comme une condition particulière et indispensable de sa validité. En résumé, les contrats entre époux sont soumis, tout comme ceux passés entre la femme et un tiers, au principe de l'autorisation maritale ; ils doivent par conséquent satisfaire à toutes les exigences de la loi en la matière, et notamment à la règle de la spécialité.

Cela posé, il est certain qu'une femme mariée ne peut donner à un tiers un mandat général d'emprunter, par exemple. En vain dirait-on que ce mandat, comprenant une seule espèce d'actes, serait en réalité spécial. Peu importe la qualification du mandat : Ce qui est certain, c'est que l'autorisation du mari, dans de pareilles conditions, ne serait pas spéciale, au sens du Code ; par suite elle serait frappée de nullité, et le mandat tomberait avec elle. Supposons maintenant le mandat offert au mari : en l'acceptant, il autorise sa femme à le lui confier, mais son approbation est-elle moins générale que dans le premier cas ? Non évidemment ; elle n'est donc point valable, et le mandat est impossible. Le mari ne saurait, en dernière conclusion, recevoir de sa femme qu'une procuration spéciale, en vue de tel ou tel acte déterminé dans ses lignes essentielles. Et ce résultat, loin d'exciter nos regrets, nous paraît heureux et louable : un mandat général d'acquérir ou d'emprunter offrirait bien plus de dangers, entre les mains du mari, que dans celles d'un tiers; car l'autorité, l'ascendant du premier, annihilerait presque toujours chez la femme la faculté de révocation, et l'on peut prévoir le nombre des femmes auxquelles serait extorqué un pareil mandat, pour leur ruine peut-être, et pour celle de la famille entière. Aussi la question, discutée dans l'ancien droit et implicitement résolue en ce sens par Pothier (*op. cit.* n° 70), fait-elle de nos jours peu de difficulté (1).

La loi n'annule pas comme trop général le mandat, que recevrait un mari, d'administrer les biens paraphernaux de sa femme; tout au contraire, dans l'article 1539, elle suppose une procuration de ce genre, et dans l'article 1577 elle s'explique formellement sur sa validité. Est-ce à dire d'une façon absolue, que l'autorisation maritale appliquée à un mandat général d'administrer se trouve toujours revêtue d'un caractère suffisant de spécialité, que la femme notamment puisse recevoir un pareil mandat soit d'un tiers, avec l'assentiment du mari, soit de ce dernier lui-même, de manière à se trouver par là obligée vis-à-vis d'eux? nous ne le pensons pas. Remarquons tout d'abord que le mandat général d'acquérir ou d'emprunter, donné à une femme, resterait dans tous les cas indubitablement, vis-à-vis d'elle, sans effet légal. Or, que la femme, au lieu de ce mandat, reçoive une procuration générale à l'effet d'administrer les biens d'un tiers : l'autorisation, qui dans le premier cas n'était pas suffisamment spéciale, le sera-t-elle beaucoup plus dans le second ? La gestion d'un patrimoine est ordinairement une tâche complexe, entraîne une foule d'actes fort divers à accomplir : des capitaux à toucher, des emprunts à contracter quelquefois, des aliénations même à effectuer. Si, en fait, le pouvoir général conféré à la femme

(1) V. MM. Demolombe : IV, 210. — Marcadé et Pont : VIII, n° 906. — Cass. 18 juin 1844. S. 44, 1. 492. — Cass. 18 fév. 1853. S. 53, 1. 145. — Contrà : Valette, *op. cit.* p. 345.

par un tiers ne comprenait, par la nature et le peu d'importance des biens à gérer, que quelques actes d'administration prévus, déterminés, alors l'autorisation du mari serait certainement spéciale au sens de la loi, et par conséquent valable. Il y a là une question d'appréciation abandonnée aux tribunaux. Mais si la gestion est un peu compliquée, il nous paraît impossible, en proclamant avec l'article 223, la nullité de toute autorisation générale du mari, de maintenir un assentiment donné par lui d'avance à une série d'actes multiples, importants, dont en définitive chacun aboutirait à une obligation nouvelle de la femme vis-à-vis de son mandant.

Les mêmes raisons s'appliqueraient de tous points au mandat général d'administration que le mari viendrait à confier à sa femme. Songera-t-on à objecter que l'article 1420 règle l'efficacité des dettes contractées par celle-ci en vertu de la procuration générale du mari, et semble par là en supposer la validité? — Mais ce texte, loin de déclarer la femme obligée vis-à-vis de qui que ce soit, par la procuration dont il s'occupe, a précisément pour unique objet d'écarter sa responsabilité vis-à-vis des tiers. Objectera-t-on encore que l'article 1577, permettant au mari de recevoir de sa femme un pouvoir général d'administrer ses paraphernaux, a considéré comme suffisamment spéciale dans tous les cas l'autorisation appliquée à un pareil mandat? — Nous répondrons que cet article a pu être inspiré par des raisons particulières, que la femme ayant ordinairement peu d'aptitude aux affaires de la vie civile, il fallait lui permettre de se décharger, par un mandat valable, sur son époux, de l'administration de ses paraphernaux. La même raison n'existe pas dans notre hypothèse ; sans doute le mari qui va s'absenter pour longtemps, peut avoir intérêt à confier à sa femme la gestion de ses biens, de ceux de la communauté, de ceux propres à la femme elle-même ; mais il le pourra parfaitement. Aux termes de l'article 1990, les tiers seront obligés envers lui par les actes de la femme mandataire, et comme il sera, lui aussi, obligé vis-à-vis d'eux, ils n'hésiteront pas à traiter avec elle. La femme seule ne sera pas liée envers son mari, elle ne répondra que de son dol et non de sa faute, dans l'exécution du mandat ; et, à ce point de vue, notre opinion offre l'avantage de justifier juridiquement un résultat auquel tendent, on le verra, les arrêts et les auteurs, par des chemins un peu détournés. Nous n'insisterons pas pour le moment sur cette matière ; de plus amples explications trouveront tout naturellement leur place, à l'occasion de la validité des contrats entre époux.

La spécialité de l'autorisation maritale domine le principe même de la liberté absolue des conventions matrimoniales. Les articles 223 et 1538 décident en effet que l'on ne peut y déroger par contrat de mariage. Notre Code a mis ainsi un terme aux difficultés qu'avait fait naître, sous l'ancien droit, la distinction entre les autorisations stipulées dans le contrat de mariage et celles postérieures à ce contrat. (V. Lebrun : liv. II. ch. I. sect. 4. n° 5.)

Il est cependant un cas, dans lequel le mari autorise valablement sa femme pour tout une catégorie très générale d'actes à accomplir ; c'est le cas de la femme commerçante. L'autorisation qui lui est nécessaire peut être expresse ou tacite ; tacite, elle résulte, nous le rappelons, par une brèche notable à la règle de l'article 217, de toute circonstance manifestant l'approbation, l'adhésion du mari au négoce de sa femme ; expresse ou tacite, elle échappe à la condition si importante de la spécialité (A. 220). Cette nouvelle dérogation aux principes est encore imposée par les besoins de la pratique : la femme commerçante est en effet tous les jours contrainte à un si grand nombre d'opérations, et celles-ci exigent une telle célérité qu'il lui serait bien difficile d'obtenir, pour chacune d'elles, le consentement de son époux. Mais l'article 220 limite l'exception aux engagements que la femme contracte « pour ce qui concerne son négoce », et de là surgissent deux questions importantes : 1° Quand pourra-t-on dire que telle ou telle obligation rentre dans cette catégorie d'engagements ? 2° A qui incombera, en cas de contestation, la preuve du caractère vrai de l'acte litigieux ? A la première de ces questions, l'article 220 nous semble répondre en des termes fort clairs. La femme marchande publique n'a pas seulement une pleine capacité pour les actes commerciaux, pour les engagements qui constituent précisément sa profession ; ayant la faculté de s'obliger « pour ce qui concerne son négoce », elle peut valablement souscrire tout engagement nécessité ou même occasionné par lui, s'y rapportant d'une manière assez directe pour que le mari l'ait vraisemblablement approuvé d'avance : par exemple acheter un immeuble en vue d'y installer une manufacture ou des magasins, faire élever des bâtiments dans ce but, *a fortiori* faire procéder à des travaux de réparations, d'agrandissement ou d'embellissement (1). Mais à raison même de la présomption d'autori-

(1) V. MM. Pardessus : Dr. comm. I, n° 19. — Demolombe : IV, 296. — Contrà : Vazeille : II, n° 283.

sation tacite, sur laquelle repose cette capacité particulière, il nous semble que la femme ne pourrait contracter, sans l'assentiment spécial de son époux, une société avec des tiers. Les rapports journaliers, indispensables entre associés, donneraient à cet acte une gravité exceptionnelle au regard du mari; et celui-ci, en permettant à sa femme de faire le commerce, ne saurait être considéré comme ayant abdiqué son autorité d'une manière aussi absolue (1).

L'article 220 donne lieu, nous l'avons dit, à une autre difficulté. Une femme commerçante s'est obligée envers un tiers : actionnée par lui, elle prétend que son engagement n'a point été contracté pour les besoins de son négoce ; le créancier soutient le contraire. Auquel des deux imposer le fardeau de la preuve? Relativement aux billets souscrits par la femme, la question nous paraît résolue par l'article 638 du Code de commerce : faits par un commerçant, ils sont en effet censés l'avoir été pour son négoce. En vain dirait-on que cet article vise uniquement la commercialité de l'acte et non sa validité (2). L'une se déduit invinciblement de l'autre, en vertu de l'article 220. *A fortiori* ne peut-il y avoir de doute pour les actes dont la forme extérieure suffit à établir la nature commerciale, une lettre de change par exemple. Restent donc seulement les actes civils, ceux revêtus d'une forme civile, tels qu'un emprunt notarié : l'article 638 ne s'y applique pas expressément; mais pourrait-on obliger à s'enquérir du but précis de la femme, les tiers qui lui prêteraient par devant notaire, alors qu'on n'y oblige pas ceux qui lui prêtent sur simple billet ? Ce but même, serait-il jamais possible de le bien connaître, et d'en rapporter la démonstration devant les tribunaux en cas de contestation ? On objecte que l'incapacité de la femme est la règle générale, que la preuve de l'exception incombe à celui qui s'en prévaut (3). Mais c'est là une déduction purement théorique, qui ne saurait tenir contre l'esprit certain de la loi; or la loi n'a pu vouloir proclamer un principe aussi défavorable aux femmes commerçantes, elles-mêmes. Elles sont en effet grandement intéressées à ce que les tiers, en traitant avec elles, soient assurés d'une parfaite sécurité. Cette raison est si puissante que les partisans mêmes de l'opinion adverse n'hésitent

---

(1) V. MM. Pardessus : I, 66. — Boistel : Précis, n° 98. — Cass. 9 nov. 1859, S. 60, 1. 74. — Contrà : M. Massé, II, n° 1121.

(2) V. M. Massé : II, n°s 1043 et 1119.

(3) V. Demante : I, 302 bis. I. — Marcadé : art. 220, n° 3.

point à renverser leur présomption, dans le cas où la femme a déclaré l'acte relatif à son commerce : ne serait-il pas étrange d'attacher un pareil effet à une telle déclaration, et les rigueurs de la loi doivent-elles être uniquement dirigées contre les ignorants ou les naïfs ? De là nous conclurons que les obligations souscrites par une femme commerçante méritent d'être toujours tenues, jusqu'à preuve contraire, pour relatives à son négoce, et par suite que cette preuve incombe dans tous les cas à la femme ou au mari demandeurs en nullité (1).

Leur suffirait-il même pour faire tomber tel ou tel billet, tel ou tel engagement de la femme, de prouver qu'ils ne concernaient point son négoce ? L'affirmative pourrait s'étayer sur une interprétation rigoureuse de l'article 220 ; mais la sécurité qu'il importe de maintenir dans les opérations commerciales, la faveur due aux tiers qui contractent avec une femme, sans avoir le moyen de pénétrer son intention secrète, l'intérêt même des femmes commerçantes, sont autant de motifs péremptoires à l'encontre de cette solution. Il nous semble donc que la vraie destination de l'acte une fois établie, les tiers devraient encore être admis à en écarter la nullité, en montrant qu'ils n'ont pu absolument pressentir la vérité à ce sujet (2).

La capacité exceptionnelle de la femme marchande publique communique un intérêt considérable à la question de savoir quand une femme peut être considérée comme telle. En principe « sont commerçants ceux qui exercent des actes de commerce et en font leur profession habituelle » (art. 1 C. co.). Lorsque le mari n'est pas lui-même commerçant, les deux conditions suffisent pour assigner à la femme cette qualité. Dans le cas contraire, une troisième devient indispensable. « La femme, dit en effet l'article 220, n'est pas réputée marchande publique, si elle ne fait que détailler les marchandises du commerce de son mari, mais seulement quand elle fait un commerce séparé. » L'article 235 de la Coutume de Paris exigeait un commerce différent ; la rédaction moins sévère de notre article 220 a été probablement intentionnelle. Ainsi la femme peut être marchande publique, quoiqu'elle exploite le même genre de négoce

(1) V. MM. Valette : p. 342. — Bravard et Demangeat : I, p. 100. — Aubry et Rau : V. § 472, n. 73.

(2) V. Lebrun : liv. II, ch. I, sect. 1, n° 10. — M. Demolombe : IV, 302. — Contrà : Toullier, XII, n°s 249-250.

que son mari, mais il faut pour cela que les magasins des deux époux, que leurs intérêts commerciaux soient parfaitement distincts; l'hypothèse se présentera bien rarement.

La femme qui gère un commerce à la tête duquel se trouve son mari, n'est point réputée marchande publique. Presque toujours, en effet, elle n'a alors qu'un rôle secondaire, une volonté soumise à celle du mari. Aussi tous les actes qu'elle fait, les billets même qu'elle peut souscrire ne la lient point elle-même; ils n'obligent que ce dernier. Elle est assimilée à un préposé, à un mandataire, et le résultat de ses engagements est réglé, non d'après les principes de l'autorisation maritale, mais d'après ceux du mandat.

Y a-t-il là une présomption légale échappant à toute preuve contraire? Sans aucun doute ; l'article 220 est absolument formel. Que décider cependant si les époux avaient contracté ensemble une société commerciale? Celle-ci est-elle valable, est-elle nulle? La jurisprudence tient pour la nullité. Elle se fonde sur ce qu'un pareil contrat blesse à la fois le principe de l'immutabilité des conventions matrimoniales, et les droits dérivant pour le mari de la puissance maritale, droits auxquels il est défendu de déroger, même par contrat de mariage (A. 1388) (1). Cette solution est généralement combattue en doctrine, au moins sous cette forme absolue. Si l'on admet en effet, — et la chose n'est plus guère contestée, — que les contrats entre époux sont permis, sauf prohibition expresse du législateur, il nous paraît impossible d'annuler *a priori*, sans distinction, toute société stipulée entre eux. Il faut rechercher, pour chaque hypothèse, si le contrat peut être considéré comme une modification des conventions matrimoniales, question difficile, dans laquelle il y a lieu de s'inspirer et du régime nuptial des époux, et de la nature de la société qu'ils ont formée (2).

SECTION II

Des exceptions au principe de l'autorisation maritale

Les exceptions au principe de l'autorisation maritale sont de

(1) V. Cass. 9 août 1851, S. 52, 1. 281. — Paris, 24 mars 1870, S. 71, 2. 71. — M. Massé, II, n° 1267.

(2) V. MM. Marcadé et P. Pont : VII, n°s 35 à 38. — Tessier et Deloynes : Société d'acquêts, n° 9, n. 2.

deux sortes : il est des cas, en effet, où elle cesse d'être nécessaire à la femme qui s'oblige ; d'autres, au contraire, où elle ne suffit point à la relever de son incapacité.

§ 1. — Quand l'autorisation maritale n'est-elle pas nécessaire ?

La femme mariée échappe, dans une double série d'hypothèses, à la nécessité de l'autorisation maritale : d'une part, en effet, elle peut presque toujours, à défaut de cette autorisation, s'obliger avec celle de la justice ; d'autre part, dans certaines circonstances, elle s'engage très valablement seule, sans aucune autorisation.

N° 1. — Cas où la femme peut s'obliger avec l'autorisation de la justice.

En règle générale, toutes les fois que le mari se trouve, pour une raison quelconque, dans l'impossibilité d'autoriser sa femme, toutes les fois aussi qu'il refuse de l'autoriser, la justice peut, en connaissance de cause, se substituer à lui dans l'exercice de son droit. Les exceptions à cette règle sont peu nombreuses : il n'en existe que trois ; encore ne sont-elles pas toutes admises sans contestation.

Le rapprochement des articles 83. 6° et 1004 du Code de procédure civile, nous offre l'une d'elles : le premier déclare que les causes des femmes non autorisées de leurs maris doivent être communiquées au ministère public ; le second, que l'on ne peut compromettre sur aucune des contestations sujettes à cette communication. De là, il résulte qu'une femme ne saurait passer un compromis sans l'assentiment de son époux. (V. M. Laurent, III. 137).

Cet assentiment est également indispensable pour qu'une femme, non séparée de biens, puisse valablement accepter une exécution testamentaire (art. 1029). La loi a sans doute songé que l'exécuteur testamentaire n'est pas choisi par ceux dont les intérêts lui sont confiés, et qu'il ne peut être révoqué par eux sans raisons graves ; en conséquence, elle a voulu que sa responsabilité vis-à-vis des héritiers fût toujours sérieuse, et notamment qu'une femme mariée ne pût être investie de cette sorte particulière de mandat, si ses engagements n'étaient pas susceptibles d'être ramenés à exécution sur la pleine propriété de ses biens. Tel a été sûrement le but de l'article 1029, mais la règle qu'il exprime est loin d'y répondre; dans quelques cas elle conduit à un résultat injustifiable. Quoi qu'il en soit, elle est formelle et n'en doit pas moins être appliquée (Cpr. M. Demolombe IV. 247).

Il est une troisième hypothèse, dans laquelle les tribunaux n'ont point qualité pour autoriser, aux lieu et place du mari. « La femme ne peut être marchande publique sans le consentement de son mari », dit l'article 4 du Code de commerce. Ce texte, à lui seul, suffirait presque à établir notre proposition ; mais la preuve qui en résulte est corroborée par le rapprochement de diverses dispositions du Code civil. Les articles 218, 219, 221, 222, 224 remettent au juge le pouvoir d'autoriser la femme à ester en jugement, à passer un acte, à contracter ; aucune de ces expressions ne comprend le cas où la femme demande à faire le commerce, et le silence de la loi est d'autant plus significatif que les raisons ne manquent pas pour le justifier. Autoriser la femme à exercer une profession, c'est lui accorder une capacité extrêmement étendue, et par là fort dangereuse (A. 5 et 7. C. co.); c'est l'exposer à la faillite, la soustraire dans une large mesure à la puissance maritale, lui permettre de modifier complétement ses habitudes, son genre d'existence, de vivre désormais beaucoup moins pour son mari, pour ses enfants, d'étendre à son gré le cercle de ses relations. Tout cela, il faut bien le reconnaître, mérite d'être pesé et apprécié souverainement par le mari. Sans doute, lorsque la femme est séparée de corps, ou même seulement de biens, lors surtout que le mari est absent ou incapable, on comprendrait que la justice se substituât à lui dans l'exercice de son droit. Mais ces distinctions, la loi ne les a point faites ; il n'appartient pas à l'interprète de les créer (1). La diversité des opinions dissidentes prouve mieux encore la fausseté de leur point de départ (2).

En dehors des trois hypothèses que nous venons d'examiner, les tribunaux ont toujours la faculté d'accorder leur autorisation, aux lieu et place du mari, soit que celui-ci refuse, soit qu'il se trouve dans l'impossibilité de donner la sienne. Cette impossibilité sera physique ou légale : physique, elle proviendra de l'éloignement du mari (A. 222); légale, elle n'est autre chose qu'une véritable incapacité (A. 221. 222. 224).

---

(1) V. MM. Aubry et Rau et leurs citations : V. § 472, n. 31.

(2) Cpr. Marcadé : I. art. 220, n° 1. — Duranton : II, 478. — Demante : I, n° 302 bis V. — Paris, 24 oct. 1844. S. 44, 2. 581. — Grenoble, 27 janv. 1863. S. 63, 2. 79.

En cas d'éloignement du mari, la justice peut-elle toujours être appelée à autoriser la femme? Ne faut-il pas que le mari soit en état de déclaration, ou tout au moins de présomption d'absence? La loi semble l'exiger dans l'article 863 du Code de procédure civile; mais les termes de l'article 222 ne font point cette précision, et l'on repousse en général cette étroite interprétation. Il n'est en effet guère admissible que la femme, par l'éloignement de son mari, ne puisse absolument faire un acte, même urgent, indispensable.

Il y a pour le mari impossibilité légale d'autorisation, dans les diverses hypothèses où la loi lui retire cette faculté. Cela a lieu d'abord quand il est mineur (A. 224): incapable de se protéger lui-même, il ne saurait alors protéger les intérêts collectifs de la famille. Nous avons déjà observé que l'ancien droit décidait autrement, et signalé l'innovation du Code sur ce point.

Est en second lieu privé du droit d'autorisation, le mari interdit (A. 222). Faut-il de toute nécessité qu'un jugement ait prononcé l'interdiction, pour rendre possible l'annulation de l'assentiment qu'il aurait donné, pendant un accès de folie par exemple? La question a été discutée, mais le texte de l'article 222 n'est pas, suivant nous, assez précis pour motiver une dérogation au droit commun en la matière. (V. M. Demolombe, IV. 223).

La femme peut, on le sait, être nommée tutrice de son époux (A. 507). Elle accomplit alors seule, pour le compte du mari, tous les actes qu'un tuteur pourrait faire seul, sauf les restrictions apportées à ses pouvoirs par le conseil de famille (A. 507). Mais l'autorisation dont elle aurait besoin, pour s'obliger, si son mari avait conservé sa pleine capacité, elle ne peut se l'octroyer à elle-même, car le tuteur du mari interdit n'aurait pas qualité pour la lui accorder, n'exerçant pas la puissance maritale. Il est donc très naturel que, dans notre hypothèse, elle soit encore obligée de recourir à la justice.

Au mari interdit, l'on doit assimiler celui qui est retenu dans une maison d'aliénés, conformément à la loi du 30 juin 1838; sans oublier toutefois qu'il n'y a pas, contre les actes passés par ce dernier, une présomption absolue d'incapacité, comme celle formulée dans l'article 502 du Code civil (L. 1838, Art. 39).

En raison des motifs qui ont inspiré notre législateur, tant à l'égard du mari mineur que du mari interdit, il nous paraît hors de doute que le mari, pourvu d'un conseil judiciaire, serait incapable d'autoriser sa femme, pour un acte rentrant dans la catégorie de ceux qui nécessitent l'assistance du conseil. Il n'y a pas à la vérité en ce sens de texte précis; mais l'individu pourvu d'un conseil judiciaire est un demi-interdit, auquel peuvent en quelque sorte s'appliquer les termes de l'article 222 (1). Quant à l'opinion intermédiaire, qui permet au mari d'autoriser sa femme avec l'assistance de son conseil (2), elle nous semble entièrement insoutenable ; comment en effet prêter à la loi une pareille pensée, alors que, pour le cas identique de minorité du mari, elle exige l'autorisation de la justice et ne se contente pas de l'assistance du curateur.

Notre Code déclare enfin déchu du droit d'autoriser sa femme, le mari frappé contradictoirement ou par contumace d'une peine afflictive ou infamante, mais seulement « pendant la durée de sa peine » (A. 221). Ces dernières expressions montrent que le législateur, en écrivant l'article 221, n'a pas songé à la dégradation civique, peine pourtant infamante (A. 8. C. P.) ; car elle accompagne toute peine criminelle, et n'a d'autre terme que la mort du condamné, sauf l'hypothèse très rare de la réhabilitation. L'article 34 du Code pénal confirme cette induction, par le silence qu'il garde au sujet de la déchéance du droit d'autorisation, dans la liste des incapacités dérivant de la dégradation civique. De là tous les auteurs, à l'exception, croyons-nous, d'un seul (Delvincourt, I. p. 164), concluent que la dégradation civique, peine principale ou peine accessoire, ne doit en aucun cas être comptée au nombre de celles qui font perdre au mari le droit d'autorisation.

Relativement aux condamnations par contumace, l'article 221, quoique inexact encore dans ses expressions, ne donne lieu à aucune difficulté ; la « durée de la peine » s'entend de la durée de la contumace, c'est-à-dire du temps pendant lequel, la peine n'étant pas prescrite, le condamné en demeure menacé (A. 635, I. cr.).

Disons maintenant quelques mots des formes de l'autorisation de la justice. Et d'abord comment la femme triomphe-t-elle du refus injuste de son mari? D'après le Code civil (A. 219), elle pouvait le faire « citer directement devant le tribunal de première instance de l'arrondissement du domicile commun », et ce tribunal

---

(1) V. MM. Aubry et Rau : V. § 472 n. 45. — Cass. 11 août 1840, S. 40, 1. 858. — Bordeaux, 16 juin 1869, S. 69, 2. 316. — Contrà : Duranton : II, n° 507.

(2) V. Magnin : des minorités, I, 909. — Paris, 27 août 1833, S. 33, 2. 562.

donnait ou refusait son autorisation, après que le mari avait été « entendu ou dûment appelé en la chambre du conseil. » Postérieurement le Code de procédure (A. 861 et 862) a introduit des formes différentes, en ce qui concerne la femme « qui veut se faire autoriser à la poursuite de ses droits », c'est-à-dire à exercer une action en justice ; et comme il serait impossible de justifier rationnellement une différence quelconque, dans la procédure, en matière judiciaire et en matière extrajudiciaire, il est universellement admis que les nouvelles prescriptions des articles 861 et 862 doivent être appliquées dans tous les cas. Il serait superflu de les rappeler ici. Quant aux autres hypothèses où la femme est contrainte de s'adresser aux tribunaux, la loi ne les a pas toutes prévues ; mais celles visées aux articles 863 et 864 permettent de régler les autres. Le jugement qui statue sur la demande d'autorisation de la femme doit-il être rendu à l'audience ou en la chambre du conseil? Et les conclusions du ministère public? Et les plaidoiries des avocats, s'il y a lieu? Et le rapport du juge-commis? Où tout cela doit-il s'accomplir? La question est très discutée ; le but de la loi disposant que le mari, quand il est entendu, l'est en la chambre du conseil ; la nature toute domestique de la cause, l'intérêt des parties, les paroles mêmes prononcées par les orateurs du gouvernement, lors des travaux préparatoires (1), tout indique, selon nous, d'une manière certaine que la contestation doit se passer entièrement dans la chambre du conseil. Le jugement seul devrait, il nous semble, être prononcé en audience publique, car rien au regard de la raison et des textes, ne légitimerait sur ce point une dérogation aux règles ordinaires de la procédure (2).

L'autorisation de la justice doit évidemment être spéciale, comme celle du mari, les tribunaux en effet, appelés à exercer, aux lieu et place du mari, son droit d'autorisation, l'exercent naturellement sous des conditions identiques.

Rappelons enfin que toute autorisation, par définition même, est antérieure, ou du moins concomitante à l'acte auquel elle s'applique ; donnée postérieurement, elle n'est plus qu'une ratification. Nous aurons à rechercher, dans la suite de cette étude, l'effet d'une rati-

(1) V. Locré : Leg. civ. t. 23, p. 152.

(2) V. Cass. 1er mars 1858, S. 58, 1. 452. — Cass. 4 mai 1863, S. 63, 1. 424. — Cpr. M. Demolombe : IV. 256, et les citations qu'il rapporte.

fication opérée par la femme, avec le seul assentiment de la justice; alors nous exposerons la controverse à laquelle la question a donné lieu.

N° 2. — Cas où la femme peut s'obliger sans autorisation.

Malgré l'incapacité générale qui frappe la femme mariée, elle n'en est pas moins très valablement obligée, en certaines circonstances, sans aucune espèce d'autorisation. Il est des cas en effet, où la capacité du débiteur est indifférente à la validité de l'engagement; en second lieu la femme qui s'est réservé, par contrat de mariage, l'administration de tout ou partie de ses biens, peut traiter librement seule avec les tiers, dans la limite de cette administration.

I. Engagements ne supposant pas la capacité du débiteur.

Au nombre de ces engagements, figurent tout d'abord ceux qui dérivent de l'autorité seule de la loi, par exemple la gestion d'une tutelle, dans les hypothèses où cette charge est directement imposée à la femme par la loi elle-même. Celle-ci, en lui confiant de pareilles fonctions, doit, ce nous semble, être nécessairement présumée la rendre capable à cet effet; d'autant plus, que les obligations attachées à la délation d'une tutelle, existent indépendamment de l'acceptation de la personne qui en est investie. Aussi la question est-elle peu discutée (1).

La femme serait pareillement obligée, sans aucune autorisation, en vertu d'un quasi-contrat né du fait d'un tiers. Supposons par exemple que ses affaires aient été utilement gérées par un tiers : elle sera tenue, vis-à-vis de lui, suivant les règles du droit commun; car, le fondement de cette obligation ne résidant pas dans la volonté de la femme, les vices de sa volonté, l'insuffisance de son consentement, deviennent par là même tout à fait indifférents. Ainsi donc, que la femme ait en définitive profité ou non du service à elle rendu, que la chose conservée par exemple, grâce à l'entremise du tiers, ait ou non péri dans la suite, si cette entremise lui a été originairement utile, elle demeure incontestablement obligée.

---

(1) V. Cep. Duranton : II, 500. — Cpr. M. Laurent : III, 100.

L'opinion adverse repose sur une confusion manifeste de l'action *negotiorum gestorum contraria*, avec l'action *de in rem verso* (1).

Toute différente serait l'hypothèse d'un quasi-contrat produit par le fait personnel de la femme : alors en effet, c'est par sa volonté que la femme se trouverait liée, et l'article 217 nous paraît y mettre obstacle. On a cependant fait valoir en sens contraire d'excellents arguments. Le principe de l'autorisation, a-t-on dit, ne concerne que les obligations conventionnelles : les termes mêmes des articles qui le formulent y sont exclusivement applicables (A. 217. 219. 221. 222. 224. — 1124); puis n'y aurait-il pas une injustice flagrante, à refuser action contre la femme à ceux qui sont devenus ses créanciers à leur insu, et à leur infliger un préjudice, contre lequel il n'ont pu absolument se garantir, attendu qu'il a eu pour unique cause le fait personnel de leur débitrice ? (2) — L'on reconnaît généralement que notre législateur a entendu refuser à la femme le pouvoir de s'obliger par son fait, quel qu'il fût, sauf délit ou quasi-délit (3). L'ancien droit le décidait ainsi (Pothier : *op. cit.* 50); et le Code lui-même a appliqué ce principe dans l'article 776, en déclarant, de la manière la plus absolue, la femme incapable d'accepter une succession, sans y être autorisée par son mari ou par la justice. Quant aux articles 217, 219 et autres invoqués, on peut répondre qu'ils se réfèrent au *quod plerumque fit*. Enfin, l'accusation d'injustice, dirigée contre notre opinion, est moins sérieuse qu'il ne semble tout d'abord : le plus souvent en effet, la femme pourra être considérée comme coupable d'un quasi-délit, soit parce qu'elle se sera trop légèrement appliquée à sa gestion, soit parce qu'elle l'aura mal à propos abandonnée.

Le paiement indû soulève de plus sérieuses difficultés; non quand il a été effectué par la femme, car alors rien ne motiverait une dérogation au droit commun, mais quand il a été reçu par elle, des mains d'un tiers. Distinguons d'abord s'il a été reçu de bonne ou de mauvaise foi. De mauvaise foi : il constitue un délit, et par suite oblige la femme, tout comme un individu quelconque (A. 1378). De bonne foi : il ne doit, ce nous semble, obliger la femme, que

(1) V. Cep. Delvincourt : I, p. 163. — Duranton : II, 497.
(2) V. Toullier : II, 627. — Valette : sur Proudhon, I, p. 463.
(3) V. MM. Demante : I, n° 300 bis V. — Demolombe : IV, 181.

dans la limite du profit réalisé par elle de ce chef, soit qu'elle n'eût pas, aux termes de son contrat de mariage, capacité pour recevoir un paiement, soit qu'elle possédât au contraire cette capacité, se trouvant par exemple séparée de biens. Dans le premier cas en effet, le *solvens*, à le supposer réellement débiteur, ne se fût libéré, ou en d'autres termes n'eût lié la femme par son paiement, que dans la limite qui vient d'être indiquée ; son erreur, qui implique une faute de sa part, ne saurait lui procurer une situation plus avantageuse. Dans le second cas, on songera peut-être à dire que, capable de toucher le montant d'une dette, la femme est, par là même, capable de s'obliger à restituer, si la dette n'existe pas. Ce raisonnement serait exact, si l'aptitude légale à un acte impliquait aptitude à toutes ses suites possibles, mais il n'en est ainsi que des suites naturelles, et non des conséquences éloignées ou accidentelles, qui viennent à le dénaturer entièrement; or telle est précisément l'obligation de restituer, naissant d'un paiement : elle le transforme en une sorte de prêt. La femme n'est donc en aucun cas liée par un paiement indû, reçu de bonne foi, au delà de son enrichissement réel (1).

La règle de l'autorisation maritale est, on le devine, étrangère aux engagements qui prennent leur source dans le délit ou le quasi-délit de la femme; le mineur en effet s'oblige lui-même valablement ainsi (A. 1310). Mais la femme qui s'est présentée comme veuve ou non mariée, qui par là a décidé un tiers à contracter avec elle, est-elle coupable de délit, et peut-elle être poursuivie en exécution de ses engagements ? La négative n'est pas douteuse, quand la femme a seulement fait une fausse déclaration. La puissance maritale deviendrait autrement illusoire, et le but de la loi serait manqué. Du reste celle-ci s'est expliquée au sujet du mineur (A. 1307); et sa décision montre qu'elle a vu, dans la simple affirmation de capacité, un mensonge excusable et non un délit (2). Si au contraire la femme a employé des manœuvres frauduleuses, si elle a produit par exemple un faux acte d'autorisation, ou un faux acte de décès du mari, alors il y a incontestablement délit, et par suite obligation au préjudice de la femme. Reste à déterminer quel

---

(1) V. MM. Aubry et Rau : V. § 472, n. 22. — Demolombe : IV, 181.182. — Cpr. M. Laurent : III, 101.

(2) V. Cep. Marcadé : I, art. 225, n° 3.

doit être l'objet, le résultat exact de cette obligation : est-ce le maintien même du contrat? Est-ce la réparation du préjudice causé par son annulation? Cette dernière opinion a été soutenue, mais elle est maintenant universellement abandonnée : il est en effet de toute évidence que la réparation la plus naturelle, la plus exacte, du dol de la femme, consiste dans le maintien pur et simple de ses engagements (1).

Lorsqu'une femme, mariée en France ou à l'étranger, est allée s'installer seule dans une contrée, et par une série de faux rapports, de fausses explications, s'y est fait passer pour non mariée ou veuve, la fraude est, il nous semble, assez nettement accusée pour obliger la femme à l'égard des tiers qui viendraient à contracter avec elle (2). Mais que décider, dans le cas où la femme n'a rien fait pour induire le public en erreur sur sa capacité, ou, vivant seule, elle a simplement laissé croire qu'elle n'était pas mariée? Il nous semble que les tribunaux alors auraient à s'enquérir du degré de consistance de l'erreur commune, et pourraient, à raison de celle-ci, reconnaître un délit dans la simple déclaration de capacité faite par la femme au tiers créancier (3).

Il nous reste à mentionner, au nombre des circonstances susceptibles d'obliger la femme, indépendamment de toute autorisation, le profit qu'elle viendrait à retirer d'un acte quelconque, au détriment d'un tiers. Nul ne peut en effet s'enrichir au préjudice d'autrui; nous avons eu déjà l'occasion d'invoquer ce principe fondamental de logique et d'équité.

II. Administration par la femme de ses biens personnels.

La règle de l'incapacité de la femme mariée subit une exception importante, par suite du droit d'administration, dont elle est parfois investie, sur la totalité ou sur une partie de son patrimoine. Cette brèche peut exister sous tous les régimes, et se produire de deux façons bien différentes : dès l'origine de l'union conjugale, en vertu du contrat de mariage des époux; au cours de leur union, en vertu d'une séparation de biens, prononcée elle-même directement ou comme l'accessoire obligé d'une séparation de corps.

---

(1) V. Pothier : nos 53-54. — Duranton : II. 495. — Demolombe : IV, 328.
(2) V. Cass. 30 août 1808, S. 1809, 1. 43. — Agen, 8 nov. 1832, S. 32, 2. 563.
(3) V. MM. Aubry et Rau : V, § 472, et les auteurs cités à la note 128.

Le droit d'administration dont nous parlons, appartient sans difficulté à la femme, sur la totalité de son patrimoine, en cas de séparation de biens judiciaire ou contractuelle ; sur tous ceux de ses biens, non stipulés dotaux, sous le régime dotal; et sous les régimes de communauté légale, conventionnelle ou d'exclusion de communauté, sur ceux d'entre ses biens, nommément déterminés par le contrat de mariage. Lorsque les époux ont adopté le régime dotal avec société d'acquêts, sans aucune précision relative aux paraphernaux, c'est une question controversée que de savoir si la femme en conserve la gestion. Dans l'esprit du Code, a-t-on dit, la jouissance des biens de la femme n'appartient jamais seule au mari, elle est inséparable de l'administration des mêmes biens ; or la stipulation d'une société d'acquêts fait passer au mari la jouissance des paraphernaux de son épouse. Du reste, ajoute-t-on, l'article 1581, relatif à cette stipulation, renvoie aux article 1498 et 1499, c'est-à-dire aux règles de la communauté réduite aux acquêts (1). Ce raisonnement pêche par sa base même. La stipulation d'une société d'acquêts ne donne point au mari la jouissance des paraphernaux de la femme : simplement accessoire au régime dotal, cette clause doit en laisser subsister toutes les règles, avec lesquelles elle n'est pas incompatible. Si le Code renvoie aux articles 1498 et 1499, ces derniers ne supposent pas nécessairement, dans les mains du mari, l'administration et la jouissance de tous les biens de la femme. Enfin une société d'acquêts, jointe au régime dotal, l'est d'ordinaire en faveur de celle-ci ; il serait étrange qu'elle tournât à son détriment. Ainsi la femme, nonobstant une pareille clause, conserve l'administration de ses paraphernaux, sous la seule condition de verser au coffre des acquêts, la part non dépensée de ses revenus (2).

Quel que soit le régime adopté par les époux, quelle que soit aussi la source du droit d'administration de la femme, qu'il provienne des stipulations de son contrat de mariage, ou d'une séparation de biens judiciaire, l'extension de capacité qu'il lui confère est identique : la femme, investie de la libre gestion de la totalité ou d'une partie de son patrimoine (A. 1449, 1536), est par là nécessai-

(1) V. MM. Laurent : XXIII, 591. — Colmet de Santerre, : VI, n° 252 bis I.

(2) V. MM. Rodière et Pont : III. 2034. — Tessier et Deloynes : n° 167 bis III. — Cass. 15 juill. 1846, S. 46, 1. 849. — Cass. 14 nov. 1864, S. 65, 1. 31.

rement habilitée à s'obliger seule, pour les besoins de son administration; les engagements contractés dans cette limite peuvent être ramenés à exécution, sur tous ses biens, meubles et immeubles, sans distinction. Tel est maintenant le sentiment unanime de la doctrine et de la jurisprudence (1), mais pendant longtemps la question a été fort discutée : nombre d'auteurs soutenaient que les créanciers de la femme n'avaient pour gage que le mobilier de leur débitrice, c'est-à-dire les biens dont elle pouvait disposer directement seule. Il y aurait contradiction, disaient-ils, à permettre à la femme de faire par un moyen détourné ce qu'on lui interdit de faire d'une manière directe ; or la femme séparée de biens est incapable d'aliéner ses immeubles sans autorisation (A. 1449), elle ne saurait donc être admise à les affecter valablement seule, au gage de ses créanciers (2). Le point de départ de cette argumentation était inexact : on conçoit à merveille qu'une personne puisse être incapable d'aliéner un bien, et cependant capable de l'engager, par une obligation contractée dans la limite de certains besoins. La faculté de vendre un immeuble sort un peu des bornes, même d'une libre administration ; celle de s'obliger valablement, sur tous ses biens, en fait au contraire partie intégrante, et le législateur ne pouvait la refuser à la femme, sous peine de lui rendre souvent impossible la gestion qu'il tolérait, ou même qu'il remettait entre ses mains.

Ne faut-il pas aller plus loin, et, en supposant établi dans tous les cas avec la majorité des interprètes le droit, chez la femme, d'aliéner seule avec une entière liberté le mobilier dont elle possède la gestion, ne faut-il pas lui permettre aussi de l'engager par des obligations de toute sorte ; en d'autres termes accorder action sur ce mobilier, aux tiers devenus ses créanciers, même pour une cause étrangère à l'administration de ses biens? L'affirmative, longtemps triomphante en jurisprudence, procédait d'une erreur toute pareille à celle que nous venons de combattre. Lorsque la loi permet de faire un acte, disait-on, elle ne s'inquiète pas des moyens par lesquels il sera accompli : qu'il le soit directement ou indirectement, peu importe ; il n'en est pas moins toujours valable. La femme qui peut aliéner son mobilier, pour une cause quelconque, peut donc

(1) V. MM. Aubry et Rau : V, § 516, et les citations rapportées n. 78.
(2) V. Marcadé : Art. 1449, n° 3. — M. Massol, *op. cit.* n° 21.

s'obliger aussi de la façon la plus absolue sur ce mobilier. Cet argument de raison est confirmé, ajoutait-on, par le texte de la loi : nulle part elle n'a prononcé contre la femme d'une manière spéciale, distincte, l'incapacité de s'obliger. Celle-ci n'est donc que la suite logique de l'incapacité d'aliéner, la seule que la loi ait formulée (1). De ces deux considérations, la dernière a été examinée, et réfutée, nous l'espérons, au début de notre travail. Reste donc seulement l'autre : y a-t-il inconséquence, comme on le dit, à prohiber relativement à un même acte, le moyen indirect, tout en permettant le moyen direct d'y aboutir ? Non certainement, quand l'un offre des dangers que l'autre ne présente point. Tel est ici le cas : La femme se résoudra difficilement à aliéner le mobilier qu'elle possède, parce que cette aliénation lui causerait une privation immédiate ; elle contracterait avec moins de peine des emprunts, des cautionnements, une obligation quelconque, parce que le résultat en étant plus éloigné, elle ne l'apercevrait pas aussi nettement. C'est contre ce péril que la loi a voulu la protéger. La doctrine a presque toujours été unanime en faveur de cette opinion, et la jurisprudence elle-même a fini par s'y ranger complétement (2).

La faculté, pour la femme qui administre son patrimoine, de s'obliger dans la limite de sa gestion, ne s'étend pas sans distinction à toutes sortes d'engagements. Il en est qui, par leur seule nature, lui sont absolument inaccessibles, quand même ils constitueraient en réalité des actes de bonne, d'excellente administration : telle est l'acceptation d'une succession (A. 776) ; il résulte aussi par argument, de l'article 2045, que la transaction n'est permise à la femme que sur des difficultés relatives à son mobilier, et de l'article 1004 du Code de procédure civile, que le compromis, malgré son affinité avec la transaction, lui est complétement interdit. Quelques auteurs, étendant le cercle de ces exceptions, ont essayé de soutenir que l'acquisition d'un immeuble, celle d'un usufruit ou d'une rente viagère, ne pouvaient en aucun cas être considérées comme rentrant dans le droit d'administration de la femme (3); mais ces distinctions, qui ne trouvent aucun appui sérieux dans les textes, et qui

---

(1) V. Zachariæ : § 516, texte et n. 57. — Cass. 18 mai 1819, S. 19, 1. 339. — Paris, 3 mars 1832, S. 33, 2. 371.

(2) V. MM. Aubry et Rau : V, § 516, et leurs citations, n. 77.

(3) V. Bellot des Minières : Contrat de mariage, III, p. 313. — M. Demolombe : IV n° 158.

ne nous semblent pas mieux fondées en raison, comptent peu de défenseurs (1).

Ainsi donc, sous la réserve des diverses hypothèses que nous avons indiquées, le juge appelé à statuer sur la validité d'un engagement de la femme, devra ne jamais s'inspirer que des faits de la cause, des circonstances particulières dans lesquelles aura été contractée l'obligation litigieuse, et du *quantum* de celle-ci, en le rapprochant de la valeur des biens soumis à la gestion de la femme.

§ 2. — Quand l'autorisation maritale n'est-elle pas suffisante?

L'autorisation maritale, qui en principe suffit à relever la femme de son incapacité, se trouve dans quelques cas impuissante à produire ce résultat. Comme on va le voir, la matière s'est prêtée à de nombreuses difficultés.

N° 1. — Incapacité du mari.

Il est tout une série de circonstances, où l'approbation maritale est absolument dépourvue de valeur : la loi retire en effet au mari mineur, interdit, condamné à une peine afflictive ou infamante, le droit d'autorisation. Nous nous bornerons ici à un simple rappel de ces diverses hypothèses ; elles ont été examinées en détail, quand nous avons recherché dans quels cas l'assentiment de la justice peut suppléer celui du mari. Nous avons dit alors qu'au mari interdit il convient d'assimiler, avec certaines distinctions toutefois, le mari pourvu d'un conseil judiciaire, et celui qui se trouve retenu dans un hospice d'aliénés.

N° 2. — Adoption du régime dotal.

L'adoption, par les époux, du régime dotal dans leur contrat de mariage, paralyse, du moins en principe, vis-à-vis de la dot, les engagements de la femme, nés, même avec l'autorisation du mari ou de la justice, postérieurement à la célébration de l'union conjugale. Le fondement de cette règle peut être discuté ; la règle elle-

(1) V. MM. Aubry et Rau : V, § 516, texte et n. 59.

même est incontestable. Elle résulte, par un manifeste argument *a contrario*, de l'article 1558 (4e al.); en permettant l'aliénation de la dot pour payer les dettes de la femme antérieures au mariage, ce texte montre que la dot pourrait être exceptionnellement saisie, à raison de ces dettes ; que par suite, celles postérieures au mariage ne confèrent point le même droit aux créanciers. Où est le vice qui s'oppose à l'efficacité de ces dernières ? Est-il dans la personne de la femme? Est-il dans la nature du bien dotal, dans son inaliénabilité que proclame l'article 1554, et doit-on dire, avec la majorité des interprètes, que la défense d'aliéner directement la dot entraîne, à elle seule, la défense de l'aliéner indirectement par des dettes ? Grave question, de laquelle découlent nombre de conséquences fort importantes. Si l'inefficacité des obligations dont s'agit, à l'égard des biens dotaux, provenait de la qualité particulière de ces biens, ce n'est point ici, mais plus bas, dans notre deuxième chapitre, que nous devrions en traiter; si au contraire, comme nous le pensons, elle tire sa source d'une incapacité toute spéciale qui atteint la femme sous le régime dotal, c'est ici le lieu de s'en occuper, et de poser au moins le principe qui, sous ce régime, frappe d'impuissance, vis-à-vis de la dot, l'autorisation du mari et de la justice ; sauf à renvoyer, pour les diverses applications du principe, au second chapitre de notre travail.

La difficulté qui s'est élevée à ce sujet dans la doctrine et dans la jurisprudence, nous semble résolue, avec une logique irrésistible, dans les quelques lignes qui suivent :

« Il n'est pas nécessaire d'être capable d'aliéner pour conférer à ses créanciers le droit de gage général de l'article 2092, il suffit d'être capable de s'obliger. Des personnes incapables d'aliéner leurs biens ou certains biens sans obtenir une autorisation, ou sans accomplir certaines formalités, sont néanmoins capables de les affecter, en vertu de l'article 2092, à l'acquittement des obligations qu'elles contractent valablement..... Le tuteur ne peut pas aliéner les immeubles de son pupille, sans se conformer aux articles 457 et suivants ; néanmoins il les affecte valablement par les obligations qu'il contracte dans la limite de ses pouvoirs. Il en est de même du mineur émancipé et de la femme séparée de biens.

» Par conséquent l'insaisissabilité des immeubles dotaux, à raison des obligations contractées par la femme dotale pendant le mariage, ne s'explique ni par la nature du bien, ni par les règles auxquelles il serait soumis. Nous ne pouvons la justifier dès lors que par des considérations tirées de la personne du propriétaire (1) ».

Ce raisonnement se fortifie encore par l'examen de diverses conséquences du régime dotal, soit expressément formulées dans le Code, soit unanimement admises en doctrine et en jurisprudence, lesquelles ne peuvent s'expliquer que par l'incapacité de la femme, et sont absolument injustifiables par la seule inaliénabilité de la dot. Si l'obstacle qui s'oppose au droit de saisie des créanciers postérieurs à la célébration du mariage résidait dans le bien lui-même, et non dans le titre de ces créanciers, il paralyserait aussi le droit des créanciers antérieurs ; la loi fait cependant entre eux une différence (Arg., art. 1558). Si l'obstacle résidait dans la totalité du bien, il devrait disparaître à l'égard de tous créanciers, après la dissolution du mariage ; le principe opposé n'est pourtant contesté de personne. Si l'obstacle ne dérivait uniquement d'un vice de l'obligation de la femme, peu importerait la nature intime de cette obligation, son origine contractuelle ou délictueuse ; or il est unanimement reconnu que les délits de la femme dotale donnent action à ses créanciers, contre la dot. Dans le même ordre d'idées, l'on pourrait faire valoir encore quelques arguments.

Il convient enfin d'observer que, de tout temps, en organisant le régime dotal, le législateur a voulu protéger la femme contre l'influence, l'ascendant du mari, contre sa propre faiblesse ; que de nos jours, le maintien de ce régime, si contraire aux intérêts généraux du pays, n'a sûrement pas d'autre raison d'être. Les travaux préparatoires du Code prêtent appui à cette considération.

En résumé, le vrai motif de l'insaisissabilité de la dot, au regard des créanciers de la femme, est l'incapacité de leur débitrice. Cette incapacité, d'une nature très spéciale, puisqu'elle n'existe que relativement à certains de ses biens, n'en est pas moins irrécusable ; elle s'atteste par la meilleure des preuves, par ses résultats (2). En principe, nous l'avons dit, l'autorisation du mari, comme celle de la justice, est impuissante à la lever. La loi cependant a formulé sur ce point diverses dérogations ; dans un petit nombre de cas déterminés elle a, sous certaines conditions, permis l'aliénation directe de la dot (A. 1555, 1556, 1557, 1558) ; celle-ci, dans les

(1) V. M. Deloynes : Revue crit. t. XI. 1882, p. 549.

(2) V. MM. Labbé : Rev. crit., IX, année 1856. — Gide : *op. cit.* p. 506 et s. — Deloynes : *op. cit.* — Contrà : MM. Demolombe : Revue Wolowski, II, année 1835. — Aubry et Rau : V, § 537, 1°. — Laurent : XXIII, 499. — Cpr. Bertauld : Rev. crit. XXIX, année 1866.

mêmes hypothèses et sous les mêmes conditions, peut indubitablement être affectée à l'acquittement d'une dette, d'un emprunt par exemple. D'autre part, — et là réside l'intérêt de la controverse que nous avons examinée, — l'incapacité de la femme dotale ne saurait vicier que les obligations nécessitant la capacité du débiteur ; son effet s'arrête à la limite de ces obligations. A ce point de vue, notre opinion se distingue profondément de celle qui ne voit, dans l'insaisissabilité de la dot, qu'une conséquence de la nature du bien, de son inaliénabilité. Nous nous bornons en ce moment à une indication rapide de la différence; les détails trouveront leur place, quand nous examinerons les droits des divers créanciers d'une femme mariée sous le régime dotal.

L'incapacité dont nous avons fait la preuve n'existe, remarquons-le, qu'à l'égard de la dot. Toute obligation, valable, selon les règles du droit commun précédemment exposées, ne perd donc point ce caractère, et l'acquittement peut toujours en être poursuivi sur la partie non dotale du patrimoine de la femme. Il en est ainsi dans le cas même d'une constitution de tous ses biens présents et à venir; le tiers devenu son créancier, avec l'autorisation du mari par exemple, possède contre elle un titre d'une valeur indiscutable, malgré les chances d'inexécution auxquelles il est exposé. L'opinion adverse a toutefois été soutenue, mais sans succès. Le régime dotal, a-t-on dit, frappe la femme d'une certaine incapacité. Plus la constitution comprend de biens, plus son incapacité est considérable. Les comprend-elle tous; cette incapacité devient absolue, radicale. — Ce n'est là qu'une fausse apparence. Malgré la constitution universelle de son patrimoine présent et à venir, la femme pourra posséder un jour des biens qui n'auront jamais été dotaux, tous ceux par exemple qui lui surviendront après la dissolution du mariage. A l'égard de ceux-là, il faut déclarer pleinement valable le droit du créancier dont s'agit, car étendre l'incapacité de la femme dotale au delà des limites que lui assignent les textes, c'est corriger la loi, la refaire, la violer (1).

Supposons que les époux, dans leur contrat de mariage, aient déclaré en termes formels que la femme serait absolument incapable, soit de cautionner son mari, soit même plus générale-

---

(1) V. MM. Aubry et Rau, et les autorités citées par eux : V. § 538, n° 37. — Contrà : M. Gide, *loc. cit.*

ment de s'obliger vis-à-vis de personne. Cette clause est-elle valable ? Est-elle nulle ? Au premier abord on ne conçoit pas qu'une discussion ait pu s'élever à ce sujet. Nul n'est maître de disposer à volonté de son état, de se rendre capable ou incapable, pour l'avenir, de s'obliger; car toutes les règles relatives à la capacité des personnes sont manifestement d'ordre public : partant, il est défendu d'y déroger (A. 6). La faveur due aux conventions matrimoniales justifierait-elle une exception au droit commun sur ce point? — Mais l'article 1388 interdit aux époux toute disposition contraire aux règles prohibitives du Code, par conséquent à l'article 6 que nous venons d'invoquer. La question paraît donc indiscutablement résolue. Cependant la Cour de Paris, dans deux arrêts presque célèbres (17 nov. 1875, S. 76. 2. 65. et 6 déc. 1877, S. 78. 2. 161), s'est prononcée pour la validité de notre clause. Cette opinion repose, on le devine, sur celle que nous venons de combattre au sujet de la constitution de tous les biens présents et à venir de la femme. Elle puise là son unique argument, péremptoire du reste si le point de départ en était exact. Admet-on en effet qu'une pareille constitution produise chez la femme une incapacité absolue, radicale, de s'obliger : il n'existe guère de motif pour empêcher les époux de stipuler cette incapacité dans des termes quelconques, et sous quelque régime que ce soit, de la restreindre même à une certaine catégorie d'obligations, aux cautionnements par exemple. Mais nous venons de montrer que le régime dotal n'offre à la femme la faculté de se déclarer incapable que relativement à certains biens ; et cette faculté, dérogeant à un principe d'ordre public, ne saurait être étendue au delà des limites que lui a fixées le législateur. Aussi M. Valette écrivait-il, en 1878 : « La nullité de l'obligation d'une femme mariée majeure, autorisée de son mari, nullité que l'on tirerait des conventions matrimoniales de cette femme, est une monstruosité inconnue jusqu'à ce jour, et que, à coup sûr, la Cour de cassation ne laissera pas se glisser dans la jurisprudence (1). » La Cour suprême a entendu cet appel : un arrêt du 22 décembre 1879 (S. 80. 1. 125) a rétabli les vrais principes en la matière, et probablement épuisé la discussion pour l'avenir.

---

(1) V. Mélanges, I, p. 525. — V. aussi MM. Lyon-Caen, note dans Sirey, (78.2.161). — Vavasseur : Revue crit., VII, année 1878.

N° 3. — Hypothèses diverses et controversees.

L'autorisation maritale est évidemment impuissante à relever la femme des incapacités qui l'atteignent à un autre titre que celui de femme mariée ; elle est également impuissante à la relever de l'effet des prohibitions spéciales de la loi, relativement à telle ou telle obligation déterminée.

La femme est-elle interdite par exemple : elle perd alors l'exercice de tous ses droits, et l'approbation du mari ne trouve plus l'occasion de s'exercer. Devenu de plein droit le tuteur de son épouse (A. 506), il la représente comme un tuteur ordinaire, dans chacun des actes qui la concernent. Si par hasard il est excusé, exclu ou destitué de ses fonctions, elles sont confiées à un étranger ; mais celui-ci, bien qu'il agisse aux lieu et place de la femme, pour elle et en son nom, n'est jamais obligé de solliciter l'assentiment du mari : cette exigence ne se justifierait, en effet, par aucun des motifs qui légitiment le principe de l'autorisation maritale.

La femme est-elle mineure : émancipée de droit par son union, elle n'en est pas moins soumise à une double incapacité. Comme femme mariée, elle doit être, en toute occasion, autorisée de son époux ; comme mineure, elle a besoin pour certains actes de l'assistance de son curateur, et pour d'autres, de l'assistance du conseil de famille ou même de l'homologation du tribunal. Le mari majeur est, tout le monde en convient, malgré le silence du Code, le curateur légal de sa femme ; il l'autorise donc quelquefois en la double qualité de mari et de curateur (A. 482) ; il ne l'autorise jamais en la qualité unique d'époux, car la règle de l'autorisation maritale est précisément étrangère aux actes que le mineur émancipé peut valablement accomplir seul (A. 481, 484).

L'approbation du mari est, avons-nous dit, dépourvue de toute valeur à l'égard des engagements de la femme, qui ont été l'objet d'une défense particulière de la loi. Ainsi notre Code interdit en principe, et sauf un très petit nombre d'exceptions, le contrat de vente entre époux (A. 1595) ; il ne leur permet point de se faire des donations irrévocables (A. 1096) ; dans ces deux cas l'assentiment même de la justice, assentiment qu'elle ne donnerait d'ailleurs que trompée sur le véritable but des époux, serait évidemment frappé d'impuissance. Mais à côté de cette double prohibition expresse du législateur, il est quelques hypothèses, où l'efficacité de l'autorisation maritale a donné lieu à de sérieuses discussions. Telle est celle d'une promesse de garantie relativement à l'aliénation d'un bien dotal ; telle encore celle d'un engagement contracté par la femme envers son mari, en dehors du cercle d'application des deux articles qui viennent d'être mentionnés.

I. Obligation de garantie relativement à l'aliénation d'un bien dotal.

Lorsqu'un bien de la femme, vendu par elle, l'a été valablement, légitimement, la garantie est due sans contredit à l'acquéreur, d'après les règles du droit commun. Lors au contraire que le bien aliéné par la femme était dotal, c'est une question fort débattue que celle de savoir si l'acquéreur, évincé sur la demande de l'un des époux, a droit encore à une indemnité. Si la femme lui a seulement laissé ignorer la dotalité, sans s'obliger expressément à aucune garantie, la négative ne peut faire de doute. Elle résulte de la comparaison des deux alinéas de l'article 1560, presque aussi formellement que d'une disposition expresse (1). La femme ne serait même pas tenue alors de rembourser à l'acquéreur le prix par lui payé, à moins qu'il ne prouvât que ce prix a réellement tourné à son profit (2). Mais la garantie nous paraît due, quand la femme s'y est obligée en termes précis, avec l'autorisation du mari, sur ses paraphernaux. L'opinion contraire, longtemps admise en jurisprudence, a été enfin abandonnée et avec raison, bien qu'elle ait trouvé aussi dans la doctrine des défenseurs. L'on invoquait en ce sens les règles du droit de Justinien (nov. 61 §§ 2 et 4) ; rien dans notre Code, disait-on, ne révèle une modification de ces vieux principes, et d'ailleurs logiquement la nullité de l'aliénation, c'est à dire de la clause principale du contrat, entraîne aussi la nullité de la clause accessoire de garantie (3). — A ces considérations il a été victorieusement répondu que la femme peut librement disposer de ses paraphernaux, avec l'autorisation de son mari, qu'il faudrait un texte pour lui interdire cette faculté dans le cas spécial dont s'agit, que ce texte n'existe pas ; qu'au surplus l'inaliénabilité de la dot n'a d'autre fin que sa conservation, et qu'en frappant de nullité la

---

(1) V. Cep. Taulier : V, p. 336.

(2) V. Tessier : de la dot, p. 48. — MM. Rodière et Pont : III. 1880.

(3) V. Marcadé : VI. art. 1560, n° 4. — Troplong : IV. n° 3544. — Limoges, 10 fév. 1844, S. 45, 2. 28. — Agen, 17 juill. 1848, S. 48, 2. 602.

promesse de la femme relativement à la garantie, l'on dépasserait très certainement le but du législateur (1).

Lorsque la femme, en s'obligeant formellement à la garantie, n'a cependant pas exprimé qu'elle entendait s'obliger ainsi sur ses paraphernaux, elle n'en doit pas moins être tenue, selon nous, si elle possède des paraphernaux, et que la clause de garantie insérée dans le contrat ne soit pas seulement une clause de style. Mais la question devient plus délicate, si l'on suppose que cette femme n'ait point de paraphernaux ; plus encore, si tous ses biens présents et à venir sont dotaux. Il nous semble pourtant qu'elle ne doit pas, même alors, recevoir une autre solution. Le pacte de garantie, auquel la femme a accédé, s'analyse-t-il en une clause purement de style : il ne mérite assurément de produire aucun effet. Est-il certain, au contraire, — ce qui sera d'ailleurs très rare, — que ce pacte a été inséré dans la vente, sur les instances particulières de l'acquéreur, pour obliger la venderesse envers lui dans toute la limite du possible : la femme, malgré les chances d'inexécution d'un pareil engagement, est, à notre avis, liée comme si elle s'était obligée pour toute autre cause. Nous ne verrions pas la raison d'une différence.

II. Obligations contractées par la femme envers le mari.

On sait que, dans deux cas au moins, l'obligation contractée par une femme envers son mari n'est point valable, en vertu des articles 1595 et 1096 du Code civil. Y a-t-il là deux exceptions impliquant une règle générale tout opposée, ou bien au contraire faut-il dire qu'il est en principe défendu à deux époux de passer ensemble un acte quelconque? La question, autrefois vivement controversée, est maintenant à peu près unanimement résolue. Pour établir la validité des contrats entre époux, il nous paraît inutile de remonter au droit romain et à notre ancien droit : le premier, du reste, nous serait manifestement favorable (2); le second offre dans ses auteurs des opinions contradictoires (3).

---

(1) V. Odier : III, nº 1346. — Tessier : II, p. 76 et s. — MM. Rodière et Pont : III 1880. — Cass. 20 juin 1853, S. 54, 1. 5. — Montpellier, 2 mai 1854, S. 54, 2. 687.

(2) V. II. 7, § 6, D. XXIV, 1. — 16, § 3. D. XXXIV. 1. — 9, § 3, D. XXIII. 3.

(3) Cpr. Dumoulin : sur l'a. 256, nº 5 de la cout. de Paris, I, p. 908. — Basnage : sur l'a. 411 de la cout. de Normandie, II. — Lebrun : de la communauté, liv. II, ch. I, sect. III, nº 36.

L'un et l'autre, si utiles parfois à consulter pour l'interprétation d'un texte, deviennent indifférents, quand il s'agit d'introduire dans nos Codes une distinction qui n'y est très sûrement pas. L'article 1123 C. C. déclare en effet que « toute personne peut contracter, si elle n'en est déclarée incapable par la loi »; or, aucune disposition législative ne prononce contre la femme une incapacité générale de contracter avec son mari. Donc cette incapacité n'existe point. Et ce n'est pas seulement le silence de la loi qui impose cette solution; maints articles militent encore dans le même sens. Plusieurs supposent entre époux la possibilité de divers contrats (A. 1096. 1435. 1451. 1577); ceux mêmes qui ont pour but d'en prohiber quelques-uns (A. 1096. 1395. 1595), nous semblent par là démontrer la légitimité de tous les autres. Ajoutons enfin qu'on ne saurait, sans s'exposer à blesser gravement les intérêts des deux époux, leur interdire d'avance et d'une manière absolue tout contrat. Le bail, par exemple, leur est souvent fort utile ; et puis, il peut arriver que des intérêts indivis, à eux échus, exigent un arrangement immédiat. « Faut-il créer là une situation sans issue, sans dénouement possible, pendant toute la durée du mariage? » demande M. Demolombe (IV. n° 235). La réponse n'est guère discutable. Ainsi, à part quelques dérogations résultant de textes précis, il n'est point interdit à deux époux de contracter ensemble; et la femme, sous cette réserve, possède par suite la faculté de s'obliger valablement envers son mari.

Mais cette faculté n'est-elle pas subordonnée à l'autorisation de la justice? Sur ce point encore s'est élevée une controverse, maintenant assoupie, comme la précédente, après de vifs débats. Dans les premières années du Code, quelques esprits avaient poussé la rigueur jusqu'à exiger l'autorisation de la justice, même pour les obligations souscrites par une femme vis-à-vis d'un tiers, dans l'intérêt de son mari (1). Les arguments émis en faveur de cette doctrine étaient du reste les mêmes que ceux présentés, au sujet des engagements de la femme envers le mari ; en exposant et réfutant ces derniers, nous réfuterons donc du même coup les autres. Or, à vrai dire, ces arguments se réduisent à un seul ; car le motif déduit de l'article 1427 était tellement invraisemblable et inadmissible que peu, même d'entre les partisans du système que nous

(1) V. Turin, 17 déc. 1808, S. 10, 2. 17.

combattons, se résolvaient à l'invoquer (1); il serait superflu de le rappeler. Mais l'on faisait valoir une deuxième considération plus sérieuse : il est impossible, disait-on, qu'un mari habilite sa femme à s'obliger envers lui, parce que celle-ci, ordinairement soumise à ses volontés, serait livrée par là sans défense, aux plus redoutables dangers ; le Code ne renferme, à la vérité, pas de texte formel en ce sens, mais la règle « *nemo potest esse auctor in rem suam* » doit certainement ici être appliquée ; si le législateur ne l'a point exprimée en la matière, c'est qu'il en avait déjà fait ailleurs l'application, c'est aussi qu'elle n'a pas besoin d'être écrite, tant a de force, d'évidence, la vérité qu'elle consacre. — L'argument nous paraît bien peu solide. La maxime invoquée n'a été établie par les jurisconsultes romains qu'au sujet de la tutelle ; aussi dans l'ancien droit Pothier l'écartait-il sans peine, en rappelant la différence capitale de nature qui séparait l'autorisation du tuteur et celle du mari (*op. cit.* n° 42). De nos jours, il est vrai, la puissance maritale n'a plus pour base unique la soumission de l'épouse, mais aussi la protection des intérêts collectifs de la famille. Il n'en existe pas moins une distance considérable de l'autorisation du tuteur, uniquement requise au profit du mineur, à cette puissance organisée bien plus en faveur du mari et des enfants que de la femme elle-même. Au surplus, nulle part le Code n'a formulé la prétendue maxime *nemo potest.....*; comment dès lors se fonder sur elle pour justifier une si grave dérogation aux principes généraux ? Nous ne nions pas le danger que peut offrir la faculté pour le mari d'autoriser sa femme dans les obligations contractées à son profit ; il eût été plus sage d'exiger à leur égard l'assentiment de la justice, nous ne le contestons pas. Mais l'interprète n'a qu'un devoir : appliquer la loi, même imparfaite, même fautive, quand elle est certaine ; ici elle n'offre pas de doute sérieux. Ajoutons enfin que, postérieurement au Code civil, un décret du 17 mai 1809 a permis à la femme de constituer, avec la seule approbation de son mari, un majorat au profit de celui-ci ; c'est là un dernier argument en faveur de la doctrine que nous venons de défendre, et qui du reste, en ce moment, n'est plus guère discutée (2).

Il importe maintenant de faire observer que, si la femme peut,

---

(1) V. Cass. 8 nov. 1814, S. 15, 1. 37.

(2) V. MM. Aubry et Rau : V, § 472, n. n. 46 et 47. — Demolombe : IV, n°s 231 et s.; et les autorités citées par eux.

sous la seule autorisation du mari, contracter envers lui des obligations pleinement valables, cette autorisation lui est du moins indispensable. Or elle n'est pas, on le sait, un assentiment ordinaire, une approbation quelconque du mari, approbation qui résulterait manifestement de l'acte même où il aurait été partie contractante; mais un assentiment d'une nature spéciale, soumis à des règles étroites en vertu des articles 217 et 223. A ces règles la loi n'a en effet apporté aucune exception pour les actes accomplis entre époux; il faut donc faire à ceux-ci une entière application du droit commun, notamment du principe de la spécialité, tel qu'il a été défini, et de la prohibition de la preuve testimoniale, prohibition qui obligera les époux à constater par écrit toute convention passée entre eux, quelle qu'en soit la valeur. Au surplus, les deux exigences du Code se justifient mieux encore ici que dans le cas général : la première aboutit à une protection plus efficace des intérêts de la famille; la deuxième à une diminution du nombre des procès entre époux ; l'une et l'autre sont avantageuses, morales, évidemment conformes au désir de notre législateur.

En ce qui concerne le contrat de mandat, ces idées renferment, croyons-nous, la solution de bien des difficultés qui embarassent la jurisprudence et les auteurs. La femme qui reçoit un mandat de son époux, assume-t-elle envers lui toutes les obligations d'un mandataire ordinaire? Distinguons les diverses catégories d'actes, en vue desquels le mandat peut être donné.

A-t-il pour objet un acte particulier, tel qu'un emprunt à réaliser : L'autorisation du mari sera suffisamment spéciale, et le mandat pleinement valable à l'égard de la femme, pourvu toutefois que l'acte, à elle confié, ait été déterminé par les termes du contrat, au moins dans ses lignes essentielles. Telle est, en effet, la rigueur avec laquelle il convient, nous l'avons vu, d'apprécier la spécialité nécessaire à l'autorisation maritale. Par conséquent, le mandat que recevrait une femme, à l'effet de placer le prix d'un de ses propres aliénés, sans spécification d'aucune condition particulière à observer, serait nul vis-à-vis d'elle ; et le mari devrait répondre des suites du placement, n'être point admis à se prévaloir d'une simple faute de la femme. Ce résultat spécial est du reste consacré par la jurisprudence (1); mais elle le justifie par de tout autres motifs, que nous allons bientôt examiner.

(1) V. Cass. 8 fév. 1853, S. 53, 1. 33. — Cass. 25 nov. 1868, D. P. 69, 1. 148.

Supposons maintenant que le mari donne à sa femme un pouvoir général d'emprunter pour lui par exemple : l'autorisation alors manque de spécialité, et la femme ne saurait être tenue des suites d'une pareille convention.

Enfin le mandat accepté par elle peut porter sur la gestion d'une certaine quantité de biens, de ceux par exemple dont le contrat de mariage a remis l'administration au mari, des biens de la communauté, ou même, suivant le régime, des biens propres de l'épouse. Dans cette hypothèse, l'on s'accorde presque unanimement à annuler, quoique avec une rigueur diverse, à l'égard de la femme, le mandat donné par le mari. Autrement, dit-on, l'on fournirait à celui-ci un moyen trop aisé de se décharger des obligations que lui impose le pacte matrimonial. En conséquence, les uns déclarent la femme uniquement responsable de son dol et des sommes dont elle aurait disposé dans son intérêt personnel; ils la dispensent entièrement de l'obligation de rendre compte (1). D'autres, un peu moins larges, exigent un compte, mais non détaillé ni appuyé de pièces justificatives (2). D'autres enfin, plus sévères, veulent que la femme rende compte d'après le droit commun, et la délient à ce seul prix de toute responsabilité (3). Ces divisions, dans la doctrine et la jurisprudence, nous paraissent révéler que l'on ne s'est pas suffisamment attaché aux principes du Code en la matière, que la lettre de la loi a été abandonnée pour des considérations de pure raison, de pure équité. Le mari, dit-on, ne peut avoir la faculté de se soustraire, par le moyen d'un mandat, au devoir d'administration qu'il a volontairement assumé, aux termes de son contrat de mariage, soit sur les biens de la femme, soit sur ceux de la communauté. Cet argument est-il péremptoire? L'administration, par le mari, de certains biens est pour lui un droit autant qu'un devoir; c'est une stipulation faite dans l'intérêt commun des époux. Or, si l'on reconnaît en principe la validité du mandat confié par l'un des deux à l'autre, pourquoi l'interdire dans le cas particulier qui nous occupe? Nous faisons abstraction, en ce moment, de tout motif tiré de la spécialité de l'autorisation maritale, parce que l'on n'a point songé, à notre connaissance, que là peut-être résidait le nœud

---

(1) V. MM. Aubry et Rau : V, § 509, 1°. c. — Aix, 15 janv. 1838, D. P. 1838, 2. 149. — Orléans, 20 janv. 1859, S. 59, 2. 273. — Besançon, 18 nov. 1862, S. 63, 2. 107.

(2) V. Bordeaux, 14 juin 1853, D. P. 1854, 2. 39.

(3) V. MM. Rodière et Pont : II, 791. — Dutruc : note dans Sirey (S. 59, 2. 273.)

de la difficulté. Puis dans le système de la jurisprudence et des auteurs, que décider, au cas où la femme reçoit mandat de gérer, non plus les biens de la communauté ou ses biens personnels, mais le patrimoine propre du mari? Alors on ne peut plus dire que le mari essaie de se soustraire à une obligation dérivant pour lui du contrat de mariage; il faudrait donc admettre l'absolue validité du mandat, ce qui serait une évidente inconséquence.

En face de pareilles difficultés, certains auteurs ont cru devoir renoncer à une situation privilégiée, pour la femme qui accepte du mari un mandat général d'administration, et la déclarent tenue envers lui dans tous les cas, suivant les règles ordinaires du droit (V. M. Laurent, XXII. 102 et s.). La femme, d'après eux, doit toujours rendre compte, et répond, non pas seulement de son dol, mais encore de sa simple faute, sauf la faculté laissée aux juges d'apprécier celle-ci avec une rigueur tempérée, parce que le mandat sera ordinairement gratuit (A. 1992). — Cette théorie fait-elle une assez large part à la protection de la femme, et aux principes de véritable justice dont l'interprète a le devoir d'assurer le triomphe, quand il est possible de les concilier avec la lettre de la loi? Nous ne le pensons pas. Selon nous, on peut, en recourant à la règle de la spécialité de l'autorisation maritale, donner aux intérêts qui se heurtent en la matière, une très équitable satisfaction. Si la gestion confiée à la femme se réduit à quelques actes faciles et peu importants, l'autorisation du mari sera suffisamment spéciale; le mandat produira donc, vis-à-vis de la femme, tous ses effets ordinaires. Mais si la gestion comporte des actes d'une variété et d'un gravité considérables, l'autorisation du mari n'a plus alors une spécialité suffisante. Par suite, la femme mandataire n'est point obligée envers son mari, et pourvu qu'elle s'abstienne de tout dol, n'encourt aucune responsabilité. En traitant du principe de la spécialité de l'autorisation, nous avons justifié par avance l'application que nous en faisons en ce moment; nous avons alors exposé, et espérons avoir résolu les objections possibles contre notre opinion. Nous ne nous attarderons pas à en présenter ici de nouveau la défense.

Quand la femme contracte en vertu d'un mandat de son époux, que ce mandat soit ou non valable vis-à-vis d'elle, les tiers n'en sont pas moins toujours obligés envers le mari; celui-ci l'est aussi envers eux (A. 1190). Mais en aucun cas, la femme ne peut, sauf délit ou quasi-délit, devenir leur débitrice personnelle, et cela, conformément aux règles du droit commun. Il importe donc essentiellement, à ce point de vue, de distinguer le mandat de l'autorisation maritale. Le mandat exprès du mari n'a donné lieu dans la jurisprudence, et ne pouvait donner lieu à aucune confusion ; le mandat tacite s'est au contraire prêté à quelques erreurs (1). Ce mandat est celui qui dérive de la seule situation des époux, l'un par rapport à l'autre ; qui, pour exister, n'a besoin d'être l'objet d'aucune convention expresse. On reconnaît presque unanimement par exemple que la femme a un mandat tacite du mari pour l'achat journalier des vivres, denrées et objets de toute espèce, nécessaires à la subsistance ou à l'entretien de la famille. La définition très large de l'autorisation tacite, qu'adopte, comme nous l'avons vu, la majorité des Cours d'appel, favorise la confusion de cette autorisation, avec le mandat dont nous parlons. Mais si le sens que nous avons assigné aux termes de l'article 217 est exact, il ne peut y avoir de difficulté sérieuse. L'autorisation tacite résulte uniquement de la participation du mari à l'acte écrit qui constate l'obligation de la femme ; or les engagements pris par cette dernière, en qualité de mandataire de son époux, sont contractés hors la présence de celui-ci. Par suite, qu'il y ait ou non un écrit signé d'elle, il ne saurait être question d'autorisation, et le tiers créancier n'a d'autre ressource que la preuve du mandat, à moins qu'il ne puisse établir, malgré le défaut d'autorisation, la validité, vis-à-vis de la femme, de l'engagement souscrit par elle. Il n'entre point évidemment dans le cadre de notre travail, d'indiquer les limites du mandat tacite de la femme, ni des moyens à la disposition du mari, pour faire cesser, à l'égard des tiers, une présomption qui pourrait lui devenir par trop onéreuse; il nous suffit d'avoir rappelé que la femme mandataire tacite engage le mari sans se lier elle-même, et d'avoir signalé sur ce point la confusion que l'on rencontre dans quelques arrêts.

(1) V. Cass. 7 nov. 1820. Dalloz : V° Cont. de mariage, n° 1006. — Douai, 24 déc. 1833, D. P. 1847, 2. 59. — V. M. Laurent : XXII, n°s 101 et 106.

CHAPITRE II

Droits des créanciers d'une femme valablement obligée

En règle générale, toute personne qui s'oblige, oblige par là son patrimoine entier, et n'oblige que son patrimoine (A. 2092). Cette double proposition est assez souvent inexacte, en ce qui concerne les femmes mariées. Le droit de gage du créancier ne s'étend pas toujours à la totalité de leurs biens; quelquefois à l'inverse il englobe, en outre de ses biens, les biens propres du mari, alors que celui-ci n'a pourtant contracté personnellement aucune obligation envers le même créancier. Ces anomalies variant avec les divers régimes matrimoniaux, chacun d'eux sera, à ce point de vue, l'objet d'une étude particulière.

SECTION I

Régime de la communauté légale

§ 1er. — Avant dissolution de la communauté.

Sous le régime de la communauté légale, la situation du créancier diffère notablement, selon que la femme s'est obligée avec l'autorisation de son mari ou sans cette autorisation.

Supposons-la d'abord obligée avec l'autorisation du mari. Son engagement grève aussitôt la communauté (A. 1409 2°); et l'article 1419, très explicite, ajoute : « les créanciers peuvent poursuivre le paiement des dettes que la femme a contractées avec le consentement du mari, tant sur les biens de la communauté, que sur ceux du mari ou de la femme, sauf la récompense due à la communauté, ou l'indemnité due au mari. » Le consentement dont il est question dans ce texte, n'est autre chose que l'autorisation maritale, entourée des conditions et des formes que nous avons vues. Le mot « autorisation » a cessé en effet, depuis le Code, d'être sacramentel; à tel point que, même au siège de la matière, dans l'article 217, le législateur n'a pas craint d'employer celui de « consentement. » Comme d'autre part cet article 217 réglemente de la manière la plus absolue, les formes du consentement donné par le mari à un acte quelconque de la femme, et qu'il n'existe aucune dérogation à ce texte pour le régime de la communauté légale, il ne nous paraît pas douteux que l'article 1419 ne doive être expliqué et complété par lui. C'est là sans doute la portée exacte des termes un peu trop larges de certains auteurs, notamment de MM. Rodière et Pont, sur ce point (t. II. 788 et 789).

L'article 1419, en déclarant le mari tenu des dettes qu'il a seulement autorisées, déroge à une règle très générale, qu'exprime le vieux brocard : *qui auctor est se non obligat*. Celui qui n'intervient à un contrat, que pour autoriser une personne incapable, n'assure d'ordinaire aucune obligation. Pourquoi la loi en a-t-elle décidé autrement ici ? Plusieurs raisons y ont contribué, sans aucun doute. Tout d'abord si la femme, en s'obligeant avec l'assentiment du mari, n'eût engagé qu'elle-même, le mari bien souvent aurait usé de son influence pour imposer à la femme des obligations, dont lui ou la communauté auraient retiré le profit. Il est donc naturel que tout acte, autorisé par le mari, soit présumé avoir pour cause l'intérêt commun, ou même l'intérêt personnel de celui-ci. La plupart des auteurs s'en tiennent, pour la justification de notre principe, à cet unique motif. Il est pourtant évident que ce motif n'est pas spécial à la communauté légale, et que, s'il n'en existait pas d'autre, le législateur aurait dû, sous peine de contradiction, étendre la même décision à tous les régimes. Or il ne l'a pas fait et avec raison. La communauté légale crée, entre deux époux, une association d'intérêts telle que le mari profite de tous les actes avantageux de la femme, de toutes ses opérations heureuses; c'est donc par une juste compensation, qu'il est tenu des dettes contractées avec son assentiment. Enfin, le régime de la communauté donne naissance à une masse de biens, dont les époux sont copropriétaires, et qui, pour ainsi dire, sert de trait d'union entre leurs patrimoines propres. Sans doute la femme, pendant le mariage, n'a pas sur cette masse de biens tous les droits d'un copropriétaire. Son intérêt bien compris, la paix surtout et l'entente si précieuses dans le ménage, ont porté la loi à remettre au mari seul les pouvoirs d'administration et de disposition, sur le trésor commun; mais la femme n'en est pas moins copropriétaire, et l'on ne saurait s'étonner de le voir, affecté à l'acquittement des obligations souscrites par elle avec l'approbation de son époux (A. 1409. 2°). Or, le patrimoine de la communauté et celui du mari sont, durant le mariage, tellement confondus ensemble que toute dette de l'un est aussi dette de l'autre. Par là encore se justifie la règle de l'article 1419.

Il n'est pas sans intérêt de remarquer qu'elle repose sur trois raisons d'une presque égale importance. C'est, en effet, pour n'avoir pas aperçu les deux dernières, que nombre d'auteurs ont proclamé un principe, à notre avis erroné, la généralisation de deux décisions particulières du Code (A. 1413 et 1432). C'est aussi pour n'avoir pas entrevu le troisième de ces motifs, que d'autres et éminents jurisconsultes ont décidé, à tort selon nous, que le mari peut quelquefois être tenu, même sous le régime dotal ou sous le régime d'exclusion de communauté, d'engagements de la femme simplement autorisés par lui.

Notre Code a fait l'application du principe de l'article 1419 aux dettes grevant les successions et donations, soit purement mobilières, soit partie mobilières, partie immobilières, acceptées par la femme avec l'approbation du mari (A. 1411, 1416, 1418). La communauté et celui-ci en sont tenus pour le tout, sauf les récompenses entre époux, auxquelles peut donner lieu l'action des créanciers (A. 1414).

L'article 1426 renferme également une application du même principe aux engagements souscrits par la femme marchande publique, pour les besoins de son négoce. Cette précision, qui n'était point nécessaire, puisque la femme, pour exercer une profession quelconque, doit avoir l'assentiment de son mari, est, en outre, un peu inexacte dans son expression. Au cours de notre chapitre premier, nous avons dit sous quelles conditions une femme peut être considérée comme marchande publique ; à qui incombe le fardeau de la preuve, en cas de contestation sur la validité de ses engagements ; nous ne reviendrons point ici sur des principes déjà exposés.

L'autorisation donnée à la femme commune oblige le mari ; mais en quel sens? Dans quelle limite? Il importe de préciser. Autrefois on se demandait s'il pouvait être tenu, même par corps, d'un engagement commercial par exemple; le débat était vif. La loi du 22 juillet 1867 y a coupé court, en supprimant la contrainte par corps, en toutes matières autres que criminelle, correctionnelle et de simple police. Il subsiste encore divers points fort embarrassants : Et tout d'abord, le mari est-il réellement débiteur personnel de l'engagement souscrit par la femme avec son approbation? Ou bien en est-il seulement tenu comme chef de la communauté, à raison de la confusion actuelle de son patrimoine propre et des biens qui la composent, de telle sorte qu'après sa dissolution il ne puisse être recherché que pour la moitié de la dette? Les articles 1484 et 1485, isolés de tout autre considération, permettraient de s'arrêter à cette dernière alternative; mais le texte de l'article 1419 nous paraît trop général, l'assimilation légale des dettes autorisées par le mari à celles directement contractées par lui nous semble trop parfaite, pour qu'on puisse réduire de moitié à aucun moment le droit du créancier. Les précédents historiques fournissent en ce sens un argument décisif (1).

L'autorité de l'ancien droit a cependant fait introduire dans le Code, sur ce point, une exception relativement aux dettes provenant d'une succession ou d'une donation mobilières acceptées par la femme. Ces dettes se trouvent, en effet, sûrement visées (en même temps que celles antérieures au mariage), dans l'article 1485, qui déclare le mari tenu pour moitié seulement des obligations « personnelles à la femme », après acceptation, par elle ou ses héritiers, de la communauté dissoute. Les termes de cet article sont à la vérité fort obscurs; ils se prêtent à une foule d'interprétations diverses; mais l'ancien droit et les travaux préparatoires du Code l'éclairent d'une vive lumière (2). La dérogation qu'il consacre se justifie-t-elle rationnellement? Nous ne l'affirmerions pas. Il faut pourtant convenir que l'acceptation d'une succession ou d'une donation par la femme, constitue de sa part un acte tout particulièrement personnel, et malgré l'autorisation du mari, ne peut guère être réputée faite dans l'intérêt spécial de ce dernier (3).

---

(1) V. Pothier : Communauté, n° 730. — Troplong : III, 1781. — MM. Rodière et Pont : II, 1133. — Aubry et Rau : V. § 520, n. 2. — Contrà : Marcadé : VI, art. 1485 et 1486. — M. Laurent : XXII, 70.

(2) V. Pothier : *loc. cit.* — Locré : XIII, p. 137, 234, 263.

(3) V. MM. Aubry et Rau : V. § 520, n. 4 et les autorités citées par eux.

A côté de la question usuelle, presque quotidienne, qui vient d'être examinée, s'en dresse une autre, moins fréquente, mais aussi délicate, que la pratique a révélée en 1854. Deux époux se sont obligés conjointement ou solidairement ; le mari est libéré en tout ou en partie de la dette, au moyen d'un concordat, par exemple, la femme en demeure tenue pour la totalité. Le créancier peut-il, du chef de sa débitrice, poursuivre l'exécution intégrale de son titre, sur les biens communs? Nous ne le pensons pas. C'est, en effet, une règle fondamentale que la communauté se confond, s'identifie d'une manière parfaite avec le patrimoine propre du mari, de telle sorte que toute dette de l'une soit aussi dette de l'autre, et qu'à l'inverse aucun engagement ne puisse grever la communauté, sans grever aussi les biens personnels de son chef. Or le concordat passé avec celui-ci mérite évidemment d'être respecté : le créancier ne peut agir contre les propres du mari, que pour la part de la dette dont il est resté débiteur ; son droit subit donc la même limitation, à l'égard de la masse commune (1).

Le principe de l'article 1419 n'est pas absolu. La loi y a consacré deux exceptions, dans les articles 1413 et 1432. La première est formulée en des termes très précis : la femme qui accepte, avec le consentement de son mari, une succession purement immobilière, n'oblige par là, vis-à-vis des créanciers héréditaires, ni la communauté, ni son époux ; ces créanciers peuvent seulement la poursuivre, en cas d'insuffisance des immeubles du *de cujus*, sur l'entière propriété de ses biens personnels, à la différence de ce qui aurait lieu, si elle n'avait été autorisée que par la justice. L'article 1413 déroge ici très justement à l'effet ordinaire de l'approbation maritale ; les biens à recueillir dans la succession dont s'agit, doivent, en effet, rester exclusivement propres à la femme L'usufruit du mari pourra, à la vérité, en être accru, mais cet avantage éventuel trouve une compensation, dans le droit de poursuite des créanciers contre l'entière propriété du patrimoine de leur débitrice.

La deuxième exception que nous venons d'annoncer, dérive tacitement de l'article 1432, ainsi conçu : « le mari qui garantit soli-

(1) Paris, 18 oct. 1854 ; 24 janv. 1855, S. 55, 2. p. 81 et 85. — MM. Coin-Delisle : Rev. crit. VIII, p. 3. — Rodière et Pont : II, 787. — Contrà : Lyon, 23 juill. 1858, S. 59, 2. 615.

dairement ou autrement la vente que sa femme a faite d'un immeuble personnel, a pareillement un recours contre elle, soit sur sa part dans la communauté, soit sur ses biens personnels, s'il est inquiété. » Notre texte suppose qu'un mari commun a garanti *solidairement* ou *autrement* la vente, effectuée par la femme, d'un immeuble personnel, et le déclare alors tenu de l'éviction subie par l'acquéreur, en affirmant son droit à une récompense. C'est nettement proclamer, ce nous semble, qu'il n'encourt aucune responsabilité, quand au lieu de garantir la vente, il se borne à l'autoriser. Quelques auteurs cependant le contestent. L'article 1432, disent-ils, vise uniquement une question de contribution, de récompense entre époux ; la teneur en est un peu fautive, mais il est impossible que la loi ait voulu soustraire l'obligation de garantie, découlant de la vente d'un propre de la femme, à la règle de l'article 1419, car une pareille aliénation, plus encore qu'un simple engagement de la femme, mérite d'être réputée avoir pour cause l'intérêt du mari ou de la communauté (1). — Que l'objet principal de l'article 1432 soit une question de contribution, nous ne le nions pas ; mais ne traite-t-il pas aussi en passant une question d'obligation ? Cela nous paraît certain ; le texte est péremptoire. Quant à la présomption, qui sert de base à l'article 1419, elle nous semble un peu moins forte ici que dans le cas général, la nature de l'acte avertissant les tiers qu'il concerne exclusivement la femme (2).

A côté des deux dérogations des articles 1413 et 1432, seules formulées au Code, peut-on en reconnaître d'autres? Cela revient à demander s'il est permis d'étendre une exception sans texte, et par de simples raisons d'analogie. L'on ne comprend donc guère qu'une difficulté ait pu naître à ce sujet. De nombreux auteurs cependant soutiennent que, malgré l'autorisation du mari, la femme se trouve seule obligée, quand elle a agi dans un intérêt purement personnel, et que le créancier n'a point pu, en contractant, se méprendre sur le véritable but de son engagement (3). — Une pareille disposition se justifierait à merveille dans la loi ;

---

(1) V. MM. Colmet de Santerre : VI, nº 41 bis XXIII. — Laurent : XXII, 75.

(2) V. Duranton : XIV, 308. — MM. Demolombe : IV, 310. — Aubry et Rau : V, § 509, texte et n. 44.

(3) V. Delvincourt : III, p. 31 et 32. — Duranton : XIV, 248. — Troplong : II, 846; 1229 à 1231.

mais elle ne s'y rencontre pas, et l'admettre, au mépris de l'article 1419, de la règle si générale qu'il exprime, nous paraît bien téméraire (1). Les auteurs dont nous combattons l'opinion sont partis de cette idée inexacte, que l'unique fondement de notre texte est l'intérêt présumé de la communauté ou du mari, dans l'obligation de la femme. Nous avons déjà relevé cette erreur. Des divers motifs que nous avons assignés à l'article 1419, l'un du moins, le dernier subsiste très certainement en notre hypothèse; il suffit à en légitimer l'application. Au surplus, il est fort peu d'actes qui intéressent exclusivement la femme, et n'offrent pas aussi quelque avantage à la communauté. Ainsi, qu'elle fasse élever des constructions sur un immeuble propre, qu'elle le rachète d'une servitude, qu'elle dote l'enfant né d'un premier lit : elle semble poursuivre un but éminemment personnel; l'amélioration du propre donnera pourtant à la communauté une augmentation de revenus; l'enfant doté cessera d'être à sa charge, et de ce chef encore, elle réalisera une économie, un bénéfice. Concluons donc que, sauf les deux cas spécifiés aux articles 1413 et 1432, toute obligation contractée par une femme commune, avec l'assentiment de son mari, grève à la fois le patrimoine de chacun des époux et celui de la communauté.

Supposons maintenant la femme liée sans cet assentiment, vis-à-vis d'un créancier quelconque. Ses propres sont alors le seul gage de celui-ci; il n'a aucun droit sur la communauté, ni par suite sur les biens personnels du mari. La femme ne peut en effet, sans l'approbation de son époux, engager la masse commune (A. 1426). Elle en est cependant copropriétaire. Nous avons expliqué déjà cette anomalie, par son intérêt même, sagement compris. Ainsi en principe, à défaut de l'autorisation maritale, la femme qui s'oblige, n'oblige qu'elle; et, comme jusqu'à la dissolution de la communauté, la jouissance de ses propres appartient au mari, le créancier, jusque-là, ne possède d'action que contre la nue propriété de son patrimoine. Peu importe que la femme se trouve engagée sans aucune autorisation, en vertu d'un quasi-contrat, d'un délit, d'un quasi-délit; ou que la justice ait approuvé son obligation : la règle est la même dans toutes les hypothèses (A. 1424. 1426); mais elle comporte quelques exceptions.

(1) V. Odier : I, 192. — MM. Colmet de Santerre : VI, n° 41 bis XXV. — Laurent : XXII, 76.

L'article 1427 en signale deux : il est permis à la femme d'engager, avec l'autorisation de la justice, la communauté, par conséquent aussi le mari, pour tirer celui-ci de prison et, s'il est absent, pour l'établissement de ses enfants. La rédaction du texte est assez obscure ; elle a provoqué de nombreuses discussions, maintenant fort apaisées (1). Tout le monde reconnaît aujourd'hui par exemple, que l'autorisation de la justice n'est point indispensable, quand le mari en prison consent à donner la sienne. L'on s'accorde aussi à admettre que les seuls enfants, dont il soit question dans l'article 1427, sont les enfants communs. Le texte ne fait pas, il est vrai, cette précision, et semble comprendre même les enfants d'un premier lit ; mais à l'égard de ceux-ci, le mari n'a aucune obligation à remplir ; ce serait donc sûrement dépasser l'exception que de permettre à la femme de lier la communauté de ce chef.

La double disposition de l'article 1427 s'explique et se justifie sans peine : la femme qui s'oblige pour tirer son mari de prison, accomplit en cela un devoir, et le mari profite bien plus qu'elle de son engagement. De même en établissant un enfant commun, la femme satisfait à une obligation naturelle, qui pèse également sur le mari. Mais l'on a essayé de donner à notre texte un autre fondement, de présenter les deux exceptions qu'il renferme, comme l'application d'un principe virtuellement proclamé par l'article 1427 lui-même. Toutes les fois, dit-on, que le mari ne se trouve pas en position d'autoriser sa femme, le juge peut, s'il l'estime convenable, autoriser cette dernière à engager la communauté. Le mot « même » de l'article 1427 n'aurait pas de sens, si l'énumération était limitative ; le législateur aurait dû simplement dire : la femme ne peut obliger la communauté avec l'autorisation de justice, que pour tirer son mari de prison, ou doter un enfant commun. En exprimant que, « même » dans ces deux cas, la femme doit être autorisée du juge, la loi dit implicitement que, dans d'autres très favorables, elle peut aussi, sous la même condition, engager les biens communs (2). Nous ne nous rangerons pas à cette opinion. La rédaction de l'article 1427 nous semble trop négligée, pour qu'il soit permis d'attacher une si grande importance à un mot insignifiant, d'en déduire

---

(1) V. MM. Rodière et Pont : II, 815 et s. — Aubry et Rau : V. § 509, 4° a. — Colmet de Santerre : VI, n°s 70 bis I et s.

(2) V. Duranton : XIV, 305. — Zachariæ : § 509, n. 30. — MM. Rodière et Pont : II, 816.

tout une série d'exceptions, à l'encontre de la règle absolument générale de l'article 1426. Du reste, malgré l'interprétation restrictive que nous adoptons, le mot « même » s'explique encore très bien, par le rapprochement de l'article avec le précédent ; ainsi disparaît l'unique argument du système adverse (1). Nous reconnaîtrons cependant que l'article 1427 ne fait point échec aux dispositions de la loi, en matière d'absence, notamment à l'article 112 du Code civil, ainsi conçu : « S'il y a nécessité de pourvoir à l'administration de tout ou partie des biens laissés par une personne présumée absente, et qui n'a point de procureur fondé, il y sera statué par le Tribunal de première instance, sur la demande des parties intéressées. » Bien certainement, la justice qui peut, en cas d'urgence, donner mandat à un étranger d'agir dans l'intérêt du mari absent, peut aussi confier ce mandat à la femme, intéressée plus que personne à une bonne administration.

Les deux hypothèses de l'article 1427 ne sont pas les seules où la loi ait dérogé à la règle de l'article 1426 ; les contraventions de police rurale, les délits forestiers ou de pêche y font pareillement exception : commis par la femme, les uns et les autres engagent la responsabilité du mari (2). Il convient encore de faire observer que la communauté et le mari peuvent toujours être recherchés, à raison du profit qu'ils auraient retiré d'un acte quelconque de la femme. Pothier s'expliquait formellement à cet égard (3), et si le Code ne l'a pas fait, c'est qu'il s'agit là d'une règle d'équité absolument générale, inutile par conséquent à exprimer. Cette règle, autant que la juste punition de la négligence du mari, explique les dispositions de la loi relatives aux dettes d'une succession partie mobilière, partie immobilière, et par *a fortiori* applicables aux dettes d'une succession purement mobilière, dans le cas où la femme les a acceptées avec le consentement de la justice. Le mari omet-il de faire inventaire des biens meubles ainsi acquis par son épouse, et les laisse-t-il se confondre avec le patrimoine commun : lui et la communauté deviennent par là débiteurs personnels des créanciers héréditaires (A. 1416 *in fine*, 1417). En acceptant une pareille confusion, il reconnaît en effet que l'actif de la succession est au moins

---

(1) V. MM. Aubry et Rau : V, § 509, n. 38. — Laurent : XXII, 83 et 84.

(2) V. MM. Aubry et Rau : V. § 509, n. 33.

(3) De la Communauté : n° 255.

égal à son passif ; de plus, il enlève aux créanciers le moyen d'en établir la consistance, et sa faute les exposerait à un préjudice, s'il leur était seulement permis de le poursuivre ainsi que la communauté, jusqu'à concurrence de la valeur des biens de la succession.

Les créanciers d'une femme commune peuvent enfin, de quelque façon qu'elle se trouve obligée envers eux, se substituer à leur débitrice, en vertu du principe général de l'article 1166, dans l'exercice de tous ceux de ses droits, qui ne sont pas exclusivement attachés à sa personne. Ils possèdent par exemple, en dehors de tout pacte de subrogation, la faculté de faire valoir pour elle son hypothèque légale sur les immeubles du mari, sauf, bien entendu, les droits des tiers valablement subrogés à la même hypothèque (A. 9. L. 23 mars 1855). Ce résultat n'est point du reste particulier au régime de la communauté ; il se produit dans tous les cas où l'hypothèque légale est susceptible de passer, par le moyen d'une subrogation expresse, des mains de la femme à celles d'un tiers.

La loi considère comme une faculté essentiellement personnelle, le droit pour la femme de demander la séparation de biens. Elle décide en effet que ses créanciers ne peuvent la réclamer, sans son consentement (A. 1446, al. 1) ; elle les admet toutefois à « exercer, en cas de faillite ou de déconfiture du mari, les droits de leur débitrice jusqu'à concurrence du montant de leurs créances. » (A. 1446, al. 2). Cette double disposition, formulée dans le Code seulement pour la communauté légale, doit être incontestablement étendue aux autres régimes ; il n'y aurait en effet pas l'ombre d'un motif en sens contraire. Sous le régime de la communauté, l'application du deuxième alinéa de l'article 1446 entraîne les résultats particuliers suivants : la communauté est fictivement regardée comme dissoute, la femme comme renonçante, et ses créanciers exercent, de la manière la plus absolue, les prérogatives qui lui appartiendraient, si la double fiction était une réalité ; ils effectuent par exemple la reprise de ses immeubles pour en saisir la pleine propriété, la reprise même de ses apports mobiliers, lorsqu'elle s'est réservée, par contrat de mariage, le droit de les retirer en cas de renonciation (A. 1514) (1).

---

(1) V. MM. Aubry et Rau : V, § 516, 1°. — Colmet de Santerre : VI, n°s 95 bis II et s. — Cpr. Duranton : XIV, 420 et 421. — MM. Rodière et Pont : III, 2114.

§ 2. — Après dissolution de la communauté.

On sait que la communauté peut se dissoudre de diverses manières. Une double alternative s'offre alors à la femme ou à ses héritiers. Nous tiendrons pour connues, cela va sans dire, les conditions et les formes, soit de l'acceptation qu'ils peuvent faire de la communauté, soit de leur renonciation; et nous nous placerons seulement dans chacune de ces hypothèses, pour déterminer l'effet des obligations de la femme. Nous ne nous occuperons ici, comme précédemment, que du droit de poursuite des créanciers, laissant de côté tout ce qui touche à la répartition définitive des dettes, entre les époux ou leurs héritiers. De plus, afin de simplifier nos explications, nous supposerons la communauté dissoute par une séparation de biens; les principes que nous avons à exposer, sont identiques pour tous les autres cas de dissolution.

Les créanciers de la femme, antérieurs à son acceptation ou à sa renonciation, ne sont pas toujours forcés de subir le choix qu'elle a fait entre ces deux partis. L'article 1167 trouve ici une application toute naturelle; en ce qui concerne la renonciation, il existe un texte formel, l'article 1464. Faut-il dans ce texte substituer à la condition de fraude qui s'y trouve exprimée, celle d'un simple préjudice? La difficulté se rattache à l'interprétation de l'article 1167, et nous paraît devoir être résolue négativement, malgré les suffrages considérables que réunit l'opinion opposée (1). Quant à l'acceptation de la communauté, comme elle constitue un acte à titre onéreux, au regard des créanciers communs, elle ne peut très certainement être annulée, que moyennant la preuve d'un concert frauduleux de ces créanciers avec la femme (2).

Supposons une acceptation valable. Entre les divers engagements qui pèsent alors sur la femme, il y a lieu de faire quelques distinctions. Parlons d'abord de ceux antérieurs à la séparation de biens. Ils restent à sa charge pour le tout (A. 1486), et peuvent être dans tous les cas exécutés sur la pleine propriété de ses biens. En effet, les dettes mêmes qui, contractées avec l'autorisation de la justice ou sans autorisation, ne donnaient de droit au créancier, pendant

(1) V. MM. Aubry et Rau : IV, § 313, n. 18 ; V. § 517, n. 22; et les autorités citées par eux en sens divers.

(2) V. MM. Aubry et Rau : V. § 517 n. 24.

la durée de la communauté, que sur la nue propriété du patrimoine de leur débitrice, en atteignent l'usufruit par l'effet de la séparation de biens : la femme ayant ressaisi cet usufruit, et devant seulement contribuer aux charges du ménage, dans la proportion de ses facultés (A. 1448), le mari lui-même est intéressé à ce que le créancier soit payé sur le prix de la pleine propriété des biens de son épouse; la fortune totale de celle-ci en subira une moindre diminution; partant elle versera une plus grosse somme aux dépenses communes.

Quant au mari, il continue à être personnellement tenu, en principe, de la totalité des dettes qu'il a autorisées, comme de celles contractées par la femme, avec l'approbation de la justice, dans la double hypothèse de l'article 1427. L'assimilation, à ce point de vue, des deux sortes de dettes, résulte de l'identité parfaite que la loi établit entre elles (1); et notre proposition, en ce qui concerne les premières, a été justifiée au cours du § 1er; nous avons alors montré la différence qui sépare, en vertu des articles 1484 et 1485, les dettes autorisées par le mari dans le cas général, et celle dérivant d'une succession ou d'une donation mobilières, acceptées par la femme avec son consentement : tandis que les unes persistent à grever pour la totalité son patrimoine après dissolution de la communauté, les autres ne le grèvent plus alors que pour moitié.

L'obligation du mari à l'acquittement intégral de la dette de la femme ne saurait faire de doute, dans les diverses autres hypothèses où nous l'avons vu, pendant la durée de la communauté, soumis sans réserve à l'action du créancier. Que son engagement dérive d'une présomption d'enrichissement, ou de sa négligence, de sa faute, comme cela a lieu pour les délits ruraux et forestiers, pour les dettes d'une succession acceptée avec l'approbation de la justice et dont l'actif mobilier n'a pas été inventorié, il ne peut être question de réduire de moitié, lors de la dissolution de la communauté, le droit du créancier, quand on laisse une action pour le tout à celui, vis-à-vis duquel le mari se trouve obligé par la seule autorisation donnée à son épouse.

Enfin, à l'égard des engagements de la femme non autorisés du mari, et qui, conformément à la règle générale, lui étaient étrangers

(1) Cpr. art. 1409, 2° et 1427. — V. MM. Rodière et Pont : II, 1133. — Aubry et Rau : V, § 520, n. 3.

avant le partage de la masse commune, il est presque superflu d'observer que la femme en demeure seule tenue après ce partage.

Par l'effet de l'acceptation de la communauté, il est toute une série de dettes qui, grevant celle-ci, tombent à la charge de la femme, sans qu'elle les ait personnellement contractées. Ce sont, d'abord les frais de scellé, inventaire, liquidation et partage de la masse commune; puis toutes les dettes mobilières du mari, car toutes sont dettes communes, qu'elles soient antérieures ou postérieures à la célébration du mariage, qu'elles soient tombées dans la communauté sans charge, ou avec charge de récompense. Chacune de ces diverses dettes devient, pour moitié, dette personnelle de la femme (A. 1482).

L'article 1483 limite cependant son obligation, en organisant, à l'exemple de l'article 228 de la Coutume de Paris, le bénéfice d'émolument : « La femme n'est tenue, dit-il, des dettes de la communauté soit à l'égard du mari, soit à l'égard des. créanciers, que jusqu'à concurrence de son émolument, pourvu qu'il y ait eu bon et fidèle inventaire, et en rendant compte, tant du contenu de cet inventaire que de ce qui lui est échu par le partage. » Cet article n'exige pas que l'inventaire ait été fait dans le délai de trois mois, à compter de la dissolution de la communauté; mais il est manifeste qu'un inventaire dressé au bout d'un an, de deux ans, n'offrirait aucune garantie aux créanciers, et ne satisferait point au vœu de la loi. Aussi l'on s'accorde à reconnaître que l'inventaire doit être achevé dans le délai habituel de trois mois (A. 1456). S'il est exact et fidèle, si en outre la femme rend compte de l'intégralité des biens à elle échus en vertu du partage, elle est exonérée des dettes dont s'agit, pour tout ce qui dépasse son émolument, c'est-à-dire la valeur des sommes et objets compris dans son lot, entrés dans son patrimoine, par l'effet de sa qualité de commune ; le montant de ses reprises ou de ses récompenses, par exemple, ne fait point partie de son émolument. Au surplus tous les auteurs observent que, la loi n'ayant pas étendu, par une disposition expresse, au bénéfice d'émolument les règles exceptionnelles du bénéfice d'inventaire de l'héritier, l'on ne saurait en introduire ici l'application. Ainsi notamment, notre bénéfice n'empêche pas que la part d'actif commun, échue à la femme, ne se confonde irrévocablement avec le reste de son patrimoine. De là suivent diverses conséquences fort importantes : les créanciers de la communauté peuvent, dans la limite de l'obligation de la femme, agir indistinctement sur les objets mis dans son lot, et sur ses biens propres ; la femme ne peut point arrêter leurs poursuites, en leur abandonnant ce qui reste dans ses mains, des premiers ; l'augmentation ou la diminution de valeur, que viennent à subir les mêmes objets, sont indifférents aux créanciers, car ces objets s'étant confondus absolument, dès le jour du partage, avec les autres biens de leur débitrice, le chiffre de son émolument s'est alors fixé, et nulle circonstance postérieure ne peut le modifier. A tous ces points de vue, la situation de la femme commune se distingue profondément de celle de l'héritier bénéficiaire (1).

On a discuté la question de savoir si le bénéfice d'émolument est susceptible d'être invoqué par un créancier de la femme, à l'encontre du mari, en vertu de l'article 1166 du Code civil. L'hypothèse n'est pas d'une construction facile. Il faut supposer une dette de la femme, tombée dans la communauté, et dont le mari ne soit cependant tenu que pour moitié après le partage de celle-ci, par exemple une dette de succession ou donation mobilière. Il faut supposer, en outre, que la femme, si elle en acquittait la moitié, paierait une somme supérieure à son émolument ; mais qu'elle est insolvable. Le créancier peut-il en se prévalant du recours qu'elle aurait contre son mari, si elle eût payé, réclamer au mari une part de la dette, supérieure à la moitié? Nombre d'auteurs l'admettent (2). Nous ne suivrons point leur opinion : le créancier prétend exercer les droits de sa débitrice ; or elle n'a pas payé, partant elle n'a acquis aucun recours contre son époux. Le créancier, en dernière analyse, demande donc à exercer un droit qu'elle ne possède pas. L'article 1166 nous paraît manifestement inapplicable dans l'espèce.

Il nous reste à dire que les créanciers de la femme, en même temps créanciers de la communauté, ne peuvent demander, à l'instar des créanciers d'une succession (A. 878), la séparation des biens communs d'avec les biens personnels de la femme, pour éviter le concours de ses autres créanciers sur la masse commune. Tous les auteurs reconnaissent, en effet, que c'est là un droit exceptionnel, qui aurait besoin d'être consacré par un texte. L'on s'accorde aussi maintenant à décider que les créanciers dont nous

---

(1) V. sur les détails relatifs au bénéfice d'émolument : MM. Aubry et Rau : V § 520 b. ; — Rodière et Pont : II, 1112 et s. — et les autorités citées par eux.

(2) V. Marcadé : VI, art. 1485 et 1486. — MM. Rodière et Pont : II, 1135. — Contrà : MM. Colmet de Santerre : VI, n° 145 bis XI. — Laurent : XXIII, 53.

parlons n'ont aucun droit de préférence sur les biens communs, à l'encontre des créanciers personnels de la femme, et viennent par contribution avec eux sur le produit de ces biens, sauf l'exercice des privilèges et hypothèques qui peuvent appartenir aux uns ou aux autres (1). L'opinion contraire repose sur cette idée généralement abandonnée, savoir que la communauté forme une personne morale distincte des époux, dont l'actif serait le gage propre et exclusif de ses créanciers.

Nous aurions maintenant à nous occuper de toutes les autres obligations qui peuvent naître à la charge de la femme, après séparation de biens. Mais à leur égard, il importe peu que la femme ait accepté la communauté, ou qu'elle y ait renoncé; et comme le droit des créanciers est exactement pareil à celui des créanciers d'une femme séparée contractuellement, les principes exposés dans la section suivante leur seront applicables sans restriction.

L'hypothèse de la renonciation de la femme à la communauté est fort simple. Ceux des créanciers communs, envers qui la femme n'est pas personnellement obligée, n'ont évidemment aucun droit contre elle. Ainsi elle ne peut être recherchée, ni à raison des frais de scellé, inventaire, liquidation de la communauté ; ni à raison des dettes mobilières du mari. Mais les obligations personnellement contractées par elle restent pour la totalité susceptibles d'exécution sur ses biens, sauf son recours contre le mari (A. 1494). Celui-ci demeure intégralement tenu des engagements de sa femme, qui, pendant la durée de la communauté, le liaient ainsi vis-à-vis du créancier. Il n'y a même point alors de différence à établir entre les dettes grevant une succession ou une donation mobilière dont il aurait autorisé l'acceptation, et toutes autres dettes souscrites avec son assentiment (A. 1484. 1485) : gardant l'actif de la communauté pour lui seul, il continue à être débiteur personnel de chacune des obligations qui y sont tombées, d'une manière quelconque, pendant sa durée.

SECTION II

Régime de séparation de biens

Sous le régime de la séparation de biens, le droit des créanciers

(1) V. MM. Aubry et Rau : V. § 520, n. 29 et leurs citations.

d'une femme valablement obligée, ne comporte aucune des distinctions que nous avons vues, sous celui de la communauté légale. La règle générale de l'article 2092 reprend ici son empire : de quelque façon que la femme se trouve liée, avec l'autorisation du mari, avec celle de la justice ou sans aucune autorisation, sa dette grève tout son patrimoine, et ne grève que ce patrimoine. Le mari n'en est jamais tenu ; aucun texte en effet ne déroge ici au principe : *qui auctor est se non obligat,* et cette différence avec le régime de la communauté s'explique parfaitement. Entre époux séparés de biens, il n'existe point de masse commune, point de mélange, point de confusion d'intérêts. Il est donc très juste que la femme en contractant, même autorisée du mari, s'oblige seule. Mais ses créanciers ont alors le droit de saisir l'entière propriété de ses biens, car l'usufruit n'en appartient point au mari ; il lui est dû seulement une certaine portion des revenus annuels, portion déterminée par le contrat de mariage, et à défaut de toute clause de ce genre, fixée au tiers, en vertu de l'article 1537, dans tous les cas susceptible d'accroissement ou de diminution, suivant les fluctuations que vient à subir le patrimoine de la femme.

Si nous n'avions établi, au cours de notre premier chapitre, que les obligations, valablement contractées par une femme séparée de biens, peuvent être toujours ramenées à exécution sur ses immeubles, comme sur son mobilier, nous aurions à en faire ici la démonstration. La controverse soulevée à ce sujet a été alors exposée, et nous avons réfuté la double erreur dans laquelle sont tombés quelques arrêts et divers jurisconsultes, partis de cette idée inexacte que l'incapacité de s'obliger dérive uniquement de l'incapacité d'aliéner.

SECTION III

Régime d'exclusion de communauté

Le régime d'exclusion de communauté donne au mari l'usufruit de tous les biens personnels de la femme. Il est donc tout d'abord incontestable que le tiers, envers qui celle-ci se trouverait obligée sans l'assentiment de son époux, n'aurait de droit que sur la nue propriété du patrimoine de sa débitrice. En est-il de même quand le mari a approuvé l'engagement de la femme ? Cela revient à demander si, sous le régime d'exclusion de communauté, il n'est jamais tenu, lié personnellement, en vertu de sa seule autorisation, comme le mari commun, à l'égard du créancier de sa femme. Telle est l'unique question délicate que soulève notre régime, au point de vue qui nous occupe; encore la difficulté nous semble-t-elle ne guère tenir devant une stricte application des principes généraux les plus certains.

Il est en effet de règle que l'on ne contracte aucune obligation personnelle, en intervenant à un acte quelconque, pour habiliter seulement un incapable. La loi n'a formulé d'exception à ce principe, que pour le régime de la communauté (A. 1419) ; or toute dérogation doit être rigoureusement renfermée dans la limite des termes qui la consacrent. Le silence du Code nous paraît donc, à lui seul, trancher la question. Nous reconnaîtrons cependant que si, sous le régime d'exclusion de la communauté, il ne manquait aucune des raisons qui, sous la communauté légale, justifient la disposition exceptionnelle de l'article 1419, l'hésitation serait permise. Mais des trois motifs que nous avons signalés, en commentant cet article, l'un au moins fait ici entièrement défaut ; cette masse de biens, dont les époux communs sont copropriétaires, et qui sert, pour ainsi dire, de trait d'union entre leurs patrimoines, n'existe plus. Là, selon nous, se trouve la véritable réponse aux arguments du système adverse.

D'après ce système, il faudrait distinguer les obligations contractées par la femme, dans l'exercice d'une profession quelconque, de celles souscrites pour un tout autre motif. Tandis que, relativement à celles-ci, on ne conteste pas notre opinion, on soutient que les premières engagent le mari : il recueille, dit-on, pour lui-même, en pleine propriété, les bénéfices du commerce de sa femme ; il y aurait injustice à le soustraire au droit de poursuite des créanciers (1). — A supposer que la raison invoquée fût exacte, elle n'en serait pas moins, à notre avis, insuffisante. La loi peut-être mériterait un reproche; quant à notre démonstration, elle demeurerait entière. Est-il vrai d'ailleurs que le mari recueille les gains de l'industrie de sa femme, d'une manière définitive, irrévocable, au même titre que les fruits de la dot, sans s'obliger à la moindre restitution? Cela ne nous paraît pas soutenable. Le mari,

---

(1) V. Duranton : XV, 259. — Troplong : III, 2273. — Odier : II, 947. — Laurent : XXIII, 433.

en vertu de son contrat de mariage, est usufruitier de tous les capitaux présents et à venir de son épouse; mais l'industrie, le talent de la femme ne sauraient être traités comme un capital ordinaire, productif de revenus. L'assimilation, peut-être exacte au point de vue économique, heurterait manifestement en notre matière l'esprit de la loi; les gains que procure à la femme l'exercice d'une aptitude commerciale ou artistique, n'ont pas le caractère permanent, continu de véritables fruits. En vain dirait-on que la femme doit au ménage son travail, son industrie, que les produits de ce travail reviennent par suite au mari, chef du ménage. La femme doit au ménage ses soins de « ménagère », de mère et d'épouse, mais point du tout les labeurs et les fatigues d'une profession quelconque. Elle serait en outre peu encouragée à affronter ces derniers, si les bénéfices réalisés par elle devaient irrévocablement passer au mari, déjà détenteur de la dot, et obligé de ce chef à subvenir aux besoins du ménage (1). Pour ces divers motifs, il nous semble que les gains de la femme négociante méritent d'être considérés, non comme les fruits d'un capital ordinaire, mais comme de véritables capitaux, dont le mari a seulement la jouissance, et dont il doit la restitution à la femme ou à ses héritiers. Par là s'évanouit l'unique fondement du système que nous combattons. Ainsi donc, le créancier d'une femme non commune n'a jamais pour gage que les biens de sa débitrice; et seulement leur nue propriété, jusqu'à la dissolution du mariage, ou du moins jusqu'à la séparation de biens. — Celle-ci produit, on le sait, des résultats absolument identiques sous la communauté légale et sous le régime d'exclusion la communauté.

SECTION IV

Régime dotal

La première question qui s'offre à nous, dans cette nouvelle partie de notre étude, est encore de savoir si les engagements de la femme, en les supposant contractés avec l'autorisation du mari, peuvent jamais entraîner un effet quelconque vis-à-vis de lui. De

(1) V. MM. Demolombe : IV, 315 et 316. — Colmet de Santerre : VI, n° 200 bis II. — Aubry et Rau : V. § 531, n. 18.

même que sous le régime d'exclusion de communauté, deux opinions sont en présence. L'une repousse toute distinction, et soutient qu'en aucun cas le mari n'est obligé. L'autre reconnaît l'exactitude de ce résultat, quand la femme dotale n'exerce pas de profession, ou même quand elle fait le commerce avec ses biens paraphernaux, parce qu'alors les bénéfices lui en demeurent exclusivement propres. Mais si la femme n'a point de paraphernaux, si elle s'est constitué en dot par exemple tous ses biens présents et à venir, alors dit-on, c'est le mari qui recueille en toute propriété les gains de son négoce; une juste réciprocité lui impose envers les tiers, comme envers son épouse, le fardeau de toutes les dettes souscrites pour les besoins de ce négoce (1). — A la vérité, le mari percevra le plus souvent ici les bénéfices dont s'agit : tous les biens de la femme étant dotaux, elle tiendra presque toujours de lui les capitaux nécessaires à l'exercice de sa profession, et lui remettra l'intégralité des profits. Cependant il est possible que ces derniers lui soient laissés. Il est également possible qu'un tiers, reconnaissant ses aptitudes commerciales, et confiant dans sa probité, lui ait prêté de l'argent, ou qu'elle ait commencé sans capitaux, et soit parvenue peu à peu à fonder un établissement commercial : elle garderait alors la propriété de ses gains, l'usufruit seul en reviendrait au mari. Mais supposons que les capitaux, servant à l'exploitation de son négoce, appartiennent à ce dernier, que les bénéfices lui soient intégralement remis : s'ensuit-il qu'il doive être personnellement tenu des engagements par elle souscrits? Nous ne le pensons pas. La femme, agissant en son nom seul, serait dans la situation d'un commandité ; le mari dans celle d'un commanditaire, et sa mise de fonds devrait seule répondre des obligations de la femme (2). Ici encore la règle « *qui auctor est se non obligat* » nous paraît dominer tout autre considération. Le législateur n'y a dérogé, que pour le régime de la communauté ; sous le régime dotal, pas plus que sous le régime d'exclusion de communauté, ne se rencontrent toutes les raisons qui ont motivé cette disposition exceptionnelle.

Ainsi donc, jamais la femme dotale, même en s'obligeant avec l'autorisation de son époux, n'oblige celui-ci. Les droits des créanciers sont en outre sérieusement réduits par l'usufruit qui

(1) V. Delvincourt : I, p. 76. — Vazeille : II, n° 360. — Troplong : IV, 330.
(2) V. M. Boistel : Précis, n° 100, et les auteurs cités par lui, note 3.

appartient au mari sur la dot; et bien plus gravement encore, par l'indisponibilité des biens dotaux. Dans le difficile exposé de ces droits nous distinguerons trois périodes, en faisant toutefois remarquer le caractère purement accidentel de la deuxième : 1° Avant séparation de biens. — 2° Après séparation de biens. — 3° Après dissolution du mariage.

§ 1er — Avant séparation de biens

Malgré la stipulation du régime dotal, la femme possède ordinairement des biens, sur lesquels le droit de ses créanciers est absolu : ce sont les paraphernaux. A leur égard, la femme est comme mariée sous le régime de séparation contractuelle.

Il ne peut donc y avoir de difficulté que pour les biens dotaux, et seulement pour la nue propriété de ces biens, car le mari, jusqu'à la dissolution du mariage, ou du moins jusqu'à la séparation de biens, en est usufruitier, et son droit ne saurait recevoir d'atteinte d'un engagement quelconque de la femme.

La nue propriété de la dot échappe, en principe, au gage des tiers devenus créanciers de la femme postérieurement à son mariage. Nous avons eu, dans notre premier chapitre l'occasion de justifier cette proposition, d'ailleurs universellement admise. Nous avons vu que le fondement en est extrêmement discuté; que l'insaisissabilité de la dot provient, au dire des uns, de son inaliénabilité; au dire des autres, d'une véritable incapacité de la femme. Nous avons adopté cette dernière opinion, et nous croyons l'avoir assez fermement établie pour être dispensé de revenir ici sur sa démonstration. L'intérêt pratique qui s'y attache est considérable. Si en effet, l'insaisissabilité de la dot a pour unique raison d'être l'incapacité de la femme, pour unique but de la protéger contre sa faiblesse, contre un abus d'influence de la part du mari, elle doit être naturellement bornée aux engagements, dans lesquels cette faiblesse, cette influence peuvent jouer un rôle, c'est-à-dire aux engagements qui supposent et nécessitent chez le débiteur une entière capacité; quant aux autres, il faut en déclarer l'exécution possible même sur les biens dotaux. Appliquons cette distinction aux différentes sortes de dettes, dont la femme peut être tenue (1).

(3) V. sur tous ces points : M. Deloynes, *op. cit.*, et les autorités rapportées par lui.

Dérivent-elles d'un contrat : son incapacité les vicie manifestement. A leur égard, les deux théories exposées aboutissent au même résultat. L'une et l'autre refusent au créancier tout droit sur la dot, à moins que l'obligation souscrite à son profit ne l'ait été avec l'assentiment du mari ou de la justice, pour l'une des causes qui permettent, sous cette condition, l'aliénation de la dot (A. 1555. 1556. 1558); le plus souvent, il est vrai, en ce cas, la dette sera garantie par une hypothèque, mais le contraire pourrait arriver, et n'empêcherait pas la saisie des biens dotaux. Suffirait-il au créancier, qui n'aurait pas exigé l'autorisation préalable de la justice, quand elle est requise, de prouver que son titre rentre dans la catégorie de ceux exceptés par la loi? Nous ne le pensons pas, en raison du texte formel de celle-ci (1).

Supposons maintenant une obligation née d'un délit ou d'un quasi-délit. L'incapacité du débiteur est indifférente à la validité d'un pareil engagement; le créancier pourra donc agir sur la nue propriété de la dot. La doctrine et la jurisprudence s'accordent à le reconnaître (2); mais nous avons fait observer que cette décision, incontestable au regard de la raison et de la justice, va directement contre la théorie qui explique les effets du régime dotal par la seule inaliénabilité des biens, et non par l'incapacité personnelle de la femme. Si l'insaisissabilité de la dot avait sa source dans la nature du bien, peu importerait, en l'absence de toute exception légale, la cause contractuelle ou délictueuse de l'obligation; si au contraire elle tire sa raison d'être de la faiblesse de la femme, de son incapacité, alors on comprend à merveille la distinction admise par la presque unanimité des interprètes du Code.

Poursuivons l'usage de notre *criterium*. Les obligations qui dérivent de la loi sont indépendantes de toute condition de capacité chez le débiteur : la dotalité d'un bien ne peut donc être un obstacle à leur exécution. La jurisprudence a notamment appliqué ce principe aux droits de mutation dus pour une succession échue, *constante matrimonio*, à une femme qui s'est constitué en dot tous ses biens présents et à venir (3).

---

(1) V. MM. Aubry et Rau : V, § 538, texte et n. 30. — Cass. 13 mars 1867, S. 67, 1. 256. — Contrà : Cass. 26 juin 1867, S. 67, 1. 290. — Cpr. M. Colmet de Santerre : VI, nº 230 bis XIII.

(2) V. MM. Aubry et Rau : V, § 538, texte et n. 32. — Cass. 16 fév. 1880, S. 81, 1. 311. — Rouen, 28 mars 1881, S. 82, 2. 41.

(3) V. Caen 18 juin 1880, S. 81, 2. 1.

Enfin, relativement aux obligations provenant d'un quasi-contrat, une distinction est nécessaire. Le quasi-contrat s'est-il formé par le fait de la femme : le créancier ne saurait avoir de droit sur la dot, à moins que ce fait ne constitue en même temps un délit ou un quasi-délit. Ainsi le commande l'incapacité de la femme. Mais le quasi-contrat a-t-il son origine dans le fait d'un tiers : cette incapacité devient alors indifférente, puisque la volonté de la femme n'a eu aucune part à la création de l'engagement. La dot peut donc être saisie (1). Telle n'est pas cependant l'opinion générale sur ce point. La plupart des auteurs refusent, dans tous les cas, au créancier action contre la dot (2). Partis d'un principe opposé au nôtre, ils arrivent à une conséquence également opposée : pour eux, l'obstacle réside dans l'inaliénabilité dotale; celle-ci, disent-ils, est absolue. — Mais alors pourquoi y faire exception en ce qui concerne le délit ? Au surplus, la matière s'est prêtée à bien d'autres opinions divergentes, qu'il serait trop long de discuter séparément (3).

Il est un quasi-contrat qui mérite ici, en raison de son importance pratique, une mention spéciale : l'acceptation d'une succession échue à la femme. On admet sans difficulté, en vertu d'un principe d'évidente justice, et aussi de la maxime « *bona non sunt nisi deducto ære alieno* », que le paiement des dettes héréditaires peut être poursuivi sur la pleine propriété des objets composant la succession, quand même la femme héritière se serait constitué ses biens présents et à venir. Mais on refuse en général et très justement aux créanciers tout droit de saisie sur la dot de leur débitrice (4).

Parmi les engagements susceptibles de naître à la charge de la femme dotale, il en est une catégorie qui a donné lieu à de sérieuses discussions : ceux résultant d'un procès soutenu par la femme, soit que sa présence y fût indispensable, comme dans une instance en séparation de corps ou de biens, soit qu'elle y fût seulement utile. Ils peuvent être de deux sortes, provenir des dommages et des dépens alloués à l'adversaire, ou des frais avancés par l'avoué de la

---

(1) V. MM. Colmet de Santerre : VI, n° 226 bis VIII. — Deloynes : *op. cit.*, p. 573.

(2) V. Tessier : de la dot, I, n° 466. — Troplong : IV, 3332. — Aubry et Rau : V, § 538, texte et n. 31.

(3) V. Taulier : V, p. 277. — MM. Rodière et Pont : III, n°s 1823 et 1824.

(4) V. MM. Aubry et Rau : V, § 538, texte et n. n. 35, 36, avec les arrêts cités par eux.

femme. La dot, dans l'un et l'autre cas, est-elle le gage du créancier? L'on a proposé à ce sujet une foule de distinctions; la question nous semble résolue par les principes que nous avons établis. La femme ne peut, avons-nous dit, engager la dot par son fait personnel, à l'exception du délit et du quasi-délit. Conséquemment ni la condamnation à des dommages, pour inexécution d'un engagement préexistant, ni la condamnation aux dépens d'une instance engagée ou soutenue sans droit ne sauraient être poursuivies sur les biens dotaux, à moins qu'il n'y ait eu, en l'espèce, de la part de la femme, mauvaise foi, délit, et que le jugement ne l'ait exprimé(1). Quant aux frais de l'avoué qui a occupé pour la femme, si celle-ci était partie nécessaire au procès, et s'il a eu pour résultat, comme une instance en séparation de biens par exemple, de conserver la dot menacée, il nous semble difficile de n'en pas permettre l'exécution sur la dot, à raison de la *versio in rem* qui s'est opérée à son profit. Mais en l'absence de la double condition indiquée, nous refuserions à l'avoué toute action contre les biens dotaux; il ne peut imputer qu'à lui-même d'avoir fait des avances sans précautions ni sûretés suffisantes. Les arrêts et les auteurs tendent à se fixer en ce sens (2).

Il convient maintenant d'observer que les diverses règles qui viennent d'être exposées ne sont point spéciales à la dot immobilière. On sait, en effet, que la jurisprudence, après une longue incertitude, s'est décidée pour une assimilation presque parfaite des meubles et des immeubles dotaux; au regard des créanciers de la femme, l'assimilation est absolue (3). Nous nous rangerons à cette doctrine, sans en examiner les motifs : le faire serait sortir du cadre de notre étude, puisque nous supposons connus tous les principes relatifs à l'aliénation directe des biens de la femme.

De l'inaliénabilité ou, pour mieux dire, de l'insaisissabilité de la dot mobilière, se déduisent diverses conséquences remarquables, et notamment la suivante : lorsque par l'effet d'actes ou d'opérations quelconques, d'acquisitions réalisées par les époux, de dations en paiement effectuées soit par le constituant, soit par le mari lui-

(1) V. MM. Aubry et Rau : V, § 538 ; Cpr. les auteurs et les arrêts cités par eux, notes 24 et 25.

(2) V. MM. Aubry et Rau : V, § 538 n. n. 27, 28, 29. — Rodière et Pont : III, 1825 n. 2 et 1826 ; et leurs citations.

(3) V. MM. Aubry et Rau : V, § 537 *bis*.

même (après séparation de biens ou dissolution du lien conjugal) la dot mobilière se trouve résider en tout ou en partie dans des créances ou des immeubles non frappés de dotalité (A. 1553), les créanciers dont le droit de gage n'atteint pas la dot, ne peuvent les saisir qu'à la charge d'en faire ressortir les sommes dotales qu'ils représentent. Un petit nombre d'auteurs et d'arrêts, exagérant cette idée, ont admis que l'immeuble abandonné à la femme en paiement de ses reprises, après séparation de biens, est dotal, par conséquent à l'abri de toute action des créanciers. En ce sens, ils font valoir que les détériorations survenant à l'immeuble dont s'agit, seraient supportées par la femme, qu'il est juste de lui laisser le profit résultant d'une plus-value accidentelle (1). L'équité de cette solution n'est pas contestable, mais elle ne saurait, à notre avis, prévaloir contre le principe que la dot ne peut être modifiée pendant le mariage (A. 1395, 1553) (2). Toute différente est, sous ce rapport, la condition des objets acquis en vertu d'une clause d'emploi ou de remploi, insérée au contrat de mariage : ceux-là, en effet, sont dotaux au même titre que si le mari les avait directement reçus des mains mêmes du constituant (A. 1553, al. 1).

Que décider enfin relativement à des biens, dotaux pour une part aliquote, et paraphernaux pour le surplus? Si la division ou la séparation en était possible dans la proportion de ces parts, les créanciers n'ayant de droit que sur les paraphernaux de leur débitrice, pourraient indubitablement provoquer cette division, pour frapper de saisie la portion paraphernale (3) ; si même pareille division de l'immeuble était impossible, il nous semble que les créanciers devraient être admis à en saisir et faire vendre la totalité, sauf emploi, dans l'intérêt de la femme, de la somme afférente à la part dotale : il serait, en effet, contraire à toute justice, de retarder indéfiniment leur droit de poursuite, et l'article 1558 (al. 6 et 7) fournit en ce sens un puissant argument d'analogie (4).

Nous avons jusqu'à présent raisonné dans l'hypothèse où les époux ont adopté le régime dotal, tel que notre Code l'a organisé. Il peut arriver que, par une clause particulière de leur contrat de

---

(1) V. Sériziat : n° 127. — MM. Rodière et Pont : III, 2197. — Grenoble, 1er juill. 1846, S. 47, 2. 280. — Caen, 15 fév. 1870, S. 70, 2. 117.

(2) V. Bordeaux, 14 mai 1857, S. 57, 2. 547. — Cass. 12 avr. 1870, S. 70, 1. 185.

(3) V. Rouen, 8 août 1850, S. 51, 2. 704.

(4) V. Pau, 12 août 1868, S. 68, 2. 299.

mariage, ils se soient réservé la faculté d'aliéner les biens dotaux, sans condition d'emploi. Cette clause n'emporterait très certainement pas l'affectation des mêmes biens à la sûreté des divers créanciers de la femme, car elle déroge au droit commun, et en matière exceptionnelle, aucune extension n'est permise sous prétexte d'analogie. Ici même l'analogie n'existe pas : la faculté pour la femme d'aliéner sa dot, est moins dangereuse que celle de l'engager par des obligations ; on hésite moins à s'endetter qu'à vendre, parce que les conséquences de l'acte étant plus éloignées, on les redoute moins, et puis on espère toujours les éviter. Aussi est-il généralement admis que l'autorisation d'aliéner la dot, stipulée par contrat de mariage, n'emporte même pas celle de l'hypothéquer (1).

Les mêmes raisons commandent, ce nous semble, une solution identique, à l'égard de la clause qui permettrait à la femme d'hypothéquer ses immeubles dotaux. Les créanciers simplement chirographaires ne pourraient donc, malgré une pareille clause, ni en opérer la saisie, ni inscrire valablement une hypothèque judiciaire (2).

§ 2. — Après séparation de biens

Dans les premiers temps de la promulgation du Code, l'on s'est demandé si la séparation de biens ne changeait pas le caractère de la dot ; si, après cet événement, la dot devait encore être tenue pour inaliénable et insaisissable. Mais la controverse fut de courte durée. Le texte précis de l'article 1554, aussi bien que des motifs rationnels d'une parfaite évidence ne pouvaient laisser longtemps subsister un pareil doute : Le but de la séparation de biens est de rendre à la femme l'exercice des droits, que le contrat de mariage a conférés au mari sur sa dot ; ce serait donc fausser la loi que de donner à la femme séparée, sur ses biens, un droit de disposition plus étendu, que ne l'avait le mari jusqu'à la séparation ; ce serait en outre supprimer les précautions stipulées lors du mariage, au moment où elles deviennent le plus nécessaires. Ainsi, la seule modification que la séparation de biens apporte au régime dotal, est que la dot, au lieu d'être administrée et jouie par le mari, se trouve l'être

---

(1) V. MM. Rodière et Pont : III, 1781 et les autorités citées par eux.

(2) V. MM. Rodière et Pont : II, 1783. — Cass. 3 av. 1849. S. 49, 1. 385. — Cpr. Bordeaux, 22 déc. 1857, S. 58, 2. 529.

par la femme. De là il résulte que les obligations contractées par la femme séparée de biens, sont, au moins en ce qui concerne le droit de poursuite des créanciers sur la nue propriété des biens dotaux, régies par les principes développés à notre § 1er. D'autre part, comme l'usufruit du mari a pris fin, et que la femme est seulement tenue de lui remettre une part de ses revenus, proportionnée à sa fortune totale, les diverses sortes de dettes susceptibles, d'après les règles établies dans ce paragraphe, d'être exécutées sur la dot, peuvent l'être désormais, non plus seulement sur la nue propriété, mais sur la pleine propriété de cette dot, qu'elles soient du reste antérieures ou postérieures au jugement de séparation En dehors de cette catégorie de dettes, les autres engagements de la femme ne donnent-ils aux créanciers de droit, que sur les paraphernaux de leur débitrice comme avant la séparation? ou au contraire, le créancier peut-il saisir, soit en totalité, soit en partie, les revenus des biens dotaux? Cette question a donné lieu aux théories les plus divergentes. Elle est à la fois très controversée pour les obligations souscrites avant, et pour celles souscrites depuis la séparation. Examinons là d'abord relativement à ces dernières.

Dans un premier système l'on soutient que le créancier a pour gage la totalité des revenus dotaux (1); un deuxième, actuellement en faveur dans la doctrine et consacré par la jurisprudence, proclame le droit du créancier à la portion de ces revenus qui excède les besoins du ménage (2) ; suivant un troisième, l'indisponibilité des revenus dotaux, dans les mains de la femme, ne devrait pas être bornée à la portion nécessaire aux besoins de la famille, il faudrait encore la déclarer absolue à l'égard de tout engagement dépassant les limites d'une sage administration (3) ; enfin quelques auteurs, et un petit nombre d'arrêts déjà anciens dénient entièrement le droit du créancier à une part quelconque des revenus dont s'agit (4). C'est à ce dernier système que nous nous rangerons. S'il blesse quelquefois la pure équité, la faute en est au régime dotal, source

(1) V. Zachariæ : § 538, n. 3. — MM. Laurent : XXIII, 552. — J.-Fabre : Rev. gle du droit, 1881, p. 313. — Cass. 9 av. 1823, S. 23, 1. 331. — Cass. 28 mars 1827, S. 27, 1. 299.

(2) V. MM. Aubry et Rau : V. § 539, texte et n. 19. — Rodière et Pont : III, 1765. — Cass. 4 nov. 1846, S. 47, 1. 201. — Cass. 27 juill. 1875, D. P. 75, 1. 401.

(3) V. Seriziat : nos 134 et s. — M. Dutruc : note dans Sirey (64, 1. 201)

(4) V. M. Colmet de Santerre : VI. n° 226 bis IX et X. — Cass. 11 janv. 1831, S. 31, 1. 3. — Paris, 30 juin 1834, S. 34, 2. 473.

de tant d'injustices et de fraudes. Le reproche doit en remonter au législateur, qui l'a consacré ; mais pour améliorer son œuvre, est-il permis de la défigurer ? Quelle qu'elle soit, la loi mérite d'être obéie. Or la loi commande l'inaliénabilité complète des revenus dotaux. L'usufruit en effet est un démembrement du droit de propriété ; d'autre part l'indisponibilité de la dot est formulée dans le Code, de la manière la plus générale ; elle fait donc obstacle à la saisie d'une portion quelconque du droit de la femme, à la saisie des revenus, comme à celle de la pleine propriété. Peu nous importe que l'on reconnaisse ou non au mari la faculté d'affecter, avant la séparation de biens, ces revenus, même en totalité, au gage de ses créanciers. Dans ses mains, l'usufruit de la dot n'est peut-être, vis-à-vis d'eux, qu'un usufruit ordinaire ; la femme d'ailleurs trouve toujours dans la séparation de biens le remède à une situation embarrassée. Mais après séparation, le droit aux revenus est certainement, chez la femme, une partie intégrante de son droit de propriété. Donc elle ne peut ni l'aliéner, ni l'engager par des obligations autres que celles dont l'exécution est permise sur la propriété des biens dotaux.

Cette déduction, imposée par les principes, se fortifie encore, si l'on examine les conséquences des autres systèmes soutenus en la matière. Proclamer avec le premier l'entière disponibilité des revenus dotaux, serait en réalité permettre l'aliénation de la dot : une ois en effet les revenus saisis, comment vivre sinon sur le capital, et la justice ne serait-elle pas alors matériellement contrainte d'en autoriser la vente ? D'un autre côté, accepter, avec le deuxième ou le troisième systèmes, que l'indisponibilité des revenus ne dérive pas de l'indisponibilité de la dot, c'est retomber fatalement sur la première opinion, car la distinction entre la part des revenus nécessaire au ménage, et la part excédante, repose, il nous semble, sur un fondement bien fragile. La destination essentielle de ces revenus est, dit-on, de pourvoir aux besoins de la famille. — Sans doute, mais sous tous les régimes il en est ainsi, et cependant on ne va pas jusqu'à prétendre que sous tous les régimes, les revenus de la dot doivent être respectés des créanciers. La raison invoquée ne résiste donc pas à une critique sévère. Si l'on ne reconnaît, dans l'indisponibilité de la dot, le principe de l'indisponibilité des revenus, il faut renoncer à celle-ci, et laisser avec elle s'écrouler la sauvegarde, peut-être la plus essentielle du régime dotal. Notre opinion par là, ce nous semble, est inébranlablement établie.

En ce qui touche les obligations contractées par la femme, antérieurement à la séparation de biens, elle ne laisse place à aucune controverse. Si la femme, quand elle gère sa dot, et en jouit, ne peut en engager les revenus, *a fortiori* est-elle incapable de le faire, tant que dure l'administration et l'usufruit du mari. Aussi la jurisprudence, qui accorde aux créanciers postérieurs à la séparation un droit au superflu des revenus dotaux, refuse le même droit aux créanciers antérieurs (1).

§ 3. — Après dissolution du mariage

La dissolution du mariage ne modifie évidemment, en aucune façon, la situation des paraphernaux de la femme; ils restent compris dans le gage général de ses créanciers, et entièrement saisissables. Il est une autre catégorie de biens dont la condition, à ce point de vue, est identique, ceux qui viennent à échoir à la femme, après la rupture du lien conjugal; ces biens n'ont jamais fait partie de sa dot; il se trouvent donc affectés au paiement de toutes ses dettes sans exception. Il ne saurait enfin y avoir de difficulté pour leurs engagements susceptibles d'exécution, pendant la durée du mariage, sur les biens dotaux. Le titulaire garde la faculté d'en poursuivre, quand il lui plaira, l'acquittement sur l'entier patrimoine de sa débitrice ou de ses héritiers.

Que décider maintenant à l'égard des créanciers qui, d'après les règles ci-dessus exposées, n'avaient, *constante matrimonio,* aucune action sur la dot. Leur sort est-il amélioré par la dissolution du mariage, ou bien cet événement laisse-t-il subsister, vis-à-vis d'eux, l'insaisissabilité complète des biens dotaux? A nos yeux, la question ne peut soulever un doute : l'indisponibilité de la dot, comme l'atteste l'article 1560, a été admise dans l'intérêt de la famille, des héritiers de la femme, autant que dans l'intérêt des époux eux-mêmes. Ce serait donc aller contre le désir certain, la volonté presque formelle de la loi, que de laisser, à la dissolution du mariage, se perdre dans le gouffre des dettes contractées pendant sa durée, les biens dont la loi a voulu assurer la conservation. A ce motif d'une parfaite évidence, s'en joint un autre : les créances dont s'agit, ont été, dès leur naissance, infectées d'un vice que la dissolution du mariage est impuissante à guérir. La femme était

(1) V. le tableau de la jurisprudence et de la doctrine sur ce point dans MM. Aubry et Rau : V. § 538, n. 16.

frappée d'incapacité relativement à sa dot, quand elle s'est obligée. Le retour de son entière capacité ne peut produire un effet rétroactif; les principes généraux du droit y mettent obstacle. Ces considérations s'appliquent avec une égale force, tant aux revenus des biens dotaux qu'à la nue propriété des mêmes biens : nous avons montré en effet que l'indisponibilité des revenus est une conséquence nécessaire de l'indisponibilité du capital. Peu importe aussi que la rupture de l'union conjugale soit survenue par le décès du mari ou de la femme, qu'elle ait été ou non précédée d'une séparation de biens; l'identité des motifs entraîne l'identité des solutions. Dans tous les cas la dot sera, au regard des créanciers dont nous parlons, chose hors de leur gage, bien presque sacré.

Cette opinion est celle de la jurisprudence et de la majorité de la doctrine ; mais bien d'autres ont des défenseurs (1). Sans parler du système, à présent oublié, qui revendiquait pour tous les créanciers de la femme sans distinction, après le mariage dissous, un droit absolu de poursuite sur les biens dotaux, il en reste encore deux principaux : le premier voudrait qu'on leur permît au moins de saisir les revenus jusqu'à leur complet désintéressement ; le second refuse en principe aux créanciers tout droit à une part quelconque des revenus, mais il fait une exception en faveur de ceux admis, avant la dissolution du mariage (d'après la théorie de la jurisprudence même), à saisir une portion déterminée de ces revenus, et soutient leur droit à la conservation de cette prérogative. — En justifiant notre opinion, nous avons par avance répondu aux arguments de ces divers systèmes. Il convient pourtant d'ajouter que nos tribunaux ne peuvent écarter le dernier, sans se mettre en contradiction avec leurs propres principes : il est en effet peu rationnel que le décès du mari ou de la femme prive un créancier du droit de saisir les revenus de la dot, au moins dans la mesure qui lui était jusqu'alors impartie. En refusant de suivre leur théorie dans ses conséquences forcées, ils apportent donc un argument à l'appui de celle que nous avons exposée et défendue, celle de la complète indisponibilité des revenus dotaux, même pendant la durée de l'union conjugale.

La dot, avons-nous dit, reste insaisissable, après la dissolution

---

(1) V. les citations en sens divers, rapportées dans MM. Aubry et Rau : V, § 538, n. 16, et § 539, n. 20.

du mariage, entre les mains des héritiers de la femme, comme entre les mains de la femme elle-même. Mais ne faut-il pas qu'ils acceptent la succession sous bénéfice d'inventaire, qu'ils fassent tout au moins dresser un inventaire dans les délais légaux, afin d'établir de la sorte exactement vis-à-vis des créanciers la consistance des valeurs dotales et des valeurs paraphernales? La négative n'est pas douteuse, quand la femme s'est constitué tous ses biens présents et à venir, et que le mariage a été dissous par son décès ; car la succession ne peut alors renfermer aucun bien paraphernal, et le défaut d'inventaire est indifférent aux créanciers. La même opinion nous paraît encore devoir être suivie, dans le cas où la femme s'est constitué certains biens seulement, ou quand, la constitution ayant porté sur les biens présents et à venir, le mariage a été dissous par le prédécès du mari. Alors il est vrai, la femme peut avoir laissé des valeurs dotales suffisantes pour acquitter son passif intégral. Il est même probable qu'elle les a laissées, puisque ses héritiers ont accepté purement et simplement; mais, en supposant qu'elles ne s'y trouvent pas, à quel titre les biens dotaux pourraient-ils être saisis? Les héritiers, sans aucun doute, devront prouver la dotalité des sommes et objets de toute sorte qu'ils auront recueillies, mais cette preuve faite équivaut à un inventaire régulier des valeurs dotales ; or, cet inventaire suffirait certainement pour les affranchir de toute poursuite sur la dot. Remarquons du reste, qu'ils n'en sont pas moins débiteurs personnels des créanciers de la femme, et comme tels tenus, sur tous leurs autres biens, de l'entier acquittement des dettes de la succession (1).

Il nous reste à examiner une dernière et importante hypothèse. La dot, après la dissolution du mariage, vient à être aliénée, soit par la femme devenue veuve, soit par ses héritiers : les créanciers dont le droit de poursuite, jusqu'à ce moment, était paralysé vis-à-vis d'elle, pourront-ils agir sur le prix, en opérer la saisie par exemple? Il est difficile de comprendre que la question ait pu même être discutée. Y répondre affirmativement, serait presque retirer à perpétuité de la circulation une quantité considérable de biens : tous ceux — et ils sont nombreux — ayant fait partie de

(1) V. M. Deloynes : *op. cit.* p. 559. — Paris. 16 janv. 1858, S. 58, 2. 502. — Contrà : MM. Rodière et Pont : III, 1768.

la dot d'une femme, dont quelques créanciers n'ont pas été désintéressés. Par la conséquence on peut juger le principe. Puis, quelle singulière anomalie offrirait une pareille distinction! Enfin si, comme nous espérons l'avoir établi, l'obstacle qui s'oppose à toute poursuite de la part du créancier, avant l'aliénation de la dot, réside dans l'incapacité qui frappait la femme, au moment de la naissance de l'engagement, peu importent évidemment les modifications ultérieures du bien de la débitrice ; l'obligation, viciée dans son origine, reste frappée d'impuissance à l'égard du prix, comme elle l'était à l'égard de l'objet lui-même.

Ces considérations, généralement admises (1), ont pourtant échoué devant la Cour de Paris, dans une espèce où l'immeuble dotal avait été aliéné par un légataire universel (2) ; la qualité du successeur, qui lui a paru décisive, nous semble au contraire laisser subsister l'intégralité des motifs indiqués.

APPENDICE

Société d'acquêts jointe au régime dotal

Nous avons exposé les principes relatifs à chacun des quatre principaux régimes, organisés par notre loi civile. La volonté des parties peut, on le sait, mélanger ces divers régimes, et s'en faire, pour elles-mêmes, un, tout spécial, dont les clauses sont susceptibles de se modifier à l'infini. Au seuil de ces clauses, notre tâche s'arrête presque forcément : les règles qui viennent d'être développées seront appliquées distributivement à chacune d'elles.

Une seule mérite, par son importance pratique, de retenir un moment notre attention. C'est la société d'acquêts jointe au régime dotal (A. 1581). Par l'addition de cette clause, le régime dotal se transforme, et se laisse de tous les côtés pénétrer par les principes de la communauté légale. L'existence d'une masse de biens, indivise entre les époux, entraîne les conséquences que nous avons vues, avec le régime de la communauté. La femme, quand elle s'oblige, autorisée de son époux, ne s'oblige pas seule ; elle oblige encore la communauté, et par suite le mari, car le patrimoine de la commu-

---

(1) V. MM. Aubry et Rau V, § 538, texte et n. 15.
(2) V. Paris, 9 juin 1856, S. 56, 2. 330.

nauté et celui du mari ne sont pas moins confondus ensemble que sous la communauté légale. Cependant, à ce principe, il y a, dans la société d'acquêts, quelques exceptions de plus que dans la communauté légale : le mari n'est pas seulement affranchi de la dette de garantie dans le cas de l'article 1432, et de celles résultant d'une succession purement immobilière acceptée par la femme avec son autorisation (A. 1413) ; l'article 1498, auquel renvoie l'article 1581, exclut en effet de la communauté les « dettes actuelles et futures des époux », et, par « dettes futures », l'on convient généralement que ce texte désigne le passif correspondant à l'actif futur, exclu aussi de la communauté, c'est-à-dire les dettes dont se trouvent grevées les successions échues, ou les donations faites à l'un des époux, durant le mariage. Ainsi malgré la société d'acquêts, aucune des obligations de la femme, dérivant d'une succession ou d'une donation même mobilières et acceptées du consentement du mari, ne peut être exécutée sur les biens communs, ni sur les biens personnels de ce dernier ; en supposant qu'il ait été dressé un inventaire ou un état authentique de la succession ou de la donation (arg. art. 1510) (1). A part cette exception, et celle contenue dans l'article 1432, déjà expliqué, il est exact de dire que tout engagement, contracté par la femme avec l'autorisation du mari, grève à la fois les trois patrimoines.

Lors, au contraire, que la femme s'oblige sans cette autorisation, elle n'oblige en principe ni la communauté, ni le mari ; par dérogation, avec l'assentiment de la justice, elle engage l'une et l'autre dans les deux cas de l'article 1427, comme sous la communauté légale (2).

Le droit de poursuite de ses créanciers, sur son patrimoine, subit des restrictions considérables, par suite de l'insaisissabilité de la dot. Les distinctions à faire, à ce point de vue, entre les diverses sortes d'engagements, dont la femme peut être tenue, seraient identiques à celles exposées pour le régime dotal ordinaire. De même encore que sous ce régime, les paraphernaux de la femme se trouvent en toute propriété soumis au gage général des créanciers. Nous avons, en effet, montré dans notre premier chapitre que, contrairement à l'opinion de certains auteurs, la stipulation d'une

(1) V. MM. Rodière et Pont : II, 1260. — Tessier et Deloynes : *op. cit.* n° 116, n. 1.
(2) V. MM. Aubry et Rau : V, § 522, a.

société d'acquêts ne remet au mari ni l'administration ni l'usufruit des paraphernaux ; par là, notre proposition est incontestablement justifiée.

Enfin la communauté d'acquêts se dissout, on le sait, par les mêmes causes que la communauté légale ; l'acceptation ou la renonciation, soit de la femme, soit de ses héritiers, donnent lieu alors à l'application de tous les principes, développés relativement à ce dernier régime. En cas de séparation de biens, la gestion et la jouissance de la dot repassent dans les mains de la femme ; si elle accepte la communauté, la part d'actif qui lui échoit s'ajoute à ses paraphernaux ; qu'elle accepte ou renonce, elle se trouve dès lors, à tous les points de vue, notamment au regard des créanciers antérieurs ou postérieurs à la séparation, dans la condition d'une femme, séparée de biens après adoption du régime dotal ordinaire.

CHAPITRE III

Conséquences d'une obligation non valable

Dans ce troisième et dernier chapitre, nous nous proposons d'examiner les conséquences des obligations non valables d'une femme, mais seulement, on le devine, de celles que vicie son incapacité générale, de celles qui, en vertu des règles exposées au cours de notre premier chapitre, auraient dû être autorisées par le mari ou la justice, et qui ne l'ont pas été. Ces obligations, malgré la tache de leur origine, ne créent pas moins un droit au profit du créancier; et, tant que la justice ne les a point anéanties, celui-ci jouit, à l'égard de sa débitrice, de toutes les prérogatives que lui donnerait un titre irréprochable. Seulement son droit porte avec lui un germe de dissolution; il peut tomber et périr dans ses mains; il peut aussi atteindre à une pleine vigueur et produire alors un entier effet.

Dans l'ancien droit, la nullité d'un pareil engagement était beaucoup plus complète que de nos jours; elle était absolue, proposable par tous ceux qui y avaient intérêt, même par ceux qui avaient contracté avec la femme, et elle ne permettait ni cautionnement, ni ratification. Telle était du moins l'opinion générale (1); non cependant celle de Lebrun (2), ni de Bourjon (3). Ce dernier soutient même que la jurisprudence du Châtelet était conforme à son sentiment; mais les auteurs du Nouveau Denizart observent (*loc. cit.*) que son affirmation n'est appuyée d'aucune preuve.

Depuis le Code, la nullité résultant du défaut d'autorisation n'est

(1) V. Pothier : Puissance du mari, nos 5, 74 et 78. — Nouveau Denizart : V° Autorisation, § 2, n° 15.

(2) V. Communauté : liv. II, ch. I, sect. 5; n° 3.

(3) V. Droit commun de la France, t. I, part. IV de la communauté, sect. 2, n° 8.

incontestablement que relative (A. 225. 1125). Le devoir d'obéissance de la femme, à l'égard du mari, est maintenant apprécié avec plus d'indulgence ; sa violation, au moins en matière extra-judiciaire, n'est plus considérée comme d'ordre public. La Cour suprême a maintes fois proclamé ce principe, en décidant que notre nullité, quoique opposable en tout état de cause, ne peut être, ni déclarée d'office par le juge, ni soulevée pour la première fois en cassation (1).

La nullité de l'engagement de la femme n'est, disons-nous, que relative. De là résultent les deux conséquencess suivantes : elle n'est proposable que par certaines personnes ; elle est susceptible de s'effacer par l'effet de diverses circonstances. Nous allons successivement examiner ces deux propositions ; puis nous verrons les effets de la nullité soit couverte, soit au contraire prononcée. Mais nous n'exposerons point, on le comprend dans leurs détails, les règles communes à toute nullité relative ; nous en ferons seulement un rappel sommaire, et nous n'insisterons que sur les points spéciaux aux obligations annulables de la femme mariée.

SECTION I

Par qui la nullité peut-elle être invoquée ?

« La nullité fondée sur le défaut d'autorisation, dit l'article 225, ne peut être opposée que par la femme, par le mari ou par leurs héritiers. » « Les personnes capables de s'engager, ajoute l'article 1125, ne peuvent opposer l'incapacité du mineur, de l'interdit ou de la femme mariée, avec qui elles ont contracté. »

Une remarque tout d'abord est nécessaire. Malgré l'assimilation que ce dernier texte semble établir entre les diverses sortes d'incapacité qu'il mentionne, il n'en existe pas moins, entre la première et les deux autres, une différence considérable. Tandis que le mineur, pour faire tomber l'acte qu'il a consenti, doit rapporter la preuve d'une lésion, d'un préjudice quelconque, la femme, comme l'interdit, est dispensée de toute preuve de ce genre. *Minor restituitur non tanquam minor, sed tanquam læsus :* l'incapacité du

---

(1) V. Cass., 4 av. 1853. S. 53, 1. 480. — Cass., 4 août 1856, S. 58, 1. 684.

mineur consiste à ne pouvoir être blessé dans ses intérêts (1). Bien plus radicale, celle de la femme, comme celle de l'interdit, la met hors d'état de contracter valablement, même à des conditions avantageuses pour elle ; et comme cette incapacité est l'état normal de la femme, comme elle constitue la règle générale, c'est au créancier, qui soutiendra la validité de son droit, qu'incombera très certainement le fardeau de la preuve (2).

La nullité pour défaut d'autorisation peut être proposée, dit la loi, par la femme, par le mari ou par leurs héritiers. La femme est évidemment plus intéressée que personne à l'invoquer; son intérêt, après la dissolution du mariage, restant le même, il est manifeste qu'elle peut agir alors comme auparavant, sauf le cas où, dans l'intervalle, elle aurait opéré une valable ratification.

Chez le mari, au contraire, le droit d'invoquer la nullité dont nous nous occupons, participe d'une double nature : il est pécuniaire, et il est surtout moral, ayant pour but essentiel de sanctionner le devoir d'obéissance, auquel l'épouse a été infidèle. Avec le lien conjugal disparaît la puissance maritale, qui seule permettait au mari d'exercer ce droit, en tant que purement moral. Reste le côté pécuniaire de l'action ; mais survit-il au mariage, en supposant, que le mari se présente en la seule qualité d'époux et point comme héritier testamentaire de la femme par exemple, ou au nom de ses enfants mineurs ? La négative n'est pas douteuse dans la plupart des cas. En effet, les obligations souscrites par une femme sans autorisation, ou même avec l'autorisation de la justice (en dehors des deux hypothèses de l'article 1427 sous le régime de la communauté), restent, nous l'avons vu, entièrement étrangères, au mari. Celui-ci a donc très rarement, même *constante matrimonio*, un intérêt pécuniaire personnel à faire tomber un pareil engagement. Il y a toutefois des exceptions : par exemple une femme commune a contracté un emprunt, avec l'assentiment de la justice, dans l'un des deux cas de l'article 1427 ; elle a de la sorte obligé son époux. Si cet assentiment n'est point valable, soit qu'il n'ait été donné que sur de faux renseignements, soit qu'il ait été accordé dans des termes trop généraux et ne satisfasse point à la spécialité requise par la loi, le mari est manifestement intéressé à en demander la

---

(1) V. M. Demolombe : XXIX, n°s 812 et s.

(2) V. M. Demolombe : IV, n° 336. — Paris, 2 janv. 1808, S. 1808, 2. 791.

nullité ; partant, son action, même formée après le décès de la femme, ne saurait être écartée.

La nullité pour défaut d'autorisation est encore proposable par les héritiers de la femme et du mari (A. 225). En ce qui concerne les premiers, il n'y a là qu'une application du droit commun : les héritiers succèdent toujours à l'intégralité des droits pécuniaires de leur auteur. A l'égard des seconds, la disposition de la loi paraît au premier abord ne guère se justifier ; pour les raisons indiquées tout à l'heure, l'on ne conçoit pas très facilement chez eux la possibilité d'un intérêt pécuniaire. Quelques auteurs même ont affirmé trop précipitamment que la loi les avait nommés à tort dans l'article 225. Nous venons de montrer que la dissolution du mariage laisse quelquefois au mari le droit d'agir en nullité ; dans les mêmes hypothèses, ce droit passe très certainement à ses héritiers, puisqu'il repose alors sur un fondement exclusivement pécuniaire.

Les termes en apparence fort restrictifs de l'article 225 ont porté quelques Cours, à décider que nul, en dehors des personnes qui y figurent, n'est autorisé à se prévaloir du défaut d'autorisation ; que les créanciers mêmes de la femme ou du mari ne pourraient le faire (1). L'erreur de cette doctrine est à présent généralement reconnue. En principe tous les droits et actions d'un débiteur sont susceptibles d'être exercés par ses créanciers (A. 1166). La loi n'excepte de cette règle que les droits exclusivement attachés à la personne du titulaire : or la faculté pour la femme, de faire annuler une de ses obligations, n'a manifestement pas ce caractère, elle est pécuniaire dans son essence, par conséquent à la disposition de ses créanciers. Sans doute la femme tiendra quelquefois à honneur de respecter ses engagements ; mais un pareil scrupule sera toujours un peu suspect, et la loi qui permet aux créanciers d'opposer la prescription du chef de leurs débiteurs (A. 2225) n'a pas pu soustraire à leur gage l'action qui nous occupe (2). Même dans les mains du mari, cette action ne nous paraît pas revêtir un caractère suffisamment personnel, pour qu'on puisse en dénier l'exercice à ses créanciers. Telle est du reste l'opinion générale, et M. Demolombe, qui tout d'abord avait émis (t. IV. 342) un sentiment contraire, y a renoncé dans la seconde édition de son ouvrage.

---

(1) V. Dalloz : V° Mariage, n° 939.

(2) V. Duranton : II, 512. — M. Demolombe : IV, 342. — Cass., 10 mai 1853, S. 53, 1. 572.

Bien différent des créanciers de la femme, celui qui a cautionné son obligation ne saurait en proposer la nullité. Il en est ainsi, en effet, pour le mineur (A. 2012) ; et l'article 2036 fortifie l'argument, quand il exprime que les seules exceptions opposables au créancier par la caution, sont celles inhérentes à la dette, excluant de la sorte celles inhérentes à la personne du débiteur principal. A la vérité, dans l'ancien droit, l'obligation, nulle pour défaut d'autorisation, n'était point susceptible d'être valablement cautionnée ; mais nous avons déjà dit qu'une pareille obligation était alors frappée d'une nullité absolue : la divergence du principe explique la divergence du résultat (1).

Arrivons au tiers créancier de la femme, et tâchons de préciser sa situation. Il ne peut très certainement, aux termes de l'article 1225, se prévaloir de la nullité de l'acte intervenu entre la femme et lui, faire tomber cet acte, qui le menace peut-être cependant d'un préjudice considérable. De là faut-il conclure que si les obligations des deux parties n'ont pas encore été exécutées, il doive accomplir toutes les siennes, sans exiger aucune garantie contre le dommage auquel il est exposé? Nous ne le pensons pas. Refuser l'exécution d'un engagement, jusqu'au moment où la femme rapportera l'autorisation maritale, et demander la nullité du même engagement sont deux choses bien différentes ; la dernière seule est proscrite par l'article 1125. De plus la prestation que la femme viendrait à réclamer au tiers, en suite de leur convention, constituerait un acte nouveau, nécessitant l'approbation du mari, et cela, quel qu'en fût l'objet, puisqu'autrement cette prestation serait nulle. L'équité enfin serait étrangement sacrifiée dans l'opinion adverse, et telle ne peut avoir été l'intention de notre législateur : il a mis le sort du contrat à la discrétion de la partie incapable ; il n'a point voulu placer toujours l'autre partie dans une situation profondément injuste (2).

Supposons maintenant la convention exécutée de part et d'autre, ou seulement de la part du tiers qui a traité avec la femme : pour sortir de l'incertitude où il se trouve, et ne pas laisser à sa débitrice le temps de dissiper entièrement les sommes qu'elle a reçues de lui, aurait-il la faculté de l'interpeller, et de l'obliger, soit à

---

(1) V. Troplong : du Cautionnement, art. 2012, n° 82. — MM. Aubry et Rau : V, § 472, 7°. — Cass., 17 déc. 1834, S. 35, 1. 544.

(2) V. M. Demolombe : IV, 345.

annuler le contrat, soit à le valider avec l'approbation du mari ou de la justice? M. Demolombe l'a soutenu (IV. 346) ; mais il reconnaît la hardiesse de sa doctrine, et lui-même expose, mieux que nous ne saurions le faire, les arguments qui la rendent inadmissible : « La loi a déterminé avec précision les événements qui pourraient effacer le vice du contrat : 1° la prescription de dix ans à partir de la dissolution du mariage (A. 1304) ; 2° la confirmation expresse ; 3° l'exécution volontaire. Hors de là, la situation ne saurait être changée ; et le tiers doit subir les conséquences de la position qu'il s'est faite. Il ne dépend pas de lui de priver la femme ou ses représentants du temps que la loi leur accorde, et d'abréger la durée de leur action... Sous tous les rapports sa prétention est impossible. La nullité, il ne peut certainement pas la demander (A. 225, 1125). C'est donc à la validité qu'il conclut ; mais alors qu'est-ce autre chose qu'une ratification forcée, qu'il veut imposer à la femme ! »

SECTION II

Comment la nullité peut-elle se couvrir ?

La nullité pour défaut d'autorisation, n'étant point absolue, est susceptible de disparaître par l'effet de diverses circonstances : une ratification valable, l'expiration d'un certain délai. Nous nous bornerons ici, comme nous l'avons annoncé, à un simple rappel des principes qui régissent tous les cas de nullité relative ; nous signalerons les particularités qu'offrent, en la matière, les obligations de la femme mariée, et nous renverrons, pour ce qui tient à la théorie générale de la confirmation et de la prescription des engagements annulables, aux auteurs qui en ont tout spécialement traité (1).

Parlons d'abord de la ratification. S'analysant en une renonciation au droit de demander la nullité de l'acte accompli par la femme, elle peut être effectuée par chacune des personnes auxquelles appartient ce droit. Elle peut donc l'être par la femme à tout

(1) V. notamment MM. Larombière : Théorie et pratique des obligations, IV, art. 1304 et 1338. — Aubry et Rau : IV, §§ 337 et 339. — Colmet de Santerre : V. nos 261 et s., 309 et s. — Demolombe : XXIX, nos 1 et s., 721 et s.

moment, c'est-à-dire soit avant, soit après la dissolution du mariage; elle ne pourra que très rarement, au contraire, l'être par le mari ou ses héritiers après la rupture du lien conjugal, parce qu'alors cesse pour eux, en général, comme nous l'avons montré, la faculté d'agir en nullité. La ratification peut enfin, cela va sans dire, être opérée séparément ou à la fois par la femme et le mari ou leurs héritiers: nous verrons qu'elle produit, suivant le cas, des conséquences très différentes.

Elle est expresse ou tacite. Expresse, elle résulte d'une déclaration formelle de volonté. Si elle émane de la femme pendant la durée du mariage, elle doit évidemment, comme tout acte extrajudiciaire, être approuvée du mari ou de la justice. Elle est d'ailleurs soumise dans tous les cas aux règles du droit commun (A. 1338). Ainsi elle exige chez la personne qui l'effectue, la connaissance du vice de l'obligation et l'intention de le réparer; elle ne nécessite point l'assentiment du créancier. Elle est ordinairement constatée par un écrit, mais celui-ci n'est point indispensable. Elle peut toujours être établie par l'aveu ou le serment; elle peut aussi l'être par témoins ou par simples présomptions, lorsque le montant du litige ne dépasse pas 150 fr.; et même au-dessus de cette somme s'il existe un commencement de preuve par écrit. La loi ne renferme de disposition spéciale, que relativement à la force probante de l'acte dressé par les parties pour faire foi de la confirmation. Cet acte, aux termes de l'article 1338, « n'est valable que lorsqu'on y trouve la substance de l'obligation, la mention du motif de l'action en rescision, et l'intention de réparer le vice sur lequel cette action est fondée ». En supposant, du reste, qu'il ne satisfasse pas à ces diverses conditions, il n'est point radicalement nul, et peut tout au moins servir de commencement de preuve par écrit, permettre de la sorte la preuve testimoniale et celle par simples présomptions.

La ratification tacite résulte par interprétation de la conduite de la personne investie d'une action en nullité. La loi cite un seul acte emportant pareille ratification : l'exécution volontaire (A. 1338). Nous dirons bientôt que l'écoulement du délai de l'article 1304 en est une deuxième forme. Remplir un engagement auquel on pourrait se soustraire, c'est de toute évidence, l'approuver, pourvu que l'on agisse volontairement, en dehors de toute contrainte, et avec le désir de réparer le vice qui entachait le droit du créancier. La ratification tacite dérivant de l'exécution volontaire doit naturellement satisfaire à toutes les conditions de fond d'une ratification expresse, et par suite, si elle émane, *constante matrimonio*, de la femme, être autorisée du mari ou de la justice. Il est d'ailleurs généralement admis qu'une exécution partielle suffit toujours à opérer confirmation, parce qu'elle montre au même degré qu'une exécution totale, chez son auteur, l'intention de ne point se prévaloir de la nullité de l'acte.

La deuxième circonstance, susceptible de couvrir la nullité des engagements de la femme, est comme pour toute nullité relative, l'expiration d'un délai de dix ans (A. 1304). Le fondement de cette déchéance qui déroge à la règle générale de l'article 2262, est certainement une présomption de confirmation (arg. art. 1115); mais comme la loi n'exige que l'écoulement du délai par elle fixé, on ne saurait y ajouter aucune des conditions de la ratification tacite. Nous n'examinerons pas les nombreuses questions que soulève l'interprétation de l'article 1304; nous ne rechercherons point par exemple si le délai de dix ans est un véritable délai de prescription ou un délai préfix analogue à d'autres par lesquels la loi limite l'exercice de certaines facultés, de l'appel par exemple; si notre article doit être appliqué, de quelque façon que la nullité soit invoquée, par voie d'action ou par voie d'exception, ou bien si la vieille maxime *quæ temporalia sunt ad agendum sunt perpetua ad excipiendum* a été consacrée par le législateur moderne. Le premier point est du reste maintenant unanimement résolu; on s'accorde à reconnaître que l'article 1304 a organisé une véritable prescription. Le second est encore fort controversé : nous pensons avec MM. Aubry et Rau (IV. § 339 n. 29) et Demolombe (XXIX. 136 et s.) que la déchéance dont s'agit n'atteint pas l'exception de nullité.

Quant au point de départ du délai décennal, il est déterminé par notre texte, de la manière la plus précise : « Ce temps ne court, dit-il, pour les actes passés par les femmes mariées non autorisées, que du jour de la dissolution du mariage. » Il est donc permis de s'étonner qu'une controverse ait surgi à ce propos, et que l'on ait essayé de distinguer entre le mari et la femme. La loi est formelle, et sa décision, uniforme à l'égard de l'un et de l'autre, se justifie sans peine. S'inspirant d'une présomption de confirmation tacite, elle devait logiquement faire courir les dix ans, du jour où la personne, investie du droit d'agir en nullité, pourrait librement en user. Or, ce jour est bien, pour les deux époux, celui seulement de la dissolution du mariage : la femme jusque-là n'est pas libre; le mari, de son côté, ne l'est pas non plus absolument, il peut être arrêté par la crainte de troubler la paix du ménage, d'introduire la discorde dans son intérieur (1).

Il nous reste à faire observer que la prescription de dix ans, comme la confirmation expresse ou tacite, s'applique à toutes sortes d'engagements, et non pas seulement à ceux dérivant d'un contrat. Les termes de l'article 1304 ont fourni sur ce point matière à discussion. Dans son premier alinéa, il ne parle que « de l'action en nullité ou en rescision d'une convention, » et le reste de sa teneur n'indique pas, d'une manière exacte, qu'il faille élargir l'étroite portée de ces expressions; de là quelques auteurs concluent à leur interprétation restrictive, en raison du caractère exceptionnel de notre article (2). — L'opinion adverse compte plus de partisans. Le langage du législateur est en effet peu décisif : traitant des nullités, au titre des contrats, il s'est naturellement attaché surtout à la nullité des conventions; puis, en faisant usage, dans les deux derniers alinéas du texte, de l'expression vague et générale d' « actes », il nous semble avoir précisément voulu montrer que le mot « convention » devait être entendu avec une signification très large, qu'il comprenait tous les actes de volonté, dont l'effet est de lier juridiquement, à l'instar des contrats, ceux de qui ils émanent. Ajoutons que l'interprétation rigoureuse de l'article 1304 ne saurait se justifier rationnellement, et qu'elle se heurte enfin à l'autorité de notre ancien droit (3).

SECTION III

Effets de la nullité couverte ou prononcée

La ratification d'un engagement nul pour défaut d'autorisation peut, avons-nous dit, être valablement effectuée, soit par la femme, soit par le mari, soit par les deux conjointement. Mais les suites en sont fort différentes dans chacun de ces cas. La loi en effet a

---

(1) V. MM. Valette et Proudhon : I, p. 467, n. b. — Colmet de Santerre : V, n° 265 bis, II. — Demolombe : XXIX, 150. — Contrà : Mourlon, II, 1491.

(2) V. Marcadé : IV. art. 1304. — M. Baudry-Lacantinerie : II, n° 1120, 2°.

(3) V. MM. Colmet de Santerre : V, n° 265 bis IX. — Aubry et Rau : IV, § 339, texte et n. 14. — Demolombe : XXIX, 48 ; et les arrêts cités par lui.

créé une double action en nullité ; elle a remis l'une aux mains de la femme et de ses héritiers, l'autre aux mains du mari, transmissible elle aussi à ses héritiers, quand ils y trouvent un avantage pécuniaire quelconque. Or, la ratification expresse ou tacite d'un acte annulable est une renonciation à l'action en nullité qui en découle ; d'autre part, il est de principe que nul ne peut renoncer qu'aux droits et actions lui appartenant. De là il suit que toute confirmation de la femme ou de ses héritiers doit être sans effet, vis-à-vis du mari, comme vis-à-vis de ses ayants-cause. De là aussi, une conséquence identique, relativement à la ratification émanée du mari ou de ses héritiers, vis-à-vis de la femme.

Ces règles, d'après nous, ne comportent pas d'exception : que la femme ait ratifié pendant le mariage avec l'autorisation de la justice, ou de son seul gré à la dissolution du mariage ; que le mari de son côté l'ait fait à l'une ou à l'autre de ces deux époques ; l'effet de leur confirmation isolée ne saurait en être modifié. L'on a cependant proposé en la matière de graves distinctions, soulevé de vives controverses. Ainsi, tout d'abord, on reconnaît unanimement que la ratification du mari seul, après la rupture du lien conjugal, est inopérante vis-à-vis des héritiers de la femme, parce que c'est en vertu de la puissance maritale, alors éteinte, qu'il est appelé, soit à autoriser celle-ci, soit à confirmer les actes passés par elle sans autorisation ; mais des auteurs fort nombreux soutiennent que la seule confirmation du mari, *constante matrimonio,* efface d'une manière absolue, et vis-à-vis de toutes personnes, le vice dont s'agit, pourvu qu'elle n'ait point été devancée par une demande en justice de la part de la femme. On prend texte en ce sens de notre ancienne jurisprudence (1). — N'est-ce pas oublier que le fondement de la nullité qui nous occupe s'est depuis lors modifié? Quand elle avait pour unique raison d'être l'intérêt exclusif du mari, on comprend que ce dernier pût à lui seul la couvrir d'une façon absolue, radicale. Mais le législateur moderne a eu aussi en vue l'intérêt collectif de la famille : il en résulte que le mari ne peut plus enlever à sa femme l'action en nullité que la loi lui a remise, pour mieux assurer la sauvegarde de cet intérêt, si digne de protection. On objecte que la femme, tant qu'elle n'a pas rétracté son consentement doit être censée y persévérer, que dès

(1) V. Lebrun : liv. II, ch. I, sect. V, n°s 7 à 9. — Pothier : de la puiss. du mari, n° 74

lors l'approbation du mari, venant se joindre à ce consentement, le complète, le parfait, et qu'il ne manque plus à l'acte ratifié, le moindre élément de validité. — Ce raisonnement serait exact, si le silence de la femme n'avait une autre explication tout aussi naturelle : pour attaquer l'acte passé au mépris de la puissance maritale, il lui faudrait demander l'autorisation de son époux, révéler à ce dernier la faute qu'elle a commise. La faiblesse ou la crainte peuvent l'en empêcher, et le législateur l'a si bien compris, qu'il a suspendu, pendant toute la durée du mariage, la prescription de son action en nullité (art. 1304). Il n'est donc pas vrai de dire que la confirmation du mari équivaut rationnellement à son autorisation.

Nous ne parlerons pas des raisons que l'on a puisées dans les Travaux préparatoires. Les deux systèmes ont cru y trouver leur justification ; n'est-ce pas la meilleure preuve de l'incertitude des arguments qu'ils ont pu fournir? La jurisprudence est unanime dans le sens de l'opinion que nous venons de défendre ; mais une fraction notable de la doctrine adopte le système opposé (1).

En ce qui touche la confirmation de la femme, on s'accorde généralement à reconnaître qu'elle n'est efficace, à l'égard du mari, qu'autant qu'elle a eu lieu avec son autorisation, et que, ni celle émanée de la femme après la dissolution du mariage, ni celle donnée, durant le mariage, avec la simple autorisation de justice, ne peuvent produire, vis-à-vis de lui, la plus légère conséquence. Toutefois M. Demolombe, relativement à la seconde, a émis une théorie différente : d'après lui (t. IV. 272), la justice peut habiliter la femme à consentir une ratification qui retire au mari lui-même son action en nullité, en supposant du reste que par là on ne porte aucune atteinte à ses intérêts pécuniaires personnels. Son action, dans ce cas, dit-il, dérive uniquement de l'autorité maritale : or celle-ci n'est qu'une délégation de la puissance publique, qui doit avoir toujours le droit d'en confier l'exercice à la justice elle-même, quand le mari ne peut en user ou quand il s'en fait un moyen de despotisme et de méchanceté. Puis il importe à la société que le sort des contrats ne reste pas en suspens, et que la résistance du mari, son interdiction ou son absence ne viennent pas empêcher, pendant toute la durée du mariage, de mettre un terme à une incer-

(1) V. MM. Aubry et Rau : V, § 472, n. 118, et les autorités citées par eux, dans les deux sens.

titude parfois très fâcheuse. Ces considérations, fort graves sans doute, ne sauraient cependant, il nous semble, ébranler le principe qu'elles tendent à renverser. L'opinion de M. Demolombe est restée isolée, et avec raison (1). Comme il le dit lui même, « cette situation dont on se plaint, cette incertitude sur le sort du contrat, tout cela n'est-il pas la sanction utile et essentielle du principe de l'autorisation ? La loi qui commande à la femme de consulter d'abord son mari, et à son défaut seulement la justice, la loi doit-elle approuver elle-même les actes passés par la femme, sans aucune espèce d'autorisation ? Ne serait-ce point encourager l'insubordination et l'indiscipline ? »

La confirmation expresse ou tacite, valablement opérée par la femme et le mari ou leurs héritiers, emporte renonciation aux moyens et exceptions qu'ils auraient pu invoquer (A. 1338). Elle a donc pour résultat de rendre l'engagement de la femme aussi inattaquable que si, dès le principe, il n'eût été entaché d'aucun vice, et produit un effet rétroactif.

L'article 1338 réserve cependant les droits des « tiers. » Que faut-il entendre par cette expression ? Après quelques controverses soulevées à ce sujet, et sauf de légères dissidences subsistant encore sur des points étrangers à la constitution d'un droit purement personnel, qui seule rentre dans le cadre de notre travail, l'on s'accorde à reconnaître que le législateur a compris, sous la dénomination de « tiers », tous les ayants-cause à titre particulier de la personne qui ratifie, tous ceux à qui elle a valablement, et avant la confirmation dont il s'agit, cédé sur une chose déterminée un droit réel ou personnel qui serait anéanti ou diminué si cette confirmation leur était opposable (2). Quant aux ayants-cause à titre universel, de l'avis unanime des auteurs, ils ne sont point des tiers, au sens de la loi, et par suite, dans tous les cas, sont contraints de subir les effets de l'acte ratifié. Les créanciers chirographaires appartiennent, comme on sait, à cette catégorie d'ayants-cause ; mais il va sans dire que si la confirmation opérée par les époux avait été faite dans un but frauduleux, dans le dessein de leur occasionner un préjudice, ils auraient, en vertu de l'article 1167, la faculté d'en demander l'annulation.

---

(1) V. MM. Aubry et Rau : V, § 472 et n. 121. — Laurent : III, 165.

(2) V. M. Demolombe : XXIX, nos 787 et s., et les citations qu'il rapporte.

Telles sont les conséquences d'une ratification expresse ou tacite; la prescription décennale de l'article 1304 entraîne des résultats identiques. Elle aussi rétroagit, comme toute prescription, mais sans préjudice des droits des tiers. En effet, reposant sur une présomption de confirmation tacite, elle ne saurait logiquement opérer d'une manière plus radicale que la confirmation expresse. Puis le point de départ assigné par le législateur à notre prescription, dans les diverses hypothèses de l'article 1304, montre qu'il a supposé l'action intentée par l'une des parties ou ses représentants, contre l'autre (1). Or, l'ayant-cause à titre particulier qui se prévaut de la nullité d'un premier acte souscrit par son auteur n'agit point aux lieu et place de ce dernier; il le fait en vertu d'un droit propre, du droit qui lui permet de s'opposer à l'effet d'une confirmation expresse.

Supposons maintenant prononcée en justice l'annulation de l'engagement de la femme, du contrat par exemple qu'elle avait souscrit. Les choses sont alors remises dans le même état, que si l'acte infirmé n'eût pas eu lieu. La maxime : *quod nullum est nullum producit effectum*, trouve ici une application toute naturelle, et cela vis-à-vis des tiers, comme entre les parties elles-mêmes. Ainsi, le droit acquis au co-contractant de la femme était-il passé aux mains d'une autre personne : celle-ci est réputée n'en avoir jamais été investie. Quant aux parties, elles devraient, en vertu de notre règle, se rendre mutuellement ce qu'elles s'étaient livré. A l'égard du co-contractant, cette obligation est absolue. Mais si la femme avait toujours été contrainte de restituer les sommes et objets qu'elle aurait reçus, le droit d'agir en nullité n'eût été souvent pour elle qu'un secours illusoire. En conséquence, la loi appliquant à notre hypothèse la doctrine déjà consacrée dans l'article 1241, relativement au paiement reçu par un incapable, décide que la femme ne doit rien rendre, « à moins qu'il ne soit prouvé que ce qui lui a été payé a tourné à son profit » (A. 1312).

A quel moment le juge se placera-t-il pour apprécier ce profit? Faut-il que celui-ci subsiste encore à l'époque où la nullité de l'acte est demandée ? Ou suffit-il qu'il ait existé à un moment quelconque, dans l'intervalle du paiement à la demande en nullité, s'il n'a été

---

(1) V. MM. Aubry et Rau : IV, § 339, texte et n. n. 18, 19. — Demolombe : XXIX 118.

détruit depuis lors que par un accident de force majeure ? Cette dernière opinion est généralement suivie (1), quoique contraire aux traditions du droit romain et de notre ancienne jurisprudence (2). Le Code, en effet, n'a reproduit que l'une des deux conditions auxquelles Pothier *(loc. cit.)* subordonnait l'obligation de l'incapable, en notre hypothèse : il exige que la chose payée ait tourné à son profit ; il n'exige pas « que le profit subsiste encore au temps de la demande » Puis, quel est le but de l'incapacité de la femme, comme de l'incapacité du mineur et de l'interdit ? C'est de les protéger contre leur inexpérience ou contre la faiblesse de leur jugement. Or, supposons que la femme ait fait un emploi utile des fonds par exemple qu'elle a touchés : elle en a acheté un immeuble ; par une circonstance purement fortuite, il vient à périr. Si alors elle réclamait un nouveau paiement, ce n'est plus contre son inexpérience, contre la « *fragilitas sexus* », mais contre un cas de force majeure, qu'elle demanderait à être protégée et défendue. Le juge qui l'écouterait, fausserait donc sûrement l'esprit de la loi, et sa décision porterait une atteinte plus grave encore à l'équité.

En résumé, pour que la femme soit tenue de restituer à son co-contractant la chose qui lui a été remise, il suffit qu'elle en ait fait un emploi utile, raisonnable. Peu importent les événements imprévus et accidentels qui sont venus déranger ses combinaisons ; le juge ne doit point s'en enquérir. Au surplus, l'enrichissement de la femme, remarquons-le, ne se présume pas ; c'est au créancier qui l'invoque, à en rapporter la démonstration. L'article 1312 est presque formel en ce sens, et l'article 1241 ne laisse aucune place au doute.

La situation du créancier, comme on le voit, est fort peu avantageuse. Sans doute, si la femme s'est rendue coupable à son égard d'un délit ou d'un quasi-délit, elle en sera responsable ; mais nous avons vu dans quel sens précis et un peu restreint il convient d'entendre cette réserve. Bien souvent le créancier sera la victime d'une fraude ourdie par sa débitrice ou par les deux époux, et ne pourra en obtenir la réparation ; insuffisante ou trop difficile à établir, la fraude demeurera impunie. Et le mal est sans remède :

---

(1) V. M. Demolombe : XXVII, 194 et s., et les autorités citées par lui dans les deux sens.

(2) V. Paul : l. 4, D. XLIV. 1 ; Marcien : l. 47, pr. D. XLVI. 3. — Pothier : des Obligations, n° 504.

toute incapacité proclamée dans la loi conduit à des résultats identiques. Celle même du mineur tombe sous la règle commune ; que de fois elle sert de manteau à la ruse et à l'injustice ! C'est là le côté désavantageux de l'incapacité de la femme mariée ; Il ne paraît pas cependant beaucoup préoccuper les adversaires du principe de l'autorisation. La réforme qu'ils sollicitent du législateur, ils ne la réclament point au nom de la morale ni de l'intérêt des tiers ; leur unique argument, leur unique objectif est l'indépendance du sexe. A ce point de vue, la puissance maritale a été, dès le début de notre étude, examinée, défendue, et, nous l'espérons, justifiée. Fondée sur le roc de la raison, consolidée par une expérience de plusieurs siècles, elle défiera longtemps encore les efforts passionnés des champions de l'émancipation absolue des femmes.

POSITIONS

Droit romain. — I. La *manus* entraînait, en même temps, des droits sur les biens et des droits sur la personne de la femme. — II. La *confarreatio* a toujours été le monopole des patriciens.

Droit civil. — I. L'autorisation tacite du mari ne peut résulter que de son concours à la rédaction de l'acte qui constate l'engagement de la femme. — II. La femme dotale, même séparée de biens, ne peut pas plus engager les revenus dotaux que la dot elle-même.

Droit commercial. — La femme, autorisée à faire le commerce, n'a point le droit de contracter une société, sans une nouvelle autorisation.

Droit maritime. — L'hypothèque maritime échappe à la règle de l'article 2128 du Code civil.

Procédure civile. — Un étranger défendeur peut, comme un français, exiger la caution *judicatum solvi.*

Droit constitutionnel. — La coexistence de deux Chambres est une garantie, à la fois pour les intérêts généraux d'une nation, et pour la stabilité d'une forme quelconque de gouvernement.

Droit administratif. — Les églises font partie du domaine public.

Histoire du droit. — Le principe de la puissance maritale vient du droit germanique.

Droit criminel. — La dégradation civique n'entraîne en aucun cas, pour le mari, déchéance du droit d'autorisation.

Droit international privé. — Les étrangers jouissent en France de tous les droits civils, que notre loi ne leur a pas spécialement retirés.

Économie politique. — On peut espérer, par le développement des idées philanthropiques et la constitution des syndicats professionnels, une diminution progressive du nombre des grèves.

Vu par M. le Doyen, Président de la thèse,

A. COURAUD.

Vu et permis d'imprimer :

Le Recteur de l'Académie,

H. OUVRÉ.

N. B. — Les visas exigés par les règlements ne sont donnés qu'au point de vue de l'ordre public et des bonnes mœurs.

(Délibération de la Faculté du 12 août 1879.)

TABLE DES MATIÈRES

DROIT ROMAIN

DROIT CIVIL FRANÇAIS

Bordeaux. — Imprimerie centrale A. de Lanefranque, rue Permentade, 23-25.

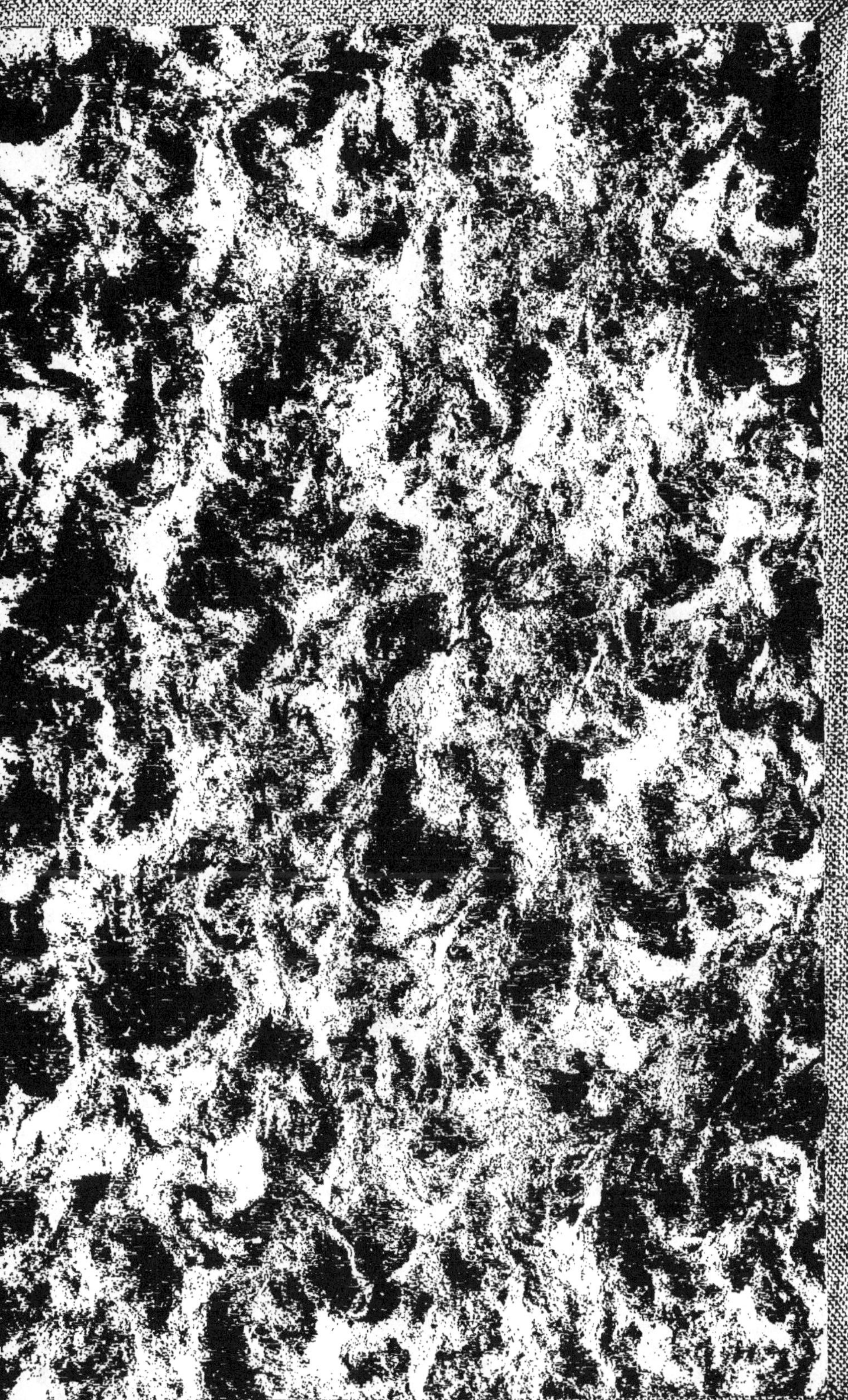

www.ingramcontent.com/pod-product-compliance
Lightning Source LLC
Chambersburg PA
CBHW070539200326
41519CB00013B/3081

* 9 7 8 2 0 1 3 7 3 3 4 4 1 *